УДК 821.111-312.9(73)
ББК 84(7Сое)-44
    Б89

RAY BRADBURY
FAHRENHEIT 451°

© 1951, 1953, 1967 by Ray Bradbury.
Copyright renewed 1979, 1981, 1995 by Ray Bradbury

Перевод с английского *В. Бабенко*

Оформление серии *Н. Ярусовой*

Брэдбери, Рэй.
Б89   451° по Фаренгейту : [роман] / Рэй Брэдбери ; [пер. с англ. В. Т. Бабенко]. — Москва : Издательство «Эксмо», 2019. — 512 с. — (Билингва Bestseller).

ISBN 978-5-699-99139-6

Можно ли представить себе мир, в котором нет книг? Когда держать книги дома, читать их — опасно, ибо преследуется по закону? Когда интерактивное телевидение успешно служит всеобщему оболваниванию, карательная психиатрия решительно разбирается с редкими инакомыслящими, а на охоту за неисправимыми диссидентами выходит электрический пес?

«451° по Фаренгейту» — одна из самых известных и самых читаемых книг в мире. И это залог того, что вымысел Брэдбери никогда не станет реальностью.

УДК 821.111-312.9(73)
ББК 84(7Сое)-44

© Бабенко В. Т., перевод на русский язык, 2019
© Издание на русском языке, оформление. ООО «Издательство «Эксмо», 2019

ISBN 978-5-699-99139-6

БИЛИНГВА BESTSELLER

FAHRENHEIT 451
Ray Bradbury

451° ПО ФАРЕНГЕЙТУ
Рэй Брэдбери

Москва
2019

FAHRENHEIT 451:
The temperature at which book-paper
catches fire and burns

*This one, with gratitude,
is for DON CONGDON*

Part I

IT WAS A PLEASURE TO BURN

It was a special pleasure to see things eaten, to see things blackened and changed. With the brass nozzle in his fists, with this great python spitting its venomous kerosene upon the world, the blood pounded in his head, and his hands were the hands of some amazing conductor playing all the symphonies of blazing and burning to bring down the tatters and charcoal ruins of history. With his symbolic helmet numbered 451 on his stolid head, and his eyes all orange flame with the thought of what came next, he flicked the igniter and the house jumped up in a gorging fire that burned the

451⁰ по Фаренгейту[1] — температура, при которой книжные страницы воспламеняются и сгорают дотла...

Эта книга с благодарностью посвящается Дону Конгдону

Часть I

ЖЕЧЬ БЫЛО УДОВОЛЬСТВИЕМ

Особым удовольствием было смотреть, как огонь поедает вещи, наблюдать, как они чернеют и меняются. В кулаках зажат медный наконечник, гигантский питон плюется на мир ядовитым керосином, в висках стучит кровь, и руки кажутся руками поразительного дирижера, управляющего сразу всеми симфониями возжигания и испепеления, чтобы низвергнуть историю и оставить от нее обуглившиеся руины. Шлем с символическим чис-

---
[1] 233 ⁰C. (*Здесь и далее — прим. перев.*)

evening sky red and yellow and black. He strode in a swarm of fireflies. He wanted above all, like the old joke, to shove a marshmallow on a stick in the furnace, while the flapping pigeon-winged books died on the porch and lawn of the house. While the books went up in sparkling whirls and blew away on a wind turned dark with burning.

Montag grinned the fierce grin of all men singed and driven back by flame.

He knew that when he returned to the firehouse, he might wink at himself, a minstrel man, burnt-corked, in the mirror. Later, going to sleep, he would feel the fiery smile still gripped by his face muscles, in the dark. It never went away, that smile, it never ever went away, as long as he remembered.

He hung up his black-beetle-coloured helmet and shined it, he hung his flameproof jacket neatly; he showered luxuriously, and then, whistling, hands in pockets, walked across the upper floor of

лом 451 крепко сидит на крутом лбу; в глазах оранжевым пламенем полыхает предвкушение того, что сейчас произойдет, он щелкает зажигателем, и весь дом прыгает вверх, пожираемый огнем, который опаляет вечернее небо и окрашивает его в красно-желто-черный цвет. Он идет в рое огненных светляков. Больше всего ему сейчас хочется сделать то, чем он любил забавляться в давние времена: ткнуть в огонь палочку со сладким суфле маршмэллоу, пока книги, хлопая голубиными крыльями страниц, гибнут на крыльце и на газоне перед домом. Пока они в искрящемся вихре взмывают ввысь и уносятся прочь, гонимые черным от пепла ветром.

На лице Монтага играла жесткая ухмылка — она возникает у каждого, кто, опаленный жаром, отшатывается от пламени.

Монтаг знал, что, вернувшись на пожарную станцию, захочет взглянуть в зеркало и подмигнуть себе — комедианту с выкрашенным под негра, словно жженой коркой, лицом. И затем в темноте, уже засыпая, он все еще будет ощущать огненную ухмылку, скованную мускулами щек. Сколько Монтаг себя помнил, она никогда не сходила с его лица.

Он повесил свой черный, с жучьим отливом, шлем и протер его до блеска; затем аккуратно повесил огнеупорную куртку. С наслаждением помылся под душем, после чего, насвистывая,

the fire station and fell down the hole. At the last moment, when disaster seemed positive, he pulled his hands from his pockets and broke his fall by grasping the golden pole. He slid to a squeaking halt, the heels one inch from the concrete floor downstairs.

He walked out of the fire station and along the midnight street toward the subway where the silent, air-propelled train slid soundlessly down its lubricated flue in the earth and let him out with a great puff of warm air an to the cream-tiled escalator rising to the suburb.

Whistling, he let the escalator waft him into the still night air. He walked toward the comer, thinking little at all about nothing in particular. Before he reached the corner, however, he slowed as if a wind had sprung up from nowhere, as if someone had called his name.

The last few nights he had had the most uncertain feelings about the sidewalk just around the corner here, moving in the starlight toward his house. He had felt that a moment before his making the turn, someone had been there. The air seemed charged with a special calm as if someone had waited there, quietly, and only a moment before he came, simply turned to a shadow and let

руки в карманах, прошагал по верхнему этажу пожарной станции и бросился в черный провал. В самую последнюю секунду, когда несчастье казалось уже неминуемым, он вытащил руки из карманов, обхватил золотой шест и прервал падение. Его тело с визгом остановилось, каблуки зависли в дюйме от бетонного пола нижнего этажа.

Выйдя со станции, он прошел по ночной улице к метро, сел в бесшумный пневматический поезд, скользивший по хорошо смазанной трубе подземного тоннеля, а затем упругая волна теплого воздуха выдохнула Монтага на кремовые ступеньки эскалатора, поднимавшиеся к поверхности пригорода.

Продолжая насвистывать, он позволил эскалатору вынести себя в неподвижный ночной воздух. Ни о чем особенном не думая, Монтаг зашагал к повороту. Еще не успев к нему приблизиться, он замедлил шаг, словно откуда ни возьмись поднялся вдруг встречный ветер или кто-то окликнул его по имени.

Уже не в первый раз за последние несколько дней, подходя в звездном свете к повороту тротуара, за которым скрывался его дом, Монтаг испытывал это неясное тревожное чувство. Словно за углом, который ему надо было обогнуть, за миг до его появления кто-то побывал. В воздухе, казалось, царила особенная тишина, будто там, впереди, кто-то ждал Монтага и все-

him through. Perhaps his nose detected a faint perfume, perhaps the skin on the backs of his hands, on his face, felt the temperature rise at this one spot where a person's standing might raise the immediate atmosphere ten degrees for an instant. There was no understanding it. Each time he made the turn, he saw only the white, unused, buckling sidewalk, with perhaps, on one night, something vanishing swiftly across a lawn before he could focus his eyes or speak.

But now, tonight, he slowed almost to a stop. His inner mind, reaching out to turn the corner for him, had heard the faintest whisper. Breathing? Or was the atmosphere compressed merely by someone standing very quietly there, waiting?

He turned the corner.
The autumn leaves blew over the moonlit pavement in such a way as to make the girl who was moving there seem fixed to a sliding walk, letting the motion of the wind and the leaves carry

го за какое-то мгновение до встречи этот кто-то обращался в бесшумную тень, с тем чтобы пропустить Монтага сквозь себя. Не исключено, что его ноздри улавливали слабый запах духов, а может быть, кожей лица и тыльной стороны ладоней он именно в этом месте ощущал некое потепление воздуха, ибо невидимка одним своим присутствием мог на пять-шесть градусов поднять температуру окружающей его атмосферы, пусть даже всего на несколько мгновений. Понять, в чем тут дело, было невозможно. Тем не менее, завернув за угол, Монтаг неизменно видел одни лишь белые горбящиеся плиты пустынного тротуара, и только однажды ему померещилось, будто чья-то легкая тень, скользнув по газону перед одним из домов, исчезла чуть раньше, чем ему удалось вглядеться или подать голос.

Однако сегодня перед поворотом он так замедлил шаг, что почти остановился. В мыслях своих он был уже за углом, поэтому сумел уловить слабый, еле слышный шепот. Чье-то дыхание? Или всего-навсего напряжение воздуха, вызванное присутствием того, кто тихо стоял там, поджидая его?

Монтаг завернул за угол.

По тротуару, залитому лунным светом, ветер гнал осеннюю листву, и со стороны казалось, будто идущая впереди девушка, не совершая никаких движений, плывет над тротуаром,

her forward. Her head was half bent to watch her shoes stir the circling leaves. Her face was slender and milk-white, and in it was a kind of gentle hunger that touched over everything with tireless curiosity. It was a look, almost, of pale surprise; the dark eyes were so fixed to the world that no move escaped them. Her dress was white and it whispered. He almost thought he heard the motion of her hands as she walked, and the infinitely small sound now, the white stir of her face turning when she discovered she was a moment away from a man who stood in the middle of the pavement waiting.

The trees overhead made a great sound of letting down their dry rain. The girl stopped and looked as if she might pull back in surprise, but instead stood regarding Montag with eyes so dark and shining and alive, that he felt he had said something quite wonderful. But he knew his mouth had only moved to say hello, and then when she seemed hypnotized by the salamander on his arm and the phoenix-disc on his chest, he spoke again.

подхваченная этим ветром вместе с листьями. Чуть наклонив голову, она смотрела, как носки ее туфель прорезают кружащуюся листву. В тонком, молочно-белом лице таилась тихая жадность впечатлений, бросавшая на все вокруг свет неутолимого любопытства. Взгляд ее был полон нежного недоумения: черные глаза взирали на мир с такой пытливостью, что от них не мог ускользнуть даже малейший жест. Белое платье будто шептало что-то. Монтагу показалось, что он слышит, как в такт шагам покачиваются руки; он даже различил почти неуловимый звук — то был светлый трепет девичьего лика, когда она, обернувшись, увидела, что ее и мужчину, застывшего в ожидании посреди дороги, разделяют всего несколько шагов.

В кронах деревьев над их головами раздавался чудесный звук — словно сухой дождь пронизывал листву. Остановившись, девушка шевельнулась, как бы желая податься назад от удивления, но вместо этого принялась внимательно разглядывать Монтага черными сияющими глазами, будто он только что обратился к ней с какими-то особенно проникновенными словами. Между тем он твердо знал, что его губы произнесли всего-навсего обыкновенное приветствие. Затем, увидев, что девушка, словно завороженная, не может оторвать взгляда от рукава его куртки с изображением саламан-

"Of course," he said, "you're a new neighbour, aren't you?"

"And you must be"—she raised her eyes from his professional symbols—"the fireman." Her voice trailed off.

"How oddly you say that."

"I'd-I'd have known it with my eyes shut," she said, slowly.

"What-the smell of kerosene? My wife always complains," he laughed. "You never wash it off completely."

"No, you don't," she said, in awe.

He felt she was walking in a circle about him, turning him end for end, shaking him quietly, and emptying his pockets, without once moving herself.

"Kerosene," he said, because the silence had lengthened, "is nothing but perfume to me."

"Does it seem like that, really?"

"Of course. Why not?"

She gave herself time to think of it. "I don't know." She turned to face the sidewalk going toward their homes. "Do you mind if I walk back with you? I'm Clarisse McClellan."

дры и диска с фениксом на груди, он заговорил снова.

— Конечно же, — сказал Монтаг, — вы наша новая соседка, не правда ли?

— А вы, надо полагать... — она все же сумела отвести глаза от его профессиональных эмблем, —...пожарный?

Девушка тут же умолкла.

— Как странно вы это сказали.

— Я бы... я бы догадалась об этом и с закрытыми глазами, — медленно произнесла девушка.

— Что, запах керосина? Моя жена вечно жалуется, — рассмеялся он. — Сколько ни мойся, до конца ни за что не выветрится.

— Да, не выветрится, — сказала она с благоговейным ужасом.

Монтаг чувствовал, как девушка кружит вокруг него, вертя во все стороны, и легонько встряхивает, выворачивая все его карманы, ни разу к ним не прикоснувшись.

— Керосин, — сказал он, чтобы молчание не затягивалось еще больше, — для меня это все равно что духи.

— В самом деле?

— Конечно. Что тут такого?

Она задумалась, прежде чем ответить.

— Не знаю. — Девушка обернулась в сторону домов, к которым вел тротуар. — А можно мне пойти с вами? Меня зовут Кларисса Макклеллан.

"Clarisse. Guy Montag. Come along. What are you doing out so late wandering around? How old are you?"

They walked in the warm-cool blowing night on the silvered pavement and there was the faintest breath of fresh apricots and strawberries in the air, and he looked around and realized this was quite impossible, so late in the year.

There was only the girl walking with him now, her face bright as snow in the moonlight, and he knew she was working his questions around, seeking the best answers she could possibly give.

"Well," she said, "I'm seventeen and I'm crazy. My uncle says the two always go together. When people ask your age, he said, always say seventeen and insane. Isn't this a nice time of night to walk? I like to smell things and look at things, and sometimes stay up all night, walking, and watch the sun rise."

They walked on again in silence and finally she said, thoughtfully,

"You know, I'm not afraid of you at all."

He was surprised. "Why should you be?"

— Кларисса. Гай Монтаг. Будем знакомы. Присоединяйтесь ко мне. Так поздно, а вы бродите одна. Что вы здесь делаете, хотел бы я знать? И сколько вам лет?

Они пошли вместе по серебристой от лунного света мостовой, обвеваемые прохладно-теплым воздухом этой ночи, в котором, казалось, реяли тончайшие ароматы свежих абрикосов и земляники. И только оглянувшись вокруг, Монтаг понял, что это попросту невозможно: время года было позднее.

А рядом никого, кроме этой девушки, чье лицо в лунном свете белело, как снег, и он знал, что сейчас она обдумывает, как лучше ответить на заданные им вопросы.

— Ну так вот, — начала Кларисса, — мне семнадцать лет, и я сумасшедшая. Мой дядя уверяет, что и то и другое неразрывно связано. И еще он говорит: если тебя спросят, сколько тебе лет, то всегда отвечай, что тебе семнадцать и ты сумасшедшая. А хорошо гулять ночью, правда? Обожаю смотреть на мир, вдыхать его запахи. Иногда я брожу до самого утра, чтобы встретить восход солнца.

Некоторое время они шагали молча. Потом она задумчиво произнесла:

— Вы знаете, я совсем вас не боюсь.

— Почему, собственно, вы должны меня бояться? — удивился он.

"So many people are. Afraid of firemen, I mean. But you're just a man, after all..."

He saw himself in her eyes, suspended in two shining drops of bright water, himself dark and tiny, in fine detail, the lines about his mouth, everything there, as if her eyes were two miraculous bits of violet amber that might capture and hold him intact. Her face, turned to him now, was fragile milk crystal with a soft and constant light in it. It was not the hysterical light of electricity but-what? But the strangely comfortable and rare and gently flattering light of the candle. One time, when he was a child, in a power-failure, his mother had found and lit a last candle and there had been a brief hour of rediscovery, of such illumination that space lost its vast dimensions and drew comfortably around them, and they, mother and son, alone, transformed, hoping that the power might not come on again too soon...

And then Clarisse McClellan said:
"Do you mind if I ask? How long have you worked at being a fireman?"
"Since I was twenty, ten years ago."

— Но многие же боятся. То есть я хочу сказать, не вас, а вообще пожарных. Ведь вы просто-напросто обыкновенный человек, в конце-то концов...

В ее глазах он увидел себя, висящего в двух сверкающих капельках ясной воды, темного и крохотного, но тем не менее различимого во всех мельчайших подробностях, вплоть до складок в уголках рта, словно глаза эти были двумя чудесными кусочками фиолетового янтаря, в которых он мог застыть и навсегда сохраниться в целости и сохранности. Обращенное сейчас к нему лицо было хрупким молочно-белым кристаллом, из которого исходило мягкое ровное свечение. Оно не имело ничего общего с истеричным электрическим светом, но с чем же тогда его можно было сравнить? Он понял: с мерцанием свечи, странно успокаивающим и удивительно нежным. Когда-то — он был еще ребенком — у них в доме отключили свет, и матери удалось отыскать последнюю свечу; она зажгла ее, и за этот короткий час совершилось поразительное открытие: пространство потеряло всю свою огромность и уютно сомкнулось вокруг них, вокруг матери и сына, преображенных и мечтающих лишь о том, чтобы электричество не загоралось как можно дольше...

Неожиданно Кларисса Макклеллан сказала:

— Можно задать вам вопрос? Вы давно работаете пожарным?

— С тех пор, как мне исполнилось двадцать. Вот уже десять лет.

"Do you ever read any of the books you bum?"

He laughed. "That's against the law!"
"Oh. Of course."
"It's fine work. Monday bum Millay, Wednesday Whitman, Friday Faulkner, burn 'em to ashes, then bum the ashes. That's our official slogan."

They walked still further and the girl said, "Is it true that long ago firemen put fires out instead of going to start them?"

"No. Houses have always been fireproof, take my word for it."
"Strange. I heard once that a long time ago houses used to burn by accident and they needed firemen to stop the flames."

He laughed.
She glanced quickly over.
"Why are you laughing?"
"I don't know." He started to laugh again and stopped "Why?"
"You laugh when I haven't been funny and you answer right off. You never stop to think what I've asked you."

— А вы хоть раз *читали* те книги, которые сжигаете?

Он рассмеялся:

— Но это же запрещено законом!

— Да-да, конечно.

— В нашей работе есть свои тонкости. В понедельник сжигаешь По, во вторник — Войнич, в четверг — Честертона, сжигаешь их до пепла, потом сжигаешь пепел. Таков наш официальный девиз.

Они прошли еще немного, и девушка спросила:

— А это правда, что когда-то давно пожарные *тушили* пожары вместо того, чтобы их разжигать?

— Нет. Дома всегда были огнеупорными, можете мне поверить.

— Странно. Я как-то слышала, что было такое время, когда дома загорались из-за всяких несчастных случаев, и приходилось вызывать пожарных, чтобы остановить пламя.

Он рассмеялся.

Девушка бросила на него быстрый взгляд.

— Почему вы смеетесь?

— Не знаю, — снова засмеялся он и тут же осекся. — А что?

— Вы смеетесь, хотя я не говорю ничего смешного, и отвечаете на все мои вопросы мгновенно. Ни разу даже не задумались над тем, что я спрашиваю.

He stopped walking, "You are an odd one," he said, looking at her. "Haven't you any respect?"

"I don't mean to be insulting. It's just, I love to watch people too much, I guess."

"Well, doesn't this mean anything to you?" He tapped the numerals 451 stitched on his char-coloured sleeve.

"Yes," she whispered. She increased her pace. "Have you ever watched the jet cars racing on the boulevards down that way?"

"You're changing the subject!"
"I sometimes think drivers don't know what grass is, or flowers, because they never see them slowly," she said. "If you showed a driver a green blur, Oh yes! he'd say, that's grass! A pink blur? That's a rose-garden! White blurs are houses. Brown blurs are cows. My uncle drove slowly on a highway once. He drove forty miles an hour and they jailed him for two days. Isn't that funny, and sad, too?"

"You think too many things," said Montag, uneasily.

Монтаг остановился.

— А вы и *на самом деле* очень странная, — произнес он, глядя на Клариссу в упор. — У вас что, вообще нет уважения к собеседнику?

— Я не хотела вас обидеть. Все дело, наверное, в том, что я слишком уж люблю приглядываться к людям.

— А это вам *ни о чем* не говорит? — Монтаг слегка постучал пальцами по цифрам 4, 5 и 1, вышитым на рукаве его угольно-черной куртки.

— Говорит, — прошептала она в ответ, ускоряя шаг. — Вы когда-нибудь бывали на гонках реактивных автомобилей, которые проводятся там, на бульварах?

— Уходите от разговора?

— Иногда мне кажется, что их водители просто не имеют представления о таких вещах, как трава или цветы, потому что никогда не ездят медленно, — произнесла она. — Покажите такому водителю зеленое пятно — и он скажет: «Да, это трава!» Розовое пятно — «Это розарий!». Белые пятна будут домами, коричневые — коровами. Мой дядя как-то раз решился проехать по скоростному шоссе медленно. Он делал не больше сорока миль в час — его тут же арестовали и посадили в тюрьму на двое суток. Смешно, да? Но и грустно.

— Вы чересчур много думаете, — смущенно заметил Монтаг.

"I rarely watch the 'parlour walls' or go to races or Fun Parks. So I've lots of time for crazy thoughts, I guess. Have you seen the two-hundred-foot-long billboards in the country beyond town? Did you know that once billboards were only twenty feet long? But cars started rushing by so quickly they had to stretch the advertising out so it would last."

"I didn't know that!" Montag laughed abruptly.
"Bet I know something else you don't. There's dew on the grass in the morning."

He suddenly couldn't remember if he had known this or not, and it made him quite irritable.

"And if you look"—she nodded at the sky—"there's a man in the moon."

He hadn't looked for a long time.
They walked the rest of the way in silence, hers thoughtful, his a kind of clenching and uncomfortable silence in which he shot her accusing glances. When they reached her house all its lights were blazing.
"What's going on?" Montag had rarely seen that many house lights.

— Я редко смотрю «телестены» в гостиных, почти не бываю на автогонках или в Парках Развлечений. Оттого у меня и остается время для всевозможных бредовых мыслей. Вы видели вдоль шоссе за городом двухсотфутовые рекламные щиты? А известно вам, что было время, когда они были длиной всего двадцать футов? Но автомобили стали ездить с бешеной скоростью, и щиты пришлось наращивать, чтобы изображение хотя бы длилось какое-то время.

— Нет, я этого не знал, — хохотнул Монтаг.

— Держу пари, я знаю еще кое-что, чего вы не знаете. Например, что по утрам на траве лежит роса.

Он внезапно понял, что не может вспомнить, представлял ли себе когда-либо что-то подобное или нет, и это привело его в раздражение.

— А если посмотреть вверх... — Кларисса кивнула на небо, — то можно увидеть человечка на луне.

Ему уже давно не случалось туда глядеть.

Оставшуюся часть пути оба проделали в молчании: она — в задумчивом, он — в тягостном; стиснув зубы, он то и дело бросал на девушку укоризненные взгляды. Когда они подошли к ее дому, все окна были ярко освещены.

— Что здесь происходит? — Монтагу не так уж часто доводилось видеть, чтобы в доме было столь много огней.

"Oh, just my mother and father and uncle sitting around, talking. It's like being a pedestrian, only rarer. My uncle was arrested another time- did I tell you? — for being a pedestrian. Oh, we're most peculiar."

"But what do you talk about?"

She laughed at this. "Good night!" She started up her walk. Then she seemed to remember something and came back to look at him with wonder and curiosity.

"Are you happy?" she said.
"Am I what?" he cried.
But she was gone-running in the moonlight. Her front door shut gently.

"Happy! Of all the nonsense."
He stopped laughing.
He put his hand into the glove-hole of his front door and let it know his touch. The front door slid open.
Of course I'm happy. What does she think? I'm not? he asked the quiet rooms. He stood looking up at the ventilator grille in the hall and suddenly remembered that something lay hidden behind the grille, something that seemed to peer down at him now. He moved his eyes quickly away.

— Ничего особенного. Просто мама, папа и дядя сидят и беседуют. Сейчас это такая же редкость, как ходить пешком. Даже еще реже встречается. Между прочим, мой дядя попал под арест вторично — я вам этого не говорила? За то, что он шел пешком! О, мы *весьма* странные люди.

— И о чем же вы *беседуете*?

В ответ девушка рассмеялась.

— Спокойной ночи! — попрощалась она и зашагала к дому. Но потом вдруг остановилась, словно вспомнив о чем-то, и снова подошла к Монтагу, с удивлением и любопытством вглядываясь в его лицо.

— Вы счастливы? — спросила Кларисса.

— Что-что? — воскликнул Монтаг.

Но ее уже не было рядом — она бежала к дому в лунном свете. Парадная дверь тихонько затворилась.

— Счастлив ли я? Что за чушь такая!

Монтаг перестал смеяться.

Он сунул руку в перчаточное отверстие своей парадной двери и дал возможность дому узнать прикосновение хозяина. Двери раздвинулись.

«Конечно, счастлив, как же иначе? — спрашивал он у молчаливых комнат. — А она, значит, думает, что нет?»

В прихожей его взгляд упал на вентиляционную решетку. И Монтаг тут же вспомнил, что за ней хранится. Казалось, спрятанное подглядывает за ним. Он быстро отвел глаза.

What a strange meeting on a strange night. He remembered nothing like it save one afternoon a year ago when he had met an old man in the park and they had talked...

Montag shook his head. He looked at a blank wall. The girl's face was there, really quite beautiful in memory: astonishing, in fact. She had a very thin face like the dial of a small clock seen faintly in a dark room in the middle of a night when you waken to see the time and see the clock telling you the hour and the minute and the second, with a white silence and a glowing, all certainty and knowing what it has to tell of the night passing swiftly on toward further darknesses but moving also toward a new sun.

"What?" asked Montag of that other self, the subconscious idiot that ran babbling at times, quite independent of will, habit, and conscience.

He glanced back at the wall. How like a mirror, too, her face. Impossible; for how many people did you know that refracted your own light to you? People were more often — he searched for a simile, found one in his work-torches, blazing away until they whiffed out. How rarely did other people's faces take of you and throw back to you your own expression, your own innermost trembling thought?

Какая странная встреча в эту странную ночь! В жизни не случалось с ним ничего похожего — разве что тогда в парке, год назад, когда он встретил днем одного старика и они неожиданно разговорились...

Монтаг тряхнул головой. Он посмотрел на пустую стену. Там появилось лицо девушки, в памяти оно запечатлелось просто прекрасным, да что там — поразительным. Лицо было таким тонким, что напоминало циферблат маленьких часов, слабо светящихся в ночной темноте комнаты, когда, проснувшись, хочешь узнать время и обнаруживаешь, что стрелки в точности показывают тебе час, минуту и секунду и это светлое молчаливое сияние спокойно и уверенно свидетельствует: да, скоро станет еще темнее, но все равно в мире взойдет новое солнце.

— *Ну что?* — обратился Монтаг к своему второму «я», этому подсознательному идиоту, который по временам вдруг выходил из повиновения и принимался болтать невесть что, вопреки воле, привычке и рассудку.

Он снова посмотрел на стену. До чего же, подумалось, ее лицо напоминает зеркало. Невероятно! Ну многих ли ты еще знаешь, кто вот так же мог бы возвращать тебе твой собственный свет? В общем-то люди скорее похожи... — он замешкался в поисках подходящего сравнения и нашел его в своей профессии, —...похожи на факелы, которые полыхают до тех пор, пока их не поту-

What incredible power of identification the girl had; she was like the eager watcher of a marionette show, anticipating each flicker of an eyelid, each gesture of his hand, each flick of a finger, the moment before it began. How long had they walked together? Three minutes? Five? Yet how large that time seemed now. How immense a figure she was on the stage before him; what a shadow she threw on the wall with her slender body! He felt that if his eye itched, she might blink. And if the muscles of his jaws stretched imperceptibly, she would yawn long before he would.

Why, he thought, now that I think of it, she almost seemed to be waiting for me there, in the street, so damned late at night...

He opened the bedroom door.
It was like coming into the cold marbled room of a mausoleum after the moon had set. Complete darkness, not a hint of the silver world outside, the windows tightly shut, the chamber a tomb-world where no sound from the great city could penetrate. The room was not empty.

шат. И крайне редко на лице другого случается увидеть отображение твоего же лица, печать твоей собственной сокровенной, трепетной мысли!

До чего же потрясающая сила проникновения в людскую душу у этой девушки! Она смотрела на него, как смотрит зачарованный зритель в театре марионеток, словно предвосхищая каждый взмах его ресниц, каждый жест руки, каждое шевеление пальцев.

Сколько времени они шли вместе? Три минуты? Пять? Но каким же долгим казался этот срок теперь. Каким величественным персонажем она казалась на сцене перед ним, какую гигантскую тень отбрасывала на стену ее изящная фигурка! Монтаг чувствовал: стоит его глазу зачесаться — она моргнет. А если исподволь станут растягиваться мускулы его лица — она зевнет задолго до того, как это сделает он сам.

Слушайте, подумалось ему, ведь если здраво рассудить о нашей встрече, так ведь она почти что ждала меня там, на улице, да еще в такой чертовски поздний час...

Он открыл дверь спальни.

И тут же словно попал в холодный мраморный зал мавзолея после того, как зашла луна. Тьма была непроницаемой: ни намека на серебряный простор снаружи, все окна плотно зашторены, комната была кладбищенским мирком, в который не проникало ни единого звука большого города. Но спальня не была пустой.

He listened.

The little mosquito-delicate dancing hum in the air, the electrical murmur of a hidden wasp snug in its special pink warm nest. The music was almost loud enough so he could follow the tune.

He felt his smile slide away, melt, fold over, and down on itself like a tallow skin, like the stuff of a fantastic candle burning too long and now collapsing and now blown out. Darkness. He was not happy. He was not happy. He said the words to himself. He recognized this as the true state of affairs. He wore his happiness like a mask and the girl had run off across the lawn with the mask and there was no way of going to knock on her door and ask for it back.

Without turning on the light he imagined how this room would look. His wife stretched on the bed, uncovered and cold, like a body displayed on the lid of a tomb, her eyes fixed to the ceiling by invisible threads of steel, immovable. And in her ears the little Seashells, the thimble radios tamped tight, and an electronic ocean of sound, of music and talk and music and talk coming in, coming in on the shore of her unsleeping mind. The room was indeed empty. Every night the waves came in and bore her off on their great tides of sound, floating her, wide-eyed, toward morning. There had been no night in the last two years that Mildred had not

Монтаг прислушался.

Едва различимый комариный звон танцевал в воздухе, электрическое жужжание осы, затаившейся в своем укромном, теплом розовом гнездышке. Музыка звучала достаточно громко, он мог даже разобрать мелодию.

Монтаг ощутил, как улыбка соскользнула с его лица, свернулась и отпала, словно жировая пленка, стекла, как капли воска с фантастической свечи, которая горела слишком долго и, скособочившись, погасла. Темнота. «Нет, — сказал он самому себе, — я не счастлив. Не счастлив...» Это было правдой, и он должен ее признать. Свое счастье он носил, как маску, но девушка схватила ее и умчалась по газону, и теперь уж невозможно постучаться в двери ее дома и попросить эту маску назад.

Не зажигая света, он постарался представить себе, как будет выглядеть комната. Его жена, распростершаяся на кровати, холодная, не укрытая одеялом, как труп, вываленный на крышку могилы, застывшие глаза прикованы к потолку, будто соединены с ним незримыми стальными нитями. А в ушах — маленькие «ракушки», крохотные, не больше наперстка, плотно сидящие радиоприемники, и электронный океан звуков — музыка, разговоры, музыка, разговоры, — волны которого накатываются и отступают и снова накатываются на берега ее бодрствующего сознания. Нет, комната все-таки пуста.

swum that sea, had not gladly gone down in it for the third time.

The room was cold but nonetheless he felt he could not breathe. He did not wish to open the curtains and open the french windows, for he did not want the moon to come into the room. So, with the feeling of a man who will die in the next hour for lack of air,. he felt his way toward his open, separate, and therefore cold bed.

An instant before his foot hit the object on the floor he knew he would hit such an object. It was not unlike the feeling he had experienced before turning the corner and almost knocking the girl down. His foot, sending vibrations ahead, received back echoes of the small barrier across its path even as the foot swung. His foot kicked. The object gave a dull clink and slid off in darkness.

He stood very straight and listened to the person on the dark bed in the completely featureless

Каждую ночь в нее врывались эти волны звуков, чтобы подхватить Милдред, унести в самый центр океана, туда, где несут свои воды великие течения, и качать там ее, лежащую с широко открытыми глазами, до самого утра. За последние два года не было ни единой ночи, когда бы она не купалась в этом море, каждый раз с новой радостью погружаясь в звуковые струи, и еще, и еще.

В комнате было холодно, но тем не менее Монтаг чувствовал, что не может дышать. Однако у него не было желания отдернуть шторы и распахнуть высокие окна: он не хотел, чтобы в спальню проник свет луны. С чувством обреченности, как у человека, которому предстоит через час умереть от удушья, он ощупью направился к своей собственной разостланной кровати, отдельной, а потому и холодной. За миг до того, как его нога ударилась о лежавший на полу предмет, он уже знал, что непременно споткнется. Чувство это было сродни тому, которое он испытал, когда, еще не свернув за угол, внезапно понял, что в следующую секунду едва не собьет с ног стоявшую там девушку. Его нога своим движением вызвала вибрацию воздуха, а в ответ получила сигнал, отраженный от лежавшего на пути препятствия. Он пнул предмет, и тот с глухим звяканьем отлетел в темноту.

Некоторое время Монтаг, выпрямившись, стоял в молчании, прислушиваясь к той, что

night. The breath coming out of the nostrils was so faint it stirred only the furthest fringes of life, a small leaf, a black feather, a single fibre of hair.

He still did not want outside light. He pulled out his igniter, felt the salamander etched on its silver disc, gave it a flick...

Two moonstones looked up at him in the light of his small hand-held fire; two pale moonstones buried in a creek of clear water over which the life of the world ran, not touching them.

"Mildred!"

Her face was like a snow-covered island upon which rain might fall; but it felt no rain; over which clouds might pass their moving shadows, but she felt no shadow. There was only the singing of the thimble-wasps in her tamped-shut ears, and her eyes all glass, and breath going in and out, softly, faintly, in and out of her nostrils, and her not caring whether it came or went, went or came.

The object he had sent tumbling with his foot now glinted under the edge of his own bed. The small crystal bottle of sleeping-tablets which earlier today had been filled with thirty capsules and which now lay uncapped and empty in the light of the tiny flare.

лежала на темной кровати в кромешной ночи. Дыхание, выходившее из ноздрей, было столь слабым, что могло пошевелить лишь малейшие формы жизни — крохотный лист, черное перышко, завитушку волоска.

Он все еще не хотел, чтобы в комнату проник свет с улицы. Вытащив зажигатель, он нащупал саламандру, выгравированную на серебряном диске приборчика, щелкнул...

Два лунных камня глядели на него в свете маленького прирученного огня; два бледных лунных камня на дне прозрачного ручья — поверх, не смачивая их, текла жизнь этого мира.

— Милдред!

Лицо ее казалось заснеженным островом, над которым мог пролиться дождь, но она не почувствовала бы дождя; могла промчаться облачная тень, но она не почувствовала бы и тени. Ничего вокруг, только пение осиных наперстков, плотно затыкающих уши, остекленевшие глаза и мягкое, слабое шевеление воздуха, входящего в ноздри и выходящего из них, но ей и дела нет, то ли он сначала входит, а потом выходит, то ли наоборот.

Предмет, который Монтаг отшвырнул ногой, теперь тускло поблескивал под краешком его кровати. Небольшой хрустальный флакончик с таблетками снотворного — еще утром в нем было тридцать капсул, сейчас же он лежал без крышки и, как было видно в свете крохотного огонька, пустой.

As he stood there the sky over the house screamed. There was a tremendous ripping sound as if two giant hands had torn ten thousand miles of black linen down the seam. Montag was cut in half. He felt his chest chopped down and split apart. The jet-bombs going over, going over, going over, one two, one two, one two, six of them, nine of them, twelve of them, one and one and one and another and another and another, did all the screaming for him. He opened his own mouth and let their shriek come down and out between his bared teeth. The house shook. The flare went out in his hand. The moonstones vanished. He felt his hand plunge toward the telephone.

The jets were gone. He felt his lips move, brushing the mouthpiece of the phone.

"Emergency hospital."

A terrible whisper.

He felt that the stars had been pulverized by the sound of the black jets and that in the morning the earth would be thought as he stood shivering in the dark, and let his lips go on moving and moving.

They had this machine. They had two machines, really. One of them slid down into your stomach like a black cobra down an echoing well looking for all the old water and the old time gathered there.

Внезапно небо над домом взревело. Раздался невероятный треск, будто две гигантские руки разорвали по шву десять тысяч миль черной парусины. Монтаг словно раскололся пополам. Ему показалось, что его грудь рассекли топором сверху донизу и развалили на две части. Над крышами мчались, мчались, мчались реактивные бомбардировщики, один за другим, один за другим, шесть, девять, двенадцать, один, и один, и еще один, и второй, и второй, и третий, и не нужно было визжать — весь визг исходил от них. Монтаг открыл рот, истошный рев ворвался внутрь и вышел сквозь оскаленные зубы. Дом сотрясался. Огонек в его ладони погас. Лунные камни исчезли. Рука сама рванулась к телефону.

Самолеты сгинули. Он ощутил, как шевелятся его губы, касаясь телефонной трубки:

— Больницу скорой помощи...

Страшный шепот...

Ему показалось, что звезды в небе от рева черных самолетов обратились в мельчайшую пыль и завтра утром вся земля будет усыпана ею, будто нездешним снегом. Эта идиотская мысль не покидала его, пока он, дрожа, стоял в темноте возле телефона и беззвучно шевелил, шевелил, шевелил губами.

Они привезли с собой эту свою машину. По сути, машин было две. Одна из них устремлялась в желудок, словно черная кобра на дно гулкого колодца, и принималась искать там

It drank up the green matter that flowed to the top in a slow boil. Did it drink of the darkness? Did it suck out all the poisons accumulated with the years? It fed in silence with an occasional sound of inner suffocation and blind searching. It had an Eye. The impersonal operator of the machine could, by wearing a special optical helmet, gaze into the soul of the person whom he was pumping out. What did the Eye see? He did not say. He saw but did not see what the Eye saw. The entire operation was not unlike the digging of a trench in one's yard. The woman on the bed was no more than a hard stratum of marble they had reached. Go on, anyway, shove the bore down, slush up the emptiness, if such a thing could be brought out in the throb of the suction snake. The operator stood smoking a cigarette. The other machine was working too.

The other machine was operated by an equally impersonal fellow in non-stainable reddish-brown overalls. This machine pumped all of the blood from the body and replaced it with fresh blood and serum.

"Got to clean 'em out both ways," said the operator, standing over the silent woman. "No use

застойную воду и темное прошлое. Она вбирала в себя зеленую жижу, и та, медленно кипя, поднималась наверх. Выпивала ли она при этом и весь мрак? И все яды, скопившиеся в человеке за годы? Машина молча кормилась жижей, лишь время от времени раздавался булькающий звук, словно она захлебывалась, шаря в потемках. Впрочем, у нее был Глаз. Бесстрастный оператор, надев специальный оптический шлем, мог заглянуть в душу того, из кого выкачивал содержимое внутренностей. И что же видел Глаз? Об этом оператор ничего не мог сказать. Он смотрел, но не видел того, что Глаз узревал внутри. Вся операция походила на рытье канавы во дворе. Женщина на кровати была не более чем твердым мраморным пластом, до которого они случайно докопались. Ну так что? Долбите дальше, глубже опускайте бур, высасывайте пустоту, если, конечно, дергающаяся сосущая змея способна поднять такую вещь, как пустота, на поверхность. Оператор стоял и курил сигарету. Вторая машина работала тоже.

Ею управлял точно такой же бесстрастный оператор в немарком красновато-коричневом комбинезоне. Эта машина занималась тем, что выкачивала из организма старую кровь, заменяя ее новой кровью и сывороткой.

— Приходится чистить их сразу двумя способами, — сказал оператор, стоя над безмолвной

getting the stomach if you don't clean the blood. Leave that stuff in the blood and the blood hits the brain like a mallet, bang, a couple of thousand times and the brain just gives up, just quits."

"Stop it!" said Montag.
"I was just sayin'," said the operator.

"Are you done?" said Montag.
They shut the machines up tight. "We're done." His anger did not even touch them. They stood with the cigarette smoke curling around their noses and into their eyes without making them blink or squint.

"That's fifty bucks."
"First, why don't you tell me if she'll be all right?"
"Sure, she'll be O. K. We got all the mean stuff right in our suitcase here, it can't get at her now. As I said, you take out the old and put in the new and you're O. K."
"Neither of you is an M. D. Why didn't they send an M. D. from Emergency?"
"Hell!" the operator's cigarette moved on his lips. "We get these cases nine or ten a night. Got so many, starting a few years ago, we had the special machines built. With the optical lens, of course, that was new; the rest is ancient. You don't need an M. D., case like this; all you need

женщиной. — Заниматься желудком бесполезно, если при этом не очищать и кровь. Оставишь эту дрянь в крови, а кровь, как молоточек, бах-бах-бах, ударит в голову пару тысяч раз, и мозг сдается, был мозг — и нет его.

— Хватит! — вскричал Монтаг.

— Ну уж, двух слов сказать нельзя, — ответил оператор.

— Закончили? — спросил Монтаг.

Они тщательно перекрыли вентили машин.

— Закончили.

Их ни капельки не тронул его гнев. Оба стояли и курили, завитки сигаретного дыма лезли им в носы и глаза, но они даже ни разу не моргнули и не поморщились.

— С вас пятьдесят долларов.

— Сказали бы сначала, будет она в порядке или нет?

— Конечно, будет. Вся гадость, что в ней была, теперь вот тут, в чемоданчике. Она ей больше не грозит. Я же говорил: старое берем, новое вливаем — и порядок.

— Но вы же не врачи! Почему они не прислали со «скорой» врача?

— Черт подери! — сигарета во рту оператора дернулась. — Да у нас за ночь по девять-десять таких вызовов. Вот уже несколько лет как это тянется, даже специальные машины пришлось сконструировать. Конечно, новинка там одна — оптическая линза, все остальное старое. Зачем

is two handymen, clean up the problem in half an hour. Look"—he started for the door—"we gotta go. Just had another call on the old ear-thimble. Ten blocks from here. Someone else just jumped off the cap of a pillbox. Call if you need us again. Keep her quiet. We got a contra-sedative in her. She'll wake up hungry. So long."

And the men with the cigarettes in their straight-lined mouths, the men with the eyes of puff-adders, took up their load of machine and tube, their case of liquid melancholy and the slow dark sludge of nameless stuff, and strolled out the door.

Montag sank down into a chair and looked at this woman. Her eyes were closed now, gently, and he put out his hand to feel the warmness of breath on his palm.

"Mildred," he said, at last.
There are too many of us, he thought. There are billions of us and that's too many. Nobody knows anyone. Strangers come and violate you. Strangers come and cut your heart out. Strangers come and take your blood. Good God, who were those men? I never saw them before in my life!

Half an hour passed.

еще нужен врач? Все, что требуется, — это двое умельцев, и через полчаса никаких проблем. Послушайте, — сказал он, направляясь к двери, — нам надо спешить. Наперсток в ухе говорит, что поступил новый вызов. В десяти кварталах от вас кто-то еще всыпал в себя флакон снотворного. Звоните нам если что. Обеспечьте вашей жене покой. Мы ввели ей возбуждающее. Учтите, проснется голодной. Пока...

И мужчины с сигаретами в уголках плотно сжатых губ, мужчины с глазами африканских гадюк, плюющихся ядом, подхватили свои машины, забрали шланг, чемоданчик с жидкой меланхолией, а также вязкой темной слизью, вовсе не имевшей никакого названия, и вышли на улицу.

Монтаг тяжело опустился на стул и посмотрел на лежавшую в кровати женщину. Ее глаза были закрыты, лицо обрело спокойствие; он протянул руку и ощутил на ладони тепло ее дыхания.

— Милдред, — позвал он наконец.

«Нас чересчур много, — подумалось ему. — Нас миллиарды, а это чересчур много. Никто никого не знает. Приходят чужаки и творят над тобой насилие. Приходят чужаки и вырезают твое сердце. Приходят чужаки и забирают твою кровь. Великий Боже, кто были эти люди? *Я в жизни* их раньше не видел!»

Прошло полчаса.

The bloodstream in this woman was new and it seemed to have done a new thing to her. Her cheeks were very pink and her lips were very fresh and full of colour and they looked soft and relaxed. Someone else's blood there. If only someone else's flesh and brain and memory. If only they could have taken her mind along to the dry-cleaner's and emptied the pockets and steamed and cleansed it and reblocked it and brought it back in the morning. If only...

He got up and put back the curtains and opened the windows wide to let the night air in. It was two o'clock in the morning. Was it only an hour ago, Clarisse McClellan in the street, and him coming in, and the dark room and his foot kicking the little crystal bottle? Only an hour, but the world had melted down and sprung up in a new and colourless form.

Laughter blew across the moon-coloured lawn from the house of Clarisse and her father and mother and the uncle who smiled so quietly and so earnestly. Above all, their laughter was relaxed and hearty and not forced in any way, coming from the house that was so brightly lit this late at night while all the other houses were kept to themselves in darkness. Montag heard the voices talking, talking, talking, giving, talking, weaving, reweaving their hypnotic web.

В жилах женщины теперь струилась новая кровь, и это, казалось, сотворило ее заново. Щеки сильно порозовели, губы сделались очень свежими и очень алыми, они выглядели мягкими и спокойными. И все это сделала чья-то кровь. Вот если бы еще принесли чью-то плоть, чей-то мозг, чью-то память... Если бы они взяли да отправили в химчистку ее душу, чтобы там у нее вывернули все карманы, пропарили и прополоскали, затем заново запечатали бы и утром принесли обратно. Если бы...

Монтаг встал, раздвинул занавески и широко распахнул окна, впуская в спальню ночной воздух. Два часа пополуночи. Неужели это было всего только час назад — Кларисса Макклеллан на улице, потом приход домой, эта темная комната, маленький хрустальный флакончик, который он отшвырнул ногой? Всего только час, но за это время мир успел растаять и возродиться в новом виде, без цвета, без вкуса, без запаха...

Через залитый луной газон из дома Клариссы донесся смех. Дом Клариссы, ее отца, и матери, и дяди — людей, которые умели так спокойно и душевно улыбаться. Но главное — смех был искренний и сердечный, совершенно не нарочитый, и доносился он из дома, сиявшего в этот поздний час всеми огнями, тогда как прочие дома вокруг были безмолвны и темны. Монтаг слышал голоса — люди говорили, говорили, говорили, что-то передавали друг другу, говорили,

Montag moved out through the french windows and crossed the lawn, without even thinking of it. He stood outside the talking house in the shadows, thinking he might even tap on their door and whisper, "Let me come in. I won't say anything. I just want to listen. What is it you're saying?"

But instead he stood there, very cold, his face a mask of ice, listening to a man's voice (the uncle?) moving along at an easy pace:

"Well, after all, this is the age of the disposable tissue. Blow your nose on a person, wad them, flush them away, reach for another, blow, wad, flush. Everyone using everyone else's coattails. How are you supposed to root for the home team when you don't even have a programme or know the names? For that matter, what colour jerseys are they wearing as they trot out on to the field?"

Montag moved back to his own house, left the window wide, checked Mildred, tucked the covers about her carefully, and then lay down with the moonlight on his cheek-bones and on the frowning

ткали, распускали и снова ткали свою завораживающую паутину.

Не отдавая себе отчета в том, что делает, Монтаг вышел через высокое окно и пересек газон. Он остановился перед бормочущим домом, укрывшись в его тени, и подумал, что, в сущности, может даже подняться на крыльцо, постучать в дверь и прошептать: «Позвольте мне войти. Я не произнесу ни слова. Мне просто хочется послушать. О чем это вы там говорите?»

Но он ничего такого не сделал, просто стоял, совершенно окоченев, — лицо уже превратилось в ледяную маску — и слушал, как мужской голос (дядя?) размеренно и неторопливо продолжал:

— Ну, в конце концов, мы с вами живем в век одноразовых салфеток. Высморкался в кого-то, скомкал его, спустил в унитаз, ухватил другого, высморкался, скомкал, в унитаз. Причем каждый еще норовит утереться фалдой ближнего. А как можно по-настоящему болеть за национальную футбольную команду, когда у тебя нет программы матчей и ты не знаешь имен игроков? Ну вот скажите мне, какого цвета у них фуфайки, когда команда выбегает на поле?

Монтаг вернулся в дом. Он оставил окна открытыми, проверил, в каком состоянии Милдред, заботливо подоткнул ее одеяло, а затем улегся сам. Лунный свет озарял его скулы

ridges in his brow, with the moonlight distilled in each eye to form a silver cataract there.

One drop of rain. Clarisse. Another drop. Mildred. A third. The uncle. A fourth. The fire tonight. One, Clarisse. Two, Mildred. Three, uncle. Four, fire, One, Mildred, two, Clarisse. One, two, three, four, five, Clarisse, Mildred, uncle, fire, sleeping-tablets, men, disposable tissue, coat-tails, blow, wad, flush, Clarisse, Mildred, uncle, fire, tablets, tissues, blow, wad, flush. One, two, three, one, two, three! Rain. The storm. The uncle laughing. Thunder falling downstairs. The whole world pouring down. The fire gushing up in a volcano. All rushing on down around in a spouting roar and rivering stream toward morning.

"I don't know anything any more," he said, and let a sleep-lozenge dissolve on his tongue.

At nine in the morning, Mildred's bed was empty.

Montag got up quickly, his heart pumping, and ran down the hall and stopped at the kitchen door.

Toast popped out of the silver toaster, was seized by a spidery metal hand that drenched it with melted butter.

и морщины, прорезавшие нахмуренный лоб, а попав в глаза, тот же свет разливался маленькими лужицами, похожими на серебряные катаракты.

Упала капля дождя. Кларисса. Еще одна капля. Милдред. Третья. Дядя. Четвертая. Ночной пожар. Одна — Кларисса. Две — Милдред. Три — дядя. Четыре — пожар. Одна — Милдред, две — Кларисса. Одна, две, три, четыре, пять — Кларисса, Милдред, дядя, пожар, таблетки снотворного, люди-салфетки, фалды ближнего, высморкался, скомкал, в унитаз. Одна, две, три, одна, две, три! Дождь. Гроза. Дядя смеется. Раскаты грома катятся по лестнице вниз. Весь мир — сплошной поток ливня. Пламя вырывается из вулкана. Все закручивается водоворотом, и ревущая стремнина несется навстречу утру.

— Я ничего больше не понимаю, — сказал Монтаг, положил в рот облатку снотворного и стал ждать, когда она растворится на языке.

В девять часов утра постель Милдред была уже пуста.

Монтаг быстро вскочил — сердце его гулко билось — и бросился бегом через прихожую, но у дверей кухни остановился.

Из серебряного тостера выпрыгивали ломтики поджаренного хлеба, паучья металлическая рука тут же подхватывала их и окунала в растопленное сливочное масло.

Mildred watched the toast delivered to her plate. She had both ears plugged with electronic bees that were humming the hour away. She looked up suddenly, saw him, and nodded.

"You all right?" he asked.
She was an expert at lip-reading from ten years of apprenticeship at Seashell ear — thimbles. She nodded again. She set the toaster clicking away at another piece of bread.

Montag sat down.
His wife said, "I don't know why I should be so hungry."
"You —?"
"I'm HUNGRY."
"Last night," he began.
"Didn't sleep well. Feel terrible," she said. "God, I'm hungry. I can't figure it."

"Last night," he said again.
She watched his lips casually.

"What about last night?"
"Don't you remember?"
"What? Did we have a wild party or something? Feel like I've a hangover. God, I'm hungry. Who was here?"

"A few people," he said.

Милдред наблюдала за тем, как тосты ложатся на тарелку. В ее ушах плотно сидели электронные пчелы, их жужжание помогало ей коротать время. Она внезапно подняла голову, увидела Монтага и кивнула.

— Ты в порядке? — спросил он.

За десять лет пользования ушными наперстками — «ракушками» — его жена научилась профессионально читать по губам. Она снова кивнула. Затем включила тостер, и он опять защелкал, поджаривая свежий ломтик хлеба.

Монтаг сел.

— Не понимаю, с чего бы это я такая голодная, — сказала жена.

— Ты...

— Я *ужасно* голодна.

— Вчера вечером... — начал он.

— Спала плохо. Чувствую себя отвратительно, — продолжала она. — Господи, как же хочется есть! Ничего не пойму.

— Вчера вечером, — опять начал он.

Милдред рассеянно проследила за движением его губ.

— Что — вчера вечером?

— А ты не помнишь?

— О чем ты? У нас что, были гости и мы хорошо погуляли? Голова словно с похмелья. Господи, как же хочется есть! И кто у нас вчера был?

— Да так, несколько человек, — ответил он.

"That's what I thought." She chewed her toast. "Sore stomach, but I'm hungry as all-get-out. Hope I didn't do anything foolish at the party."

"No," he said, quietly.

The toaster spidered out a piece of buttered bread for him. He held it in his hand, feeling grateful.

"You don't look so hot yourself," said his wife.

In the late afternoon it rained and the entire world was dark grey. He stood in the hall of his house, putting on his badge with the orange salamander burning across it. He stood looking up at the air-conditioning vent in the hall for a long time. His wife in the TV parlour paused long enough from reading her script to glance up. "Hey," she said. "The man's THINKING!"

"Yes," he said. "I wanted to talk to you." He paused. "You took all the pills in your bottle last night."

"Oh, I wouldn't do that," she said, surprised.

"The bottle was empty."

"I wouldn't do a thing like that. Why would I do a thing like that?" she asked.

"Maybe you took two pills and forgot and took two more, and forgot again and took two more,

— Вот-вот. — Она прожевала кусок тоста. — Желудок болит, но есть хочется до ужаса. Надеюсь, я вчера никаких глупостей не наделала?

— Нет, — тихо сказал он.
Паучьей рукой тостер выхватил ломтик пропитанного маслом хлеба и протянул ему. Монтаг принял тост, чувствуя себя премного обязанным.

— Ты сам тоже выглядишь не лучшим образом, — заметила жена.

Ближе к вечеру пошел дождь, и мир стал темно-серым. Монтаг стоял в прихожей и прикреплял к куртке значок с пылающей оранжевой саламандрой. Потом долгое время глядел на вентиляционную решетку. Милдред, читавшая сценарий в телевизионной гостиной, ненадолго перевела взгляд на мужа.

— Посмотрите на него! — воскликнула она. — Этот человек *думает*!

— Да, — сказал он. — Я хотел с тобой поговорить. — Монтаг сделал паузу и продолжил. — Вчера вечером ты выпила все таблетки из своего флакона.

— О нет, — изумилась она, — я бы такого никогда не сделала.

— Но флакон был пуст.

— Да не могла я сделать ничего подобного! С чего бы это пришло мне в голову?

— А может, ты приняла две таблетки, потом забыла об этом и приняла еще две, потом опять

and were so dopy you kept right on until you had thirty or forty of them in you."

"Heck," she said, "what would I want to go and do a silly thing like that for?"
"I don't know," he said.
She was quite obviously waiting for him to go.

"I didn't do that," she said. "Never in a billion years."

"All right if you say so," he said.

"That's what the lady said." She turned back to her script.
"What's on this afternoon?" he asked tiredly.

She didn't look up from her script again. "Well, this is a play comes on the wall-to-wall circuit in ten minutes. They mailed me my part this morning. I sent in some box-tops. They write the script with one part missing. It's a new idea. The homemaker, that's me, is the missing part. When it comes time for the missing lines, they all look at me out of the three walls and I say the lines: Here, for instance, the man says, 'What do you think of this whole idea, Helen?' And he looks at me sit-

позабыла и снова приняла две, а затем, уже осоловев, ты начала глотать их одну за одной, пока в тебе не оказались все тридцать или сорок штук.

— Чушь! — возмутилась она. — Чего ради я сотворила бы такую глупость?

— Не знаю,— ответил он.

Похоже, ей хотелось, чтобы муж как можно скорее ушел из дома.

— Я этого не делала, — сказала Милдред. — И никогда не сделаю. Даже если проживу миллиард лет.

— Ну хорошо, раз ты так говоришь, — согласился он.

— Это не я, так сказала леди в пьесе, — ответила она и вернулась к сценарию.

— Что идет сегодня днем? — утомленным голосом спросил Монтаг.

На этот раз она не стала отрываться от сценария:

— Ну, через десять минут начнется пьеса, действие будет переходить со стены на стену. Мне прислали роль сегодня утром. Я им подкинула несколько классных соображений. Они пишут сценарий, но пропускают реплики одного персонажа. Абсолютно новая идея! Там нет реплик матери семейства, ее играю я. Когда подходит моя очередь говорить, они все смотрят на меня с трех стен, и вот тут я произношу свои слова. К примеру, мужчина говорит: «Как тебе

ting here centre stage, see? And I say, I say—" She paused and ran her finger under a line in the script. 'I think that's fine!' And then they go on with the play until he says, 'Do you agree to that, Helen!' and I say, 'I sure do!' Isn't that fun, Guy?"

He stood in the hall looking at her.

"It's sure fun," she said.
"What's the play about?"
"I just told you. There are these people named Bob and Ruth and Helen."
"Oh."
"It's really fun. It'll be even more fun when we can afford to have the fourth wall installed. How long you figure before we save up and get the fourth wall torn out and a fourth wall-TV put in? It's only two thousand dollars."

"That's one-third of my yearly pay."
"It's only two thousand dollars," she replied. "And I should think you'd consider me sometimes. If we had a fourth wall, why it'd be just like this room wasn't ours at all, but all kinds of exotic people's rooms. We could do without a few things."

нравится вся эта идея, Элен?» При этом он глядит на меня, а я сижу здесь, в центре сцены, чувствуешь? И я говорю... я говорю... — она стала водить пальцем по строчкам сценария. — Вот: «По-моему, это чудесно». Потом они продолжают играть дальше, без меня, пока он не спрашивает: «Ты тоже так считаешь, Элен?» А я ему на это отвечаю: «Конечно же!» Правда ведь забавно, Гай?

Стоя в коридоре, он не отрываясь смотрел на нее.

— Очень забавно, — ответила она самой себе.

— А о чем пьеса?

— Я же тебе только что сказала. Там три действующих лица — Боб, Рут и Элен.

— А!

— Действительно очень забавно. А дальше будет еще забавнее, когда мы позволим себе четвертую телестену. Как ты полагаешь, долго нам придется экономить, чтобы сломать четвертую стену и поставить вместо нее четвертую телевизионную? Она стоит всего две тысячи долларов.

— Это треть моей годовой зарплаты.

— Но ведь всего две тысячи, — возразила Милдред. — Иногда не мешало бы и обо мне подумать. Если бы у нас была четвертая телестена, то эта комната стала бы вроде как вовсе и не нашей. Она превращалась бы в комнаты разных

"We're already doing without a few things to pay for the third wall. It was put in only two months ago, remember?"

"Is that all it was?" She sat looking at him for a long moment. "Well, good-bye, dear."

"Good-bye," he said. He stopped and turned around. "Does it have a happy ending?"

"I haven't read that far."
He walked over, read the last page, nodded, folded the script, and handed it back to her. He walked out of the house into the rain.
The rain was thinning away and the girl was walking in the centre of the sidewalk with her head up and the few drops falling on her face. She smiled when she saw Montag.
"Hello!"
He said hello and then said, "What are you up to now?"
"I'm still crazy. The rain feels good. I love to walk in it.

"I don't think I'd like that," he said.

"You might if you tried."

экзотических людей. Мы вполне можем обойтись без чего-нибудь другого...

— Мы и так уже обходимся без многого другого, выплачивая за третью стену. Ее, между прочим, поставили только два месяца назад, помнишь?

— Целых два месяца? — Она долго сидела, удивленно глядя на него. — Ну, до свидания, дорогой.

— До свидания, — сказал он, направляясь к двери, затем остановился и обернулся. — А какой у этой пьесы конец? Счастливый?

— Ну, до конца мне еще далеко.

Он вернулся, прочитал последнюю страницу, кивнул, сложил рукопись и отдал жене. После чего вышел из дома в дождь.

Дождь уже заканчивался. Девушка шла по середине тротуара с поднятой головой, подставляя лицо иссякающим каплям. При виде Монтага она улыбнулась.

— Здравствуйте.

Монтаг тоже сказал «здравствуйте» и спросил:

— Ну, и чем вы меня сегодня порадуете?

— Я по-прежнему сумасшедшая. Как хорошо под дождем! Я люблю гулять в такую погоду.

— Не думаю, чтобы это мне понравилось, — ответил Монтаг.

— Попробуйте — может, и понравится.

"I never have."
She licked her lips. "Rain even tastes good."

"What do you do, go around trying everything once?" he asked.
"Sometimes twice." She looked at something in her hand.
"What've you got there?" he said.
"I guess it's the last of the dandelions this year. I didn't think I'd find one on the lawn this late. Have you ever heard of rubbing it under your chin? Look."

She touched her chin with the flower, laughing.

"Why?"
"If it rubs off, it means I'm in love. Has it?"

He could hardly do anything else but look.

"Well?" she said.
"You're yellow under there."
"Fine! Let's try YOU now."

"It won't work for me."
"Here."
Before he could move she had put the dandelion under his chin. He drew back and she laughed.

"Hold still!"

— До сих пор как-то не приходилось.
Она облизнула губы.
— Дождь, он даже на вкус приятный.
— Так вот чем вы занимаетесь, хотите по разу все перепробовать, да?
— Кое-что и не по разу.
Она посмотрела на что-то в своей руке.
— Что это у вас там? — спросил Монтаг.
— По-моему, последний в этом году одуванчик. Даже не думала, что мне удастся найти его, ведь для них уже очень поздно. Слышали когда-нибудь, что им надо потереть под подбородком? Смотрите!
Она коснулась цветком подбородка и рассмеялась.
— А для чего это?
— Примета такая: если остается след, значит, я влюблена. Ну как, остался?
Ему не оставалось ничего другого, как посмотреть.
— Ну как? — снова спросила она.
— Подбородок стал желтым.
— Вот и прекрасно! А теперь давайте проверим на вас.
— Со мной ничего не получится.
— Сейчас увидим!
Прежде чем он успел шевельнуться, девушка сунула одуванчик ему под подбородок. Монтаг непроизвольно отпрянул. Она рассмеялась.
— Не двигайтесь!

She peered under his chin and frowned.

"Well?" he said.
"What a shame," she said. "You're not in love with anyone."
"Yes, I am!"
"It doesn't show."
"I am very much in love!" He tried to conjure up a face to fit the words, but there was no face.

"I am!"
"Oh please don't look that way."
"It's that dandelion," he said. "You've used it all up on yourself. That's why it won't work for me."
"Of course, that must be it. Oh, now I've upset you, I can see I have; I'm sorry, really I am." She touched his elbow.

"No, no," he said, quickly, "I'm all right."

"I've got to be going, so say you forgive me. I don't want you angry with me."

"I'm not angry. Upset, yes."
"I've got to go to see my psychiatrist now. They make me go. I made up things to say. I don't know what he thinks of me. He says I'm a regular onion! I keep him busy peeling away the layers."

Девушка осмотрела его подбородок и нахмурилась.

— Ну, что? — спросил он.

— Какой позор! — воскликнула она. — Вы ни в кого не влюблены.

— Нет, влюблен!

— Что-то этого не видно.

— Влюблен, и еще как! — Монтаг попытался наколдовать в воображении какое-нибудь лицо, соответствующее этим словам, но лицо не появлялось.

— Влюблен,— повторил он.

— Пожалуйста, не смотрите на меня так!

— Это все ваш одуванчик, — сказал он. — Вы истратили его пыльцу на себя. Вот почему со мной ничего не получилось.

— Ну конечно, так оно и есть. Как же я вас расстроила! Вижу, вижу, расстроила. Простите меня, я и впрямь виновата. — Она слегка коснулась его локтя.

— Ну что вы, что вы, — поспешно ответил он. — Все в порядке.

— Мне сейчас нужно идти, скажите, что вы меня простили. Не хочу, чтобы вы на меня сердились.

— Я и не сержусь. Вот огорчен — это да.

— А я иду к своему психиатру. Меня туда заставляют ходить. Ну я и придумываю для него каждый раз всякие штуки. Не знаю, что он обо мне думает. Говорит, я самая настоящая лукови-

"I'm inclined to believe you need the psychiatrist," said Montag.

"You don't mean that."

He took a breath and let it out and at last said,

"No, I don't mean that."

"The psychiatrist wants to know why I go out and hike around in the forests and watch the birds and collect butterflies. I'll show you my collection some day."

"Good."

"They want to know what I do with all my time. I tell them that sometimes I just sit and think. But I won't tell them what. I've got them running. And sometimes, I tell them, I like to put my head back, like this, and let the rain fall into my mouth. It tastes just like wine. Have you ever tried it?"

"No I—"

"You HAVE forgiven me, haven't you?"

"Yes." He thought about it. "Yes, I have. God knows why. You're peculiar, you're aggravating, yet you're easy to forgive. You say you're seventeen?"

"Well-next month."

"How odd. How strange. And my wife thirty and yet you seem so much older at times. I can't get over it."

ца. Он только и делает, что снимает с меня шелуху, слой за слоем.

— Я склоняюсь к тому, что психиатр вам все-таки нужен, — сказал Монтаг.

— Неправда, вы так не думаете.

Он вздохнул, выпустил воздух и, наконец, произнес:

— Да, не думаю.

— Мой психиатр хочет понять, почему я брожу по лесам, смотрю на птиц, собираю бабочек. Когда-нибудь я покажу вам свою коллекцию.

— Хорошо.

— Они все хотят понять, чем это я таким занята. Я им отвечаю, что иногда просто сижу и *думаю*. Только никогда не скажу им, о чем. Пусть помучаются. А иногда, говорю я им, мне нравится запрокинуть голову, вот так, и ловить ртом дождевые капли. На вкус они как вино. Никогда не пробовали?

— Нет, я...

— Так вы *простили* меня, да?

— Да. — Он немного подумал. — Простил. Бог знает почему. Вы особенная — все время подкалываете, а прощать вас легко. Вы говорите, вам семнадцать?

— Да, в следующем месяце.

— Странно. Удивительно. Моей жене тридцать, но мне порой кажется, что вы много старше ее. Никак не возьму этого в толк.

"You're peculiar yourself, Mr. Montag. Sometimes I even forget you're a fireman. Now, may I make you angry again?"

"Go ahead."

"How did it start? How did you get into it? How did you pick your work and how did you happen to think to take the job you have? You're not like the others. I've seen a few; I know. When I talk, you look at me. When I said something about the moon, you looked at the moon, last night. The others would never do that. The others would walk off and leave me talking. Or threaten me. No one has time any more for anyone else. You're one of the few who put up with me. That's why I think it's so strange you're a fireman, it just doesn't seem right for you, somehow."

He felt his body divide itself into a hotness and a coldness, a softness and a hardness, a trembling and a not trembling, the two halves grinding one upon the other.

"You'd better run on to your appointment," he said.

And she ran off and left him standing there in the rain. Only after a long time did he move.

And then, very slowly, as he walked, he tilted his head back in the rain, for just a few moments, and opened his mouth...

— Вы сами странный, господин Монтаг. По временам я даже забываю, что вы пожарный. А можно, я вас опять сейчас разозлю?

— Давайте.

— Как это все у вас началось? Как вы к ним попали? Как вы нашли себе эту работу? Как вам вообще такая мысль могла в голову прийти? Вы не похожи на других пожарных. До вас я уже видела нескольких, так что *знаю*. Когда я начинаю говорить, вы на меня смотрите. Вот вчера вечером я упомянула луну, и вы тут же на нее посмотрели. Другие никогда бы так не поступили. Они просто ушли бы прочь и оставили меня наедине с собой. Или начали бы мне угрожать. У людей сейчас просто нет времени друг для друга. А вы один из немногих, кто хорошо ко мне отнесся. Вот почему я думаю: странно, что вы стали пожарным. К вам это как-то не очень подходит.

Ему показалось, что он разломился пополам: одна половина была жаркой, вторая — холодной; одна — сама мягкость, вторая — твердость; одна дрожала, вторая не дрожала вовсе, — и каждая пыталась истереть другую в порошок.

— Вам надо спешить, — сказал он.

И она тут же убежала, оставив его стоять на тротуаре под дождем. Прошло немало времени, прежде чем он наконец шевельнулся.

Медленно, очень медленно шагая по улице, он запрокинул голову, подставил лицо дождю и открыл рот...

The Mechanical Hound slept but did not sleep, lived but did not live in its gently humming, gently vibrating, softly illuminated kennel back in a dark corner of the firehouse. The dim light of one in the morning, the moonlight from the open sky framed through the great window, touched here and there on the brass and the copper and the steel of the faintly trembling beast. Light flickered on bits of ruby glass and on sensitive capillary hairs in the nylon-brushed nostrils of the creature that quivered gently, gently, gently, its eight legs spidered under it on rubber-padded paws.

Montag slid down the brass pole. He went out to look at the city and the clouds had cleared away completely, and he lit a cigarette and came back to bend down and look at the Hound. It was like a great bee come home from some field where the honey is full of poison wildness, of insanity and nightmare, its body crammed with that over-rich nectar and now it was sleeping the evil out of itself.

"Hello," whispered Montag, fascinated as always with the dead beast, the living beast.

At night when things got dull, which was every night, the men slid down the brass poles, and set the ticking combinations of the olfactory system

Механическая Гончая спала и одновременно не спала, жила и одновременно не жила в своей мягко гудящей, слегка вибрирующей, слабо освещенной конуре в дальнем темном углу пожарной станции. Был час ночи, тусклый сумрак и лунный свет входили в раму большого окна и ложились пятнами на медь, бронзу и сталь мелко дрожавшего зверя. Свет мерцал на кусочках рубинового стекла и на чувствительных капиллярных волосках в нейлоновых ноздрях этой твари, которая легонько, еле заметно сотрясалась, по-паучьи сложив под собой восемь лап с резиновыми подушечками.

Монтаг съехал по бронзовому шесту и вышел поглядеть на город. Тучи уже совершенно очистили небо. Он закурил сигарету, вернулся в станцию, подошел к Гончей и наклонился над ней, внимательно разглядывая. Она походила на огромную пчелу, вернувшуюся в улей с какого-то далекого луга, где мед вобрал в себя ночные кошмары, безумие и ядовитую дикость, ее тело было полно этим перенасыщенным нектаром, и теперь она спала, чтобы избыть во сне распиравшее ее зло.

— Здравствуй, — прошептал Монтаг, как всегда зачарованный этим вечно мертвым, вечно живым зверем.

Ночами, всякий раз, когда делалось скучно — а так происходило каждую ночь, — пожарные спускались по медным шестам и, приведя

of the Hound and let loose rats in the firehouse area-way, and sometimes chickens, and sometimes cats that would have to be drowned anyway, and there would be betting to see which the Hound would seize first. The animals were turned loose. Three seconds later the game was done, the rat, cat, or chicken caught half across the areaway, gripped in gentling paws while a four-inch hollow steel needle plunged down from the proboscis of the Hound to inject massive jolts of morphine or procaine. The pawn was then tossed in the incinerator. A new game began.

Montag stayed upstairs most nights when this went on. There had been a time two years ago when he had bet with the best of them, and lost a week's salary and faced Mildred's insane anger, which showed itself in veins and blotches. But now at night he lay in his bunk, face turned to the wall, listening to whoops of laughter below and the piano-string scurry of rat feet, the violin squeaking of mice, and the great shadowing, motioned silence of the Hound leaping out like a moth in the raw light, finding, holding its victim, inserting the needle and going back to its kennel to die as if a switch had been turned.

Montag touched the muzzle..

в действие тикающий механизм обонятельной системы Гончей, впускали в подвальное помещение крыс, иногда цыплят, а то и кошек, которых так или иначе следовало утопить, и заключали пари, какую крысу, кошку или курочку Гончая схватит первой. Через три секунды игра обычно заканчивалась: на полпути к выходу из подвала крысу, кошку или курочку настигали мягкие лапы Гончей, после чего из ее хобота выдвигалась стальная полая четырехдюймовая игла и впрыскивала в животное мощную дозу морфия или прокаина. Затем жертву бросали в мусоросжигательную печь, и игра начиналась заново.

Во время этих ночных забав Монтаг, как правило, оставался наверху. Однажды, года два назад, он заключил пари с одним из лучших игроков и проиграл недельный заработок, что вызвало безумный гнев Милдред — лицо ее покрылось пятнами, на лбу вздулись вены. Теперь ночами он лежал на койке, повернувшись лицом к стене, и прислушивался к долетавшим снизу взрывам хохота, быстрой, как пассаж на рояле, суете крысиных лапок, скрипичному писку мышей и накрывавшей эти звуки огромной тени тишины, когда Гончая вылетала из своего угла, словно мотылек на яркий свет, находила жертву, хватала ее, пронзала иглой и возвращалась в конуру, чтобы умереть там, будто по мановению выключателя.

Монтаг коснулся морды зверя.

The Hound growled.

Montag jumped back.

The Hound half rose in its kennel and looked at him with green-blue neon light flickering in its suddenly activated eyebulbs. It growled again, a strange rasping combination of electrical sizzle, a frying sound, a scraping of metal, a turning of cogs that seemed rusty and ancient with suspicion.

"No, no, boy," said Montag, his heart pounding.

He saw the silver needle extended upon the air an inch, pull back, extend, pull back. The growl simmered in the beast and it looked at him.

Montag backed up. The Hound took a step from its kennel.

Montag grabbed the brass pole with one hand. The pole, reacting, slid upward, and took him through the ceiling, quietly. He stepped off in the half-lit deck of the upper level. He was trembling and his face was green-white. Below, the Hound had sunk back down upon its eight incredible insect legs and was humming to itself again, its multi-faceted eyes at peace.

Montag stood, letting the fears pass, by the drop-hole. Behind him, four men at a card table under a green-lidded light in the corner glanced briefly but said nothing. Only the man with the

Гончая зарычала.

Монтаг отпрыгнул.

Гончая приподнялась в конуре и уставилась на него внезапно включившимися лампами-глазами, в которых замерцал сине-зеленый неоновый свет. Она снова взрыкнула — ее рык был странной, режущей ухо смесью электрического шипения, потрескивания масла на раскаленной сковороде, скрежета металла и скрипа древних шестеренок, ржавых от подозрительности.

— Ну нет, маленькая, — произнес Монтаг, и сердце его заколотилось.

Он увидел, как на целый дюйм выдвинулась серебряная игла, потом втянулась, снова вышла, опять втянулась. Внутри зверя медленно кипело рычание, он внимательно глядел на человека.

Монтаг отступил. Гончая сделала шаг из конуры. Одной рукой Монтаг схватился за бронзовый шест. Прореагировав на прикосновение, шест скользнул вверх и бесшумно пронес его сквозь потолок. Монтаг разжал руки и ступил в сумрак верхнего этажа. Лицо его было бледно-зеленым, он весь дрожал. Гончая внизу снова подобрала под себя свои восемь невероятных паучьих ног, ее мягкое гудение возобновилось, а фасеточные глаза успокоились.

Монтаг стоял у люка, постепенно приходя в себя. За его спиной, в углу, за карточным столом сидели четверо мужчин, освещенные лампой под зеленым колпаком; они бросили на Монтага

Captain's hat and the sign of the Phoenix on his hat, at last, curious, his playing cards in his thin hand, talked across the long room.

"Montag...?"

"It doesn't like me," said Montag.

"What, the Hound?" The Captain studied his cards.

"Come off it. It doesn't like or dislike. It just 'functions.' It's like a lesson in ballistics. It has a trajectory we decide for it. It follows through. It targets itself, homes itself, and cuts off. It's only copper wire, storage batteries, and electricity."

Montag swallowed. "Its calculators can be set to any combination, so many amino acids, so much sulphur, so much butterfat and alkaline. Right?"

"We all know that."

"All of those chemical balances and percentages on all of us here in the house are recorded in the master file downstairs. It would be easy for someone to set up a partial combination on the Hound's 'memory,' a touch of amino acids, perhaps. That would account for what the animal did just now. Reacted toward me."

беглые взгляды, но ничего не сказали. И только человек в капитанской каске, в каске с изображением феникса, наконец заинтересовался и, держа карты в худой руке, кратко спросил через всю комнату:

— Монтаг?..

— Она меня *не любит*, — сказал Монтаг.

— Кто, Гончая? — Капитан внимательно разглядывал свои карты. — Ерунда. Любит — не любит, она на это не способна. Она просто «функционирует». Это как урок по баллистике. Мы рассчитываем траекторию и закладываем в Гончую, а дальше она лишь следует заданному курсу. Сама наводит себя на цель, поражает ее, потом отключается. Это всего лишь медная проволока, аккумуляторные батареи и электричество.

Монтаг сглотнул комок в горле.

— Ее калькуляторы можно настроить на любую комбинацию — столько-то аминокислот, столько-то серы, столько-то жиров, такая-то щелочная составляющая. Правильно?

— Мы все это знаем.

— Но ведь кислотно-основные балансы и все процентные соотношения, присущие каждому из нас на Станции, занесены в главное досье, там внизу. Не так уж сложно кому-нибудь взять и ввести в «память» Гончей некую частичную комбинацию, чтобы она реагировала, например, на определенные аминокислоты. Это объяснило

"Hell," said the Captain.

"Irritated, but not completely angry. Just enough 'memory' set up in it by someone so it growled when I touched it."

"Who would do a thing like that?" asked the Captain. "You haven't any enemies here, Guy."

"None that I know of."
"We'll have the Hound checked by our technicians tomorrow."
"This isn't the first time it's threatened me," said Montag. "Last month it happened twice."
"We'll fix it up. Don't worry."
But Montag did not move and only stood thinking of the ventilator grille in the hall at home and what lay hidden behind the grille. If someone here in the firehouse knew about the ventilator then mightn't they "tell" the Hound...?

The Captain came over to the drop-hole and gave Montag a questioning glance.
"I was just figuring," said Montag, "what does the Hound think about down there nights? Is it coming alive on us, really? It makes me cold."

бы то, что произошло со зверем несколько секунд назад. Она среагировала *на меня*.

— Чертовщина какая-то, — пробурчал Капитан.

— Она была раздражена, но не разъярена до предела. Кто-то настроил часть её «памяти» таким образом, чтобы Гончая рычала, когда я к ней прикасаюсь.

— Но кто бы стал это делать? — удивился капитан. — У тебя здесь нет ни одного врага, Гай.

— Насколько я знаю, нет.

— Ладно, завтра техники проверят Гончую.

— Она уже не первый раз угрожает мне, — сказал Монтаг. — В прошлом месяце это случалось дважды.

— Все исправим, не волнуйся.

Но Монтаг не двигался с места. Он стоял и думал о вентиляционной решётке в прихожей своего дома и о том, что за ней спрятано. Если кто-нибудь здесь, на пожарной станции, узнал про вентилятор, разве не мог он «рассказать» об этом Гончей?..

Капитан подошёл к люку и вопросительно взглянул на Монтага.

— Я всё думаю, — сказал Монтаг, — о чём это Гончая размышляет по ночам в своей конуре? Может, она готовится к тому, чтобы и впрямь начать бросаться на нас? Прямо мороз по коже, как представишь.

"It doesn't think anything we don't want it to think."

"That's sad," said Montag, quietly, "because all we put into it is hunting and finding and killing. What a shame if that's all it can ever know."

Beatty snorted, gently.

"Hell! It's a fine bit of craftsmanship, a good rifle that can fetch its own target and guarantees the bull's-eye every time."

"That's why," said Montag. "I wouldn't want to be its next victim.

"Why? You got a guilty conscience about something?"

Montag glanced up swiftly.

Beatty stood there looking at him steadily with his eyes, while his mouth opened and began to laugh, very softly.

One two three four five six seven days. And as many times he came out of the house and Clarisse was there somewhere in the world. Once he saw her shaking a walnut tree, once he saw her sitting on the lawn knitting a blue sweater, three or four times he found a bouquet of late flowers on his porch, or a handful of chestnuts in a little sack, or some autumn leaves neatly pinned to a sheet of white paper and thumb-tacked to his door. Every day Clarisse walked him to the corner. One day it was raining, the next it was clear, the day after

— Она не думает ни о чем таком, о чем, по нашему мнению, ей не следовало бы думать.

— Вот это и печально, — тихо проговорил Монтаг. — Потому что все, что мы вложили в нее, — это охота, поиск и убийство. Позор, что ничему другому она уже никогда не научится.

Битти, не удержавшись, фыркнул.

— Черт подери! Да наша Гончая — прекрасный образец мастерской работы. Добрая винтовка, которая может сама найти мишень и при каждом выстреле гарантирует попадание в яблочко.

— Потому-то я бы и не хотел быть ее очередной жертвой, — сказал Монтаг.

— А в чем дело? У тебя что, совесть не чиста?

Монтаг быстро посмотрел на Капитана.

Битти стоял рядом и не сводил с него пристального взгляда, потом его рот открылся, и стало ясно, что Капитан тихо, едва слышно смеется.

Один два три четыре пять шесть семь дней. И столько же раз, выходя из дома, он обнаруживал в мире присутствие Клариссы. Один раз он видел, как она трясет ореховое дерево; другой — что она сидит на газоне и вяжет синий свитер; три или четыре раза он находил то букетик поздних цветов на своем крыльце, то мешочек с горстью каштанов, то несколько осенних листьев, аккуратно пришпиленных к листу белой бумаги, который был приколот чертежной кнопкой

that the wind blew strong, and the day after that it was mild and calm, and the day after that calm day was a day like a furnace of summer and Clarisse with her face all sunburnt by late afternoon.

"Why is it," he said, one time, at the subway entrance, "I feel I've known you so many years?"

"Because I like you," she said, "and I don't want anything from you. And because we know each other."

"You make me feel very old and very much like a father."

"Now you explain," she said, "why you haven't any daughters like me, if you love children so much?"
"I don't know."
"You're joking!"
"I mean-" He stopped and shook his head. "Well, my wife, she... she just never wanted any children at all."
The girl stopped smiling.
"I'm sorry. I really, thought you were having fun at my expense. I'm a fool."

к двери дома. Каждый вечер Кларисса провожала его до угла. Первый день был дождливым, второй — ясным, третий — очень ветреным, четвертый выдался, наоборот, тихим и безветренным, а следующий за ним — жарким, как летнее пекло, так что к концу этого дня лицо Клариссы даже загорело.

— Почему у меня такое чувство, — спросил он ее как-то раз у входа в метро, — будто я знаю вас уже много-много лет?

— Потому что вы мне нравитесь, — ответила она, — и мне ничего от вас не надо. И еще потому, что мы с вами действительно узнали кое-что друг о друге.

— Рядом с вами я чувствую себя очень старым, и мне кажется, будто я отец целого семейства.

— Тогда объясните мне, — сказала она, — почему у вас нет дочерей вроде меня, раз уж вы так любите детей?

— Не знаю.

— Вы шутите!

— То есть я хочу сказать... — Он остановился и покачал головой. — Ну, в общем, моя жена, она... она никогда не хотела иметь детей.

Девушка перестала улыбаться.

— Простите меня. Я и впрямь думала, что вы просто веселитесь за мой счет. Какая же я дуреха.

"No, no," he said. "It was a good question. It's been a long time since anyone cared enough to ask. A good question."

"Let's talk about something else. Have you ever smelled old leaves? Don't they smell like cinnamon? Here. Smell."
"Why, yes, it is like cinnamon in a way."

She looked at him with her clear dark eyes. "You always seem shocked."

"It's just I haven't had time—"

"Did you look at the stretched-out billboards like I told you?"
"I think so. Yes." He had to laugh.

"Your laugh sounds much nicer than it did."

"Does it?"
"Much more relaxed."
He felt at ease and comfortable.

"Why aren't you in school? I see you every day wandering around."
"Oh, they don't miss me," she said. "I'm antisocial, they say. I don't mix. It's so strange. I'm very social indeed. It all depends on what you mean

— Нет-нет! — запротестовал он. — Это был хороший вопрос. Меня уже давно никто об этом не спрашивал, просто никому нет дела. Нет, вопрос хороший.

— Давайте поговорим о чем-нибудь другом. Вы когда-либо нюхали старые листья? Правда, они пахнут корицей? Вот, понюхайте.

— Хм, действительно чем-то напоминает корицу.

Она посмотрела на него своими ясными чёрными глазами.

— Вы всегда словно бы удивляетесь до глубины души.

— Это просто потому, что у меня не было времени...

— Вы как следует рассмотрели те длиннющие рекламные щиты, о которых я вам говорила?

— Да, вроде бы как следует. — Он невольно рассмеялся.

— Ну вот, и смех у вас теперь куда приятнее, чем раньше.

— В самом деле?

— Да, не такой напряженный.

Он неожиданно почувствовал себя легко и непринужденно.

— Кстати, а почему вы не в школе? Я же вижу, как вы целыми днями бродите по улицам.

— Ну, там по мне не скучают, — ответила Кларисса. — Они говорят, я антиобщественный элемент. Совсем не схожусь с другими людьми. Это

by social, doesn't it? Social to me means talking about things like this." She rattled some chestnuts that had fallen off the tree in the front yard. "Or talking about how strange the world is. Being with people is nice. But I don't think it's social to get a bunch of people together and then not let them talk, do you? An hour of TV class, an hour of basketball or baseball or running, another hour of transcription history or painting pictures, and more sports, but do you know, we never ask questions, or at least most don't; they just run the answers at you, bing, bing, bing, and us sitting there for four more hours of film-teacher. That's not social to me at all. It's a lot of funnels and a lot of water poured down the spout and out the bottom, and them telling us it's wine when it's not. They run us so ragged by the end of the day we can't do anything but go to bed or head for a Fun Park to bully people around, break windowpanes in the Window Smasher place or wreck cars in the Car Wrecker place with the big steel ball. Or go out in the cars and race on the streets, trying to see how close you can get to lamp-posts, playing 'chicken' and 'knock hub-caps.' I guess I'm everything they say I am, all right. I haven't any friends. That's supposed to prove I'm abnormal. But everyone I know is either shouting or dancing around like wild or beating up one another. Do you notice how people hurt each other nowadays?"

так странно. На самом деле, я очень общественная. Все зависит от того, что называть «обществом», правда? Вот я сейчас рассказываю вам об этих вещах — по-моему, мы с вами и есть «общество». — Она погремела в пригоршне каштанами, которые подобрала под деревом во дворе. — Или еще можно говорить, как странно устроен мир. Быть среди людей — это чудно. Но если собирают кучу народу и при этом не дают им возможности друг с другом разговаривать, то я не думаю, что это можно назвать «обществом», как вы считаете? Час телевизионных занятий, час баскетбола, бейсбола или бега, потом час истории транскрипции или же час рисуем картинки, потом опять спорт, но, представляете, мы никогда не задаем в школе никаких вопросов — по крайней мере, большинство из нас этого не делает. Сидим, а учителя вдалбливают в нас ответы — бум-бум-бум, и после этого сидим еще четыре часа и смотрим учебные фильмы. Нет, для меня это никакое не «общество». Множество воронок и прорва воды, которая в горлышки вливается, а снизу выливается, и еще нам говорят, что это вино, хотя вином и не пахнет. К концу дня они нас так изматывают, что уже не остается сил ни на что, разве только лечь спать или отправиться в Парк Развлечений — приставать там к гуляющим, бить оконные стекла в павильоне «Разбей Окно» или крушить машины в павильоне «Разбей Машину», там для этого есть такое большое стальное ядро. А еще можно сесть

"You sound so very old."

"Sometimes I'm ancient. I'm afraid of children my own age. They kill each other. Did it always used to be that way? My uncle says no. Six of my friends have been shot in the last year alone. Ten of them died in car wrecks. I'm afraid of them and they don't like me because I'm afraid. My uncle says his grandfather remembered when children didn't kill each other. But that was a long time ago when they had things different. They believed in responsibility, my uncle says. Do you know, I'm responsible. I was spanked when I needed it, years ago. And I do all the shopping and house-cleaning by hand.

"But most of all," she said, "I like to watch people. Sometimes I ride the subway all day and look at them and listen to them. I just want to figure

в автомобили и гонять по улицам, соревнуясь, кто проскочит ближе всех к фонарному столбу, — это называется «праздник труса» или «сбей колпак». А в общем-то они, наверное, правы, я такая и есть, как они говорят. У меня нет друзей. Предполагается, уже одно это доказывает, что я ненормальная. Но все, кого я знаю, либо орут, либо пляшут как бешеные, либо колотят друг дружку. Вы обращали внимание, как люди сейчас увечат друг друга?

— Вы говорите так, словно вам очень много лет.

— А я иногда и чувствую себя совсем древней. Я боюсь своих сверстников. Они убивают друг друга. Неужели так было всегда? Мой дядя говорит, что нет. Только в этом году были застрелены шесть моих друзей. Десять погибли в автомобильных катастрофах. Да, я боюсь своих сверстников, и они не любят меня, потому что я их боюсь. Мой дядя говорит, что его дед помнил времена, когда дети не убивали друг друга, но это было давно, тогда все было по-другому. Дядя говорит, в те времена люди верили в чувство ответственности. А вы знаете, я ответственная. В детстве, много лет назад, мне задавали хорошую трепку, когда было за что. Я сама хожу по магазинам, убираю в доме...

А больше всего, — продолжала она, — мне нравится наблюдать за людьми. Бывает, целый день езжу в метро, гляжу на пассажиров, слу-

out who they are and what they want and where they're going. Sometimes I even go to the Fun Parks and ride in the jet cars when they race on the edge of town at midnight and the police don't care as long as they're insured. As long as everyone has ten thousand insurance everyone's happy. Sometimes I sneak around and listen in subways. Or I listen at soda fountains, and do you know what?"

"What?"
"People don't talk about anything."
"Oh, they must!"
"No, not anything. They name a lot of cars or clothes or swimming-pools mostly and say how swell! But they all say the same things and nobody says anything different from anyone else. And most of the time in the cafes they have the jokeboxes on and the same jokes most of the time, or the musical wall lit and all the coloured patterns running up and down, but it's only colour and all abstract. And at the museums, have you ever been? All abstract. That's all there is now. My uncle says it was different once. A long time back sometimes pictures said things or even showed people."

шаю их разговоры. Мне хочется понять, кто они такие, чего хотят, куда едут. Иногда я даже хожу в Парки Развлечений или катаюсь на реактивных автомобилях в полночь по городским окраинам, — полиции все равно, лишь бы машины были застрахованы. Покуда каждый застрахован на десять тысяч долларов, все счастливы. А случается, я незаметно подслушиваю чужие разговоры в метро. Или у автоматов с газировкой. И знаете что?

— Что?

— Люди ни о чем не говорят.

— Ну да! Так уж *ни о чем*?

— Нет, не в буквальном смысле. Большей частью они перечисляют марки автомобилей, сыплют фирменными названиями одежды, хвастаются плавательными бассейнами, и через слово — «это потрясно!». Но ведь все говорят одно и то же, никто не скажет что-нибудь отличное от других. А придут в забегаловку, включают зубоскальные автоматы и слушают все время одни и те же старые анекдоты, или же уставятся на музыкальную стену и глядят, как по ней вверх-вниз бегут цветовые узоры, но это одни краски, абстракция, и больше ничего. А музеи — вы их когда-нибудь посещаете? Там *вообще* один абстракционизм. Сейчас ничего другого и не бывает. Мой дядя говорит, раньше было иначе. В давние времена картины о чем-то рассказывали, и на них даже были *люди*.

"Your uncle said, your uncle said. Your uncle must be a remarkable man."

"He is. He certainly is. Well, I've got to be going. Goodbye, Mr. Montag."

"Good-bye."

"Good-bye..."

One two three four five six seven days: the firehouse.

"Montag, you shin that pole like a bird up a tree."

Third day.

"Montag, I see you came in the back door this time. The Hound bother you?"

"No, no."

Fourth day.

"Montag, a funny thing. Heard tell this morning. Fireman in Seattle, purposely set a Mechanical Hound to his own chemical complex and let it loose. What kind of suicide would you call that?"

Five six seven days.

And then, Clarisse was gone. He didn't know what there was about the afternoon, but it was not seeing her somewhere in the world. The lawn was empty, the trees empty, the street empty, and while at first he did not even know he missed her or was even looking for her, the fact was that by the time he reached the subway, there were vague stirrings of unease in him. Something was the matter,

— Дядя говорит это, дядя говорит то. Он, должно быть, замечательный человек.

— Так и есть. Конечно, замечательный. Ну, мне пора. До свидания, господин Монтаг.

— До свидания.

— До свидания...

Один два три четыре пять шесть семь дней: пожарная станция.

— Монтаг, ты прямо как птичка на дерево взлетаешь по своему шесту.

Третий день.

— Монтаг, я вижу, ты сегодня пришел с черного хода. Что, Гончая беспокоит?

— Нет, нет.

Четвертый день.

— Монтаг, послушай, какая забавная история. Мне ее рассказали сегодня утром. Один пожарный из Сиэтла нарочно настроил Механическую Гончую на свою химическую комбинацию, а потом выпустил из конуры. Как ты определишь такой вид самоубийства?

Пять, шесть, семь дней.

И вдруг исчезла Кларисса. До какого-то момента Монтаг даже не осознавал, что было не так в тот день, но затем понял: Клариссы нигде не было видно, ее присутствие в мире не обнаруживалось. Газон перед ее домом был пуст, деревья голы, пуста улица, и хотя поначалу он даже не отдавал себе отчета, что ему недостает именно ее или что он пытается ее разыскать, но к тому вре-

his routine had been disturbed. A simple routine, true, established in a short few days, and yet...? He almost turned back to make the walk again, to give her time to appear. He was certain if he tried the same route, everything would work out fine. But it was late, and the arrival of his train put a stop to his plan.

The flutter of cards, motion of hands, of eyelids, the drone of the time-voice in the firehouse ceiling "...one thirty-five. Thursday morning, November 4th,... one thirty-six... one thirty-seven a. m..." The tick of the playing-cards on the greasy table-top, all the sounds came to Montag, behind his closed eyes, behind the barrier he had momentarily erected. He could feel the firehouse full of glitter and shine and silence, of brass colours, the colours of coins, of gold, of silver: The unseen men across the table were sighing on their cards, waiting.

"...one forty-five..." The voice-clock mourned out the cold hour of a cold morning of a still colder year.

"What's wrong, Montag?"
Montag opened his eyes.

мени, когда он подходил к станции метро, в нем смутно зашевелилось беспокойство. Что-то случилось, нарушился заведенный порядок вещей. Правда, порядок весьма несложный, образовавшийся всего несколько дней назад, и все же... Он едва не повернул обратно, чтобы еще раз пройти к станции метро, — может, надо просто дать ей немного времени, и она появится. Монтаг был убежден: стоит ему повторить маршрут, — и все образуется. Но было уже поздно, и появление поезда метро положило конец его планам.

Шорох карт, движенья рук, дрожанье век, бубнеж времяголосия с потолка пожарной станции: «...один час тридцать пять минут, четверг, четвертое ноября, ...один час тридцать шесть... один час тридцать семь, четверг...». Шлепанье игральных карт о засаленную поверхность стола. Все эти звуки проникали в Монтага, несмотря на барьер плотно сомкнутых глаз — барьер, с помощью которого он пытался хоть на миг заслониться от них. Он явственно ощущал блеск, сверканье и тишину, наполнявшие пожарную станцию, оттенки меди, цвета монет, золота, серебра. Невидимые игроки за столом напротив него вздыхали над своими картами, чего-то ждали. «Один час сорок пять минут...» Говорящие часы оплакивали этот холодный час одной из холодных ночей совсем уже холодного года.

— Что случилось, Монтаг?

Он открыл глаза.

A radio hummed somewhere. "...war may be declared any hour. This country stands ready to defend its..."

The firehouse trembled as a great flight of jet planes whistled a single note across the black morning sky.

Montag blinked. Beatty was looking at him as if he were a museum statue. At any moment, Beatty might rise and walk about him, touching, exploring his guilt and self-consciousness. Guilt? What guilt was that?

"Your play, Montag."

Montag looked at these men whose faces were sunburnt by a thousand real and ten thousand imaginary fires, whose work flushed their cheeks and fevered their eyes. These men who looked steadily into their platinum igniter flames as they lit their eternally burning black pipes. They and their charcoal hair and soot-coloured brows and bluish-ash-smeared cheeks where they had shaven close; but their heritage showed. Montag started up, his mouth opened. Had he ever seen a fireman that didn't have black hair, black brows, a fiery face, and a blue-steel shaved but unshaved look? These men were all mirror-images of himself! Were all firemen picked then for their looks as well as their proclivities? The colour of cinders and ash about them, and the continual smell of burning from

Где-то жужжало радио: «...война может быть объявлена в любую минуту. Наша страна готова к защите своих...»

Здание пожарной станции задрожало: мощный проход реактивных самолетов наполнил черноту предутреннего неба монотонным свистом.

Монтаг заморгал. Битти разглядывал его так, словно перед ним была музейная статуя. В любой момент Битти мог встать, обойти вокруг него, коснуться рукой, прислушаться к отзвукам души в поисках вины и угрызений совести. Вины? О какой вине может идти речь?

— Твой ход, Монтаг.

Монтаг окинул взглядом сидевших перед ним людей. Их лица загорели от тысячи реальных и десятка тысяч воображаемых пожаров; работа окрасила их щеки в багровый цвет и зажгла в глазах лихорадочный блеск. Спокойно, не щурясь, глядели они на огоньки своих платиновых зажигателей, раскуривая свои никогда не гаснущие черные трубки. Во всем — в них самих, в их угольно-черных волосах, в бровях цвета сажи, в испятнанных пеплом щеках, выбритых до синевы, — во всем сквозила наследственность. Вздрогнув, Монтаг замер с открытым ртом. А видел ли он хоть когда-нибудь пожарного, у которого не было бы черных волос, черных бровей, огненного лица и выбритых до стальной синевы щек, создающих тем не менее впечат-

their pipes. Captain Beatty there, rising in thunderheads of tobacco smoke. Beatty opening a fresh tobacco packet, crumpling the cellophane into a sound of fire.

Montag looked at the cards in his own hands. "I-I've been thinking. About the fire last week. About the man whose library we fixed. What happened to him?"

"They took him screaming off to the asylum."

"He wasn't insane."

Beatty arranged his cards quietly.

"Any man's insane who thinks he can fool the Government and us."

"I've tried to imagine," said Montag, "just how it would feel. I mean to have firemen burn our houses and our books."

"We haven't any books."

"But if we did have some."

"You got some?"

Beatty blinked slowly.

"No." Montag gazed beyond them to the wall with the typed lists of a million forbidden books. Their names leapt in fire, burning down the years

ление небритости? Все эти люди — зеркальное отражение его самого! Неужели пожарных отбирают не только по склонности, но и по внешним данным? Во всем их облике — оттенки тлеющих углей и пепла, и вечный запах гари, исходящий из трубок. Вот в грозовых тучах табачного дыма поднимается Капитан Битти, открывает свежую пачку табака и комкает обертку — хруст целлофана в его руке отдается треском огня.

Монтаг перевел взгляд на карты в своей руке.

— Я... я немного задумался. О пожаре, что был на прошлой неделе... О том человеке, чью библиотеку мы обработали. Что с ним стало?

— Он вопил так, что его отправили в психушку.

— Он не был сумасшедшим.

Битти спокойно перетасовал карты:

— Любой человек, который думает, будто может перехитрить правительство и нас, уже сумасшедший.

— Я все пытался представить себе, — произнес Монтаг, — на что это похоже — оказаться в его положении. Я хочу сказать, вот приходят пожарные и жгут *наши* дома и *наши* книги.

— У нас нет книг.

— А если бы были?

— Так что, у тебя *кое-что* есть?

Битти медленно мигнул.

— Нет. — Монтаг поглядел мимо сидевших за столом людей на стену, где были вывешены отпечатанные на машинке списки миллиона за-

under his axe and his hose which sprayed not water but kerosene. "No." But in his mind, a cool wind started up and blew out of the ventilator grille at home, softly, softly, chilling his face. And, again, he saw himself in a green park talking to an old man, a very old man, and the wind from the park was cold, too.

Montag hesitated,
"Was-was it always like this? The firehouse, our work? I mean, well, once upon a time..."

"Once upon a time!" Beatty said. "What kind of talk is THAT?"

Fool, thought Montag to himself, you'll give it away. At the last fire, a book of fairy tales, he'd glanced at a single line. "I mean," he said, "in the old days, before homes were completely fireproofed" Suddenly it seemed a much younger voice was speaking for him. He opened his mouth and it was Clarisse McClellan saying, "Didn't firemen prevent fires rather than stoke them up and get them going?"

прещенных книг. Их названия плясали в пламени, испепелявшем годы изданий, а он помогал этому, орудуя топором и наконечником шланга, извергавшим не воду, а керосин.

— Нет, — повторил он, но в глубине его сознания родился ледяной ветерок, он вырывался из вентиляционной решетки в доме Монтага и мягко, вкрадчиво холодил его лицо. А еще он опять увидел себя в зеленом парке, где однажды разговорился со стариком, очень древним стариком, и ветер из парка тоже был ледяным.

Немного поколебавшись, Монтаг спросил:

— А это всегда было... всегда было как сейчас? Пожарные станции, наша работа? Я хочу сказать... ну... может быть, когда-то, в некотором царстве, в некотором государстве...

— «В некотором царстве, в некотором государстве»? — переспросил Битти. — Это что еще за *разговоры* такие?

«Дурак! — мысленно обозвал себя Монтаг. — Ты же сам себя выдаешь». Во время последнего пожара, когда сжигали книгу детских сказок, он бросил взгляд на одну-единственную строку.

— Я имел в виду старые времена, когда дома еще не были абсолютно несгораемыми... — внезапно ему померещилось, будто его устами вещает какой-то другой, гораздо более молодой голос. Он лишь открывал рот, а говорила вместо него Кларисса Макклеллан. — Разве тогда пожарные

"That's rich!" Stoneman and Black drew forth their rulebooks, which also contained brief histories of the Firemen of America, and laid them out where Montag, though long familiar with them, might read:

"Established, 1790, to burn English-influenced books in the Colonies. First Fireman: Benjamin Franklin."

RULE 1. Answer the alarm swiftly.
2. Start the fire swiftly.
3. Burn everything.
4. Report back to firehouse immediately.

5. Stand alert for other alarms.
Everyone watched Montag. He did not move.

The alarm sounded.
The bell in the ceiling kicked itself two hundred times. Suddenly there were four empty chairs. The cards fell in a flurry of snow. The brass pole shivered. The men were gone.

Montag sat in his chair. Below, the orange dragon coughed into life.

Montag slid down the pole like a man in a dream.

The Mechanical Hound leapt up in its kennel, its eyes all green flame.

не *предотвращали* пожары, вместо того чтобы подливать керосин и разжигать их?

— Во дает! — Стоунмен и Блэк разом вытащили из карманов книжки уставов, в которых была также кратко изложена история Пожарных Америки, и раскрыли их перед Монтагом, чтобы он мог прочитать то, что ему и так было хорошо известно:

«Основаны в 1790 году с целью сожжения в Колониях книг, несущих на себе английское влияние. Первый пожарный: Бенджамин Франклин.

Правило 1. По тревоге выезжать быстро.

2. Огонь разжигать быстро.

3. Сжигать всё.

4. Возвращаться на пожарную станцию немедленно.

5. Быть готовым к новым тревогам».

Все смотрели на Монтага. Он сидел, не шевелясь.

В этот момент раздался сигнал тревоги.

Колокол под потолком нанес себе двести ударов. Внезапно в комнате образовалось четыре пустых стула. Карты снегопадом легли на пол. Медный шест мелко дрожал. Мужчины исчезли.

Монтаг продолжал сидеть на стуле. Внизу зашелся кашлем, оживая, оранжевый дракон.

Словно во сне, Монтаг съехал по шесту.

Механическая Гончая тут же вскочила в своей конуре, в глазах — зеленое пламя.

"Montag, you forgot your helmet!"

He seized it off the wall behind him, ran, leapt, and they were off, the night wind hammering about their siren scream and their mighty metal thunder!

It was a flaking three-storey house in the ancient part of the city, a century old if it was a day, but like all houses it had been given a thin fireproof plastic sheath many years ago, and this preservative shell seemed to be the only thing holding it in the sky.

"Here we are!"

The engine slammed to a stop. Beatty, Stoneman, and Black ran up the sidewalk, suddenly odious and fat in the plump fireproof slickers. Montag followed.

They crashed the front door and grabbed at a woman, though she was not running, she was not trying to escape. She was only standing, weaving from side to side, her eyes fixed upon a nothingness in the wall as if they had struck her a terrible blow upon the head. Her tongue was moving in her mouth, and her eyes seemed to be trying to remember something, and then they remembered and her tongue moved again:

— Монтаг, ты забыл свой шлем!

Он сорвал его со стены позади себя, побежал, прыгнул, и они умчались, лишь ночной ветер колотился меж домов, полный воя сирены и могучего грома металла.

Это был облупившийся трехэтажный дом в старой части города, он стоял уже сто лет, не больше и не меньше, но, как и все остальные здания, много лет назад его заключили в тонкую огнеупорную пластиковую оболочку, и теперь казалось, будто эта предохранительная скорлупа была единственным, что удерживало его в воздухе.

— Приехали!

Пожарная машина остановилась, хлопнули двери. Битти, Стоунмен и Блэк помчались по тротуару к дому, неожиданно став мерзкими и жирными в своих пухлых огнеупорных плащах. Монтаг бросился следом.

Они сокрушили парадную дверь и схватили женщину, хотя та не двигалась с места и вовсе не думала скрываться бегством. Она стояла, мягко покачиваясь из стороны в сторону и устремив взгляд в небытие, разверзшееся на стене, словно пожарные только что нанесли ей страшный удар по голове. Язык женщины ворочался во рту, а глаза, казалось, пытались что-то вспомнить, и вот они вспомнили, и язык снова зашевелился:

"'Play the man, Master Ridley; we shall this day light such a candle, by God's grace, in England, as I trust shall never be put out.'"

"Enough of that!" said Beatty. "Where are they?"

He slapped her face with amazing objectivity and repeated the question. The old woman's eyes came to a focus upon Beatty.

"You know where they are or you wouldn't be here," she said.

Stoneman held out the telephone alarm card with the complaint signed in telephone duplicate on the back

"Have reason to suspect attic; 11 No. Elm, City.—E. B."

"That would be Mrs. Blake, my neighbour;" said the woman, reading the initials.

"All right, men, let's get 'em!"

Next thing they were up in musty blackness, swinging silver hatchets at doors that were, after all, unlocked, tumbling through like boys all rollick and shout. "Hey!" A fountain of books sprang down upon Montag as he climbed shuddering up the sheer stair-well. How inconvenient! Always before it had been like snuffing a candle. The police went first and adhesive-taped the victim's mouth and bandaged him off into their glittering beetle cars, so when you arrived you found an empty house. You weren't hurting anyone, you were hurting only things! And since things really couldn't be

— Будьте мужчиной, мастер Ридли. Милостью Божьей мы зажжем сегодня в Англии такую свечу, которую, надеюсь, никогда не загасить[1].

— Хватит! — сказал Битти. — Где они?

С поразительным бесстрастием он ударил ее по лицу и повторил вопрос. Глаза старой женщины сфокусировались на Битти.

— Вы знаете, где они, иначе вас не было бы здесь, — молвила она.

Стоунмен протянул карточку телефонной тревоги, на обороте которой был продублирован текст доноса:

«Имею основания подозревать чердак. Дом №11, улица Вязов, Город. — Э. Б.»

— Это, должно быть, госпожа Блейк, моя соседка, — сказала женщина, прочитав инициалы.

— Ладно, ребята, пошли заберем их.

Уже через секунду они были наверху, в затхлой темноте, круша серебряными топориками двери, которые вовсе не были заперты, и вваливаясь в комнаты, как мальчишки, с криком и гиканьем.

---

[1] Слова, сказанные епископом вустерским Хью Латимером (1485?–1555) лондонскому епископу Николасу Ридли (1500–1555), когда их сжигали на костре в Оксфорде по обвинению в ереси 16 октября 1555 года. Истинной причиной обвинения был отказ протестантских священников, видных деятелей Реформации, отречься от протестантизма после восстановления католицизма в Англии при Марии I Тюдор.

hurt, since things felt nothing, and things don't scream or whimper, as this woman might begin to scream and cry out, there was nothing to tease your conscience later. You were simply cleaning up. Janitorial work, essentially. Everything to its proper place. Quick with the kerosene! Who's got a match!

But now, tonight, someone had slipped. This woman was spoiling the ritual. The men were making too much noise, laughing, joking to cover her terrible accusing silence below. She made the empty rooms roar with accusation and shake down a fine dust of guilt that was sucked in their nostrils as they plunged about. It was neither cricket nor correct. Montag felt an immense irritation. She shouldn't be here, on top of everything!

— Гей!

На Монтага, с дрожью в сердце поднимавшегося по крутой лестнице, обрушился целый фонтан книг. Как все неловко! Раньше это было не труднее, чем задуть свечу. Первыми приезжали полицейские, заклеивали жертве рот липкой лентой, связывали и увозили в своих блестящих жучьих машинах, так что, когда ты появлялся, дом был уже пуст. И ты никого не мучил, ты мучил одни лишь *вещи*. А поскольку на самом деле вещи не могут страдать, поскольку они не чувствуют боли, не визжат и не хнычут, как эта женщина, которая вот-вот завопит или расплачется, то потом твою совесть ничего не тревожило. Это была обыкновенная приборка. В сущности, работа дворника, а не пожарного. Всё расставили по местам! Керосин, быстро! У кого спички?

Сегодня, однако, кто-то там не досмотрел. Эта женщина нарушила весь ритуал. Поэтому пожарные делают так много шума, смеются, шутят, — делают все, чтобы заглушить жуткое осуждающее молчание, царящее внизу. Она заставила пустоту комнат изойти обвинительным ревом и вытряхнула в воздух тончайшую пыль вины, которую снующие по дому люди невольно втягивали ноздрями. Это нечестно! Неправильно! Монтаг испытал невероятную ярость. Что бы там ни было, эта женщина не должна находиться здесь!

Books bombarded his shoulders, his arms, his upturned face A book alighted, almost obediently, like a white pigeon, in his hands, wings fluttering. In the dim, wavering light, a page hung open and it was like a snowy feather, the words delicately painted thereon. In all the rush and fervour, Montag had only an instant to read a line, but it blazed in his mind for the next minute as if stamped there with fiery steel. "Time has fallen asleep in the afternoon sunshine." He dropped the book. Immediately, another fell into his arms.

"Montag, up here!"

Montag's hand closed like a mouth, crushed the book with wild devotion, with an insanity of mindlessness to his chest. The men above were hurling shovelfuls of magazines into the dusty air. They fell like slaughtered birds and the woman stood below, like a small girl, among the bodies.

Montag had done nothing. His hand had done it all, his hand, with a brain of its own, with a conscience and a curiosity in each trembling finger, had turned thief. Now, it plunged the book back under his arm, pressed it tight to sweating armpit, rushed out empty, with a magician's flourish! Look here! Innocent! Look!

Книги бомбардировали его плечи, руки, его обращенное кверху лицо. Одна из книг чуть ли не послушно опустилась в его ладони, как белый голубь, трепеща крыльями. В рассеянном колеблющемся свете мелькнула открывшаяся страница, и это было как взмах белоснежного пера с бережно нанесенными на него словами. В суматохе и горячке у Монтага был всего миг, чтобы прочитать строку, но она полыхала в его мозгу целую минуту, словно выжженная огненным стальным клеймом:

«Само время уснуло в лучах полуденного солнца»[1].

Он выронил книгу, и тут же ему в руки упала новая.

— Монтаг, поднимайся сюда!

Рука Монтага сомкнулась на книге, словно жадный рот; он с диким самозабвением стиснул ее, с безрассудством сумасшедшего прижал к своей груди. Мужчины наверху швыряли вороха журналов в пыльный воздух. Они падали, как битая птица, а женщина стояла внизу — маленькая девочка среди недвижных тушек.

Сам Монтаг ничего не сделал. Все сделала рука. Его рука, у которой был свой собственный мозг, своя совесть и любопытство в каждом дрожащем пальце, превратилась в воровку. Она

---

[1] Строка из сборника эссе «Деревня грез» шотландского поэта Александра Смита (1830–1867).

He gazed, shaken, at that white hand. He held it way out, as if he were far-sighted. He held it close, as if he were blind.

"Montag!"

He jerked about.

"Don't stand there, idiot!"

The books lay like great mounds of fishes left to dry. The men danced and slipped and fell over them. Titles glittered their golden eyes, falling, gone.

"Kerosene! They pumped the cold fluid from the numbered 451 tanks strapped to their shoulders. They coated each book, they pumped rooms full of it.

They hurried downstairs, Montag staggered after them in the kerosene fumes.

"Come on, woman!"

The woman knelt among the books, touching the drenched leather and cardboard, reading the gilt titles with her fingers while her eyes accused Montag.

нырнула с книгой под другую руку, прижала к пропахшей потом подмышке и выскочила наружу уже пустой, с показной невинностью фокусника: Смотрите! Ничего нет! Смотрите же!

Потрясенный, разглядывал он эту белую руку. Отводил ее подальше, словно был дальнозорким. Подносил к самому лицу, словно слепец.

— Монтаг!

Он вздрогнул и обернулся.

— Не стой там как идиот!

Теперь книги лежали вокруг него грудами свежей рыбы, вываленной для просушки. Мужчины танцевали на этих кучах, оскальзывались, валились на книги. Поблескивали золотые глаза названий на корешках, томики падали, глаза угасали.

— Керосин!

Они стали выкачивать холодную жидкость из баков с цифрами 451, пристроченных за плечами. Они обдали каждую книгу, залили доверху каждую комнату.

После этого все торопливо спустились вниз. Последним, спотыкаясь в керосиновом чаду, шел Монтаг.

— Женщина, выходим!

Она стояла на коленях среди книг, водила руками по набрякшим кожаным и картонным переплетам, словно читая пальцами золоченые названия, а глаза ее осуждающе смотрели на Монтага.

"You can't ever have my books," she said.

"You know the law," said Beatty. "Where's your common sense? None of those books agree with each other. You've been locked up here for years with a regular damned Tower of Babel. Snap out of it! The people in those books never lived. Come on now!"

She shook her head.
"The whole house is going up," said Beatty.

The men walked clumsily to the door. They glanced back at Montag, who stood near the woman.
"You're not leaving her here?" he protested.

"She won't come."
"Force her, then!"
Beatty raised his hand in which was concealed the igniter.
"We're due back at the house. Besides, these fanatics always try suicide; the pattern's familiar."

Montag placed his hand on the woman's elbow.
"You can come with me."
"No," she said. "Thank you, anyway."

"I'm counting to ten," said Beatty. "One. Two."

— Вам никогда не заполучить моих книг, — произнесла она.

— Вы знаете закон, — сказал Битти. — Где же ваш здравый смысл? Все эти книги противоречат друг другу. Столько лет просидеть взаперти наедине с самой настоящей Вавилонской башней, черт бы ее побрал! Бросьте вы эту дурь! Людей, что описаны в ваших книгах, никогда не существовало. Ну, выходите же!

Женщина покачала головой.

— Сейчас заполыхает весь дом, — сказал Битти.

Мужчины начали неуклюже пробираться к выходу. Они оглядывались на Монтага, по-прежнему стоявшего рядом с женщиной.

— Вы же не оставите ее здесь? — запротестовал он.

— Она сама не хочет уходить.

— Тогда выведите ее силой!

Битти поднял руку с затаившимся в ней зажигателем.

— Нам пора назад, на Станцию. И потом, эти фанатики всегда норовят покончить жизнь самоубийством. Так у них водится.

Монтаг положил руку женщине на локоть.

— Вы можете пойти со мной.

— Нет, — ответила она. — Но во всяком случае, спасибо.

— Считаю до десяти, — предупредил Битти. — Раз. Два...

"Please," said Montag.
"Go on," said the woman.
"Three. Four."
"Here." Montag pulled at the woman.

The woman replied quietly, "I want to stay here."
"Five. Six."
"You can stop counting," she said. She opened the fingers of one hand slightly and in the palm of the hand was a single slender object.

An ordinary kitchen match.
The sight of it rushed the men out and down away from the house. Captain Beatty, keeping his dignity, backed slowly through the front door, his pink face burnt and shiny from a thousand fires and night excitements. God, thought Montag, how true! Always at night the alarm comes. Never by day! Is it because the fire is prettier by night? More spectacle, a better show? The pink face of Beatty now showed the faintest panic in the door. The woman's hand twitched on the single matchstick. The fumes of kerosene bloomed up about her. Montag felt the hidden book pound like a heart against his chest.

— Пожалуйста,— попросил Монтаг.
— Продолжайте, — сказала женщина.
— Три. Четыре...
— Ну же. — Монтаг потянул женщину за рукав.
— Я хочу остаться, — тихо ответила она.
— Пять. Шесть...
— Можете дальше не считать, — сказала женщина. Она слегка разжала пальцы — на ладони лежал один-единственный тонкий длинный предмет.

Обыкновенная кухонная спичка.

Одного ее вида оказалось достаточно, чтобы мужчины выскочили наружу и бросились прочь от дома. Капитан Битти, стараясь сохранить достоинство, медленно попятился из парадной двери; его розовое лицо блестело и пылало отблесками тысяч пожаров и волнующих ночных приключений.

«Господи, — подумал Монтаг, — истинная правда! Тревоги всегда бывают только ночью! А днем — никогда! Не потому ли, что ночью пожар лучше смотрится? Эффектное зрелище, настоящее шоу...»

Розовое лицо остановившегося в дверном проеме Битти изображало легкую панику. Пальцы женщины сомкнулись на одной-единственной спичке. Вокруг нее пышным цветком распускалось облако керосиновых паров. Монтаг чувство-

"Go on," said the woman, and Montag felt himself back away and away out of the door, after Beatty, down the steps, across the lawn, where the path of kerosene lay like the track of some evil snail.

On the front porch where she had come to weigh them quietly with her eyes, her quietness a condemnation, the woman stood motionless.

Beatty flicked his fingers to spark the kerosene.

He was too late. Montag gasped.
The woman on the porch reached out with contempt for them all, and struck the kitchen match against the railing.

People ran out of houses all down the street.
They said nothing on their way back to the firehouse. Nobody looked at anyone else. Montag sat in the front seat with Beatty and Black. They did not even smoke their pipes. They sat there looking out of the front of the great salamander as they turned a corner and went silently on.

"Master Ridley," said Montag at last.
"What?" said Beatty.

вал, как спрятанная книга бьется о грудь, как второе сердце.

— Продолжайте, — повторила женщина.

Монтаг почувствовал, как пятится назад, все дальше и дальше от двери, потом следом за Битти вниз по лестнице, через газон, на котором, как путь зловещей улитки, лежал керосиновый след.

Женщина неподвижно стояла на крыльце, куда она вышла, чтобы смерить их долгим спокойным взглядом; само ее спокойствие было приговором.

Битти щелкнул пальцами, чтобы искрой зажигателя воспламенить керосин.

Но он опоздал. Монтаг замер с открытым ртом.

Облив их всех презрением, женщина на крыльце чиркнула кухонной спичкой о перила.

Из всех домов на улице выбегали люди.

По дороге на станцию они не произнесли ни слова. Никто ни на кого не смотрел. Монтаг сидел на переднем сиденье с Битти и Блэком. Они даже не раскурили своих трубок. Все неотрывно смотрели вперед. Огромная «саламандра» обогнула очередной угол и бесшумно помчалась дальше.

— Мастер Ридли, — наконец сказал Монтаг.
— Что? — спросил Битти.

"She said, 'Master Ridley.' She said some crazy thing when we came in the door. 'Play the man,' she said, 'Master Ridley.' Something, something, something."

"We shall this day light such a candle, by God's grace, in England, as I trust shall never be put out," said Beatty. Stoneman glanced over at the Captain, as did Montag, startled.

Beatty rubbed his chin. "A man named Latimer said that to a man named Nicholas Ridley, as they were being burnt alive at Oxford, for heresy, on October 16, 1555."

Montag and Stoneman went back to looking at the street as it moved under the engine wheels.
"I'm full of bits and pieces," said Beatty. "Most fire captains have to be. Sometimes I surprise myself. WATCH it, Stoneman!"

Stoneman braked the truck.
"Damn!" said Beatty. "You've gone right by the comer where we turn for the firehouse."

"Who is it?"
"Who would it be?" said Montag, leaning back against the closed door in the dark.

— Она сказала: «Мастер Ридли». Когда мы вошли, она произнесла какую-то безумную фразу. «Будьте мужчиной, мастер Ридли», — сказала она. И что-то такое еще, что-то такое, что-то...

— «Милостью Божьей мы зажжем сегодня в Англии такую свечу, которую, надеюсь, никогда не загасить», — проговорил Битти.

Стоунмен в изумлении поглядел на Капитана, Монтаг тоже. Битти потер подбородок.

— Это сказал человек по имени Латимер человеку по имени Николас Ридли, когда их заживо сжигали на костре за ересь в Оксфорде шестнадцатого октября тысяча пятьсот пятьдесят пятого года.

Монтаг и Стоунмен снова уставились на мостовую, убегавшую под колеса машины.

— Я весь набит разными цитатами, обрывками фраз, — сказал Битти. — Этим отличаются, в большинстве своем, все пожарные капитаны. Иногда я просто сам себе удивляюсь. Эй, Стоунмен, не зевай!

Стоунмен резко затормозил.

— Черт! — воскликнул Битти. — Ты проскочил угол, где мы сворачиваем к пожарной станции.

— Кто там?

— А кто еще тут может быть? — отозвался в темноте Монтаг, прислонясь спиной к закрытой двери.

His wife said, at last, "Well, put on the light."

"I don't want the light."
"Come to bed."
He heard her roll impatiently; the bedsprings squealed.

"Are you drunk?" she said.
So it was the hand that started it all. He felt one hand and then the other work his coat free and let it slump to the floor. He held his pants out into an abyss and let them fall into darkness. His hands had been infected, and soon it would be his arms. He could feel the poison working up his wrists and into his elbows and his shoulders, and then the jump-over from shoulder-blade to shoulder-blade like a spark leaping a gap. His hands were ravenous. And his eyes were beginning to feel hunger, as if they must look at something, anything, everything.

His wife said, "What are you doing?"
He balanced in space with the book in his sweating cold fingers.

A minute later she said, "Well, just don't stand there in the middle of the floor."
He made a small sound.
"What?" she asked.

Его жена, помолчав, сказала:

— Зажги хотя бы свет.

— Он мне не нужен.

— Тогда иди спать.

Он услышал, как она нетерпеливо заворочалась на кровати; пружины пронзительно взвизгнули.

— Ты пьян? — спросила она.

Итак, все началось с его руки. Он почувствовал, как его пальцы, сперва одной руки, потом другой, расстегнули куртку и дали ей тяжело упасть на пол. Он подержал брюки над черной бездной и позволил им упасть во мрак. Его кисти подхватили заразную болезнь, и скоро она перейдет на предплечья. Он мог представить, как яд поднимается по запястьям, проникает в его локти, плечи, а затем — раз! — и перескок с лопатки на лопатку, словно электрический разряд в пустоте. Его руки изголодались. И глаза тоже начали испытывать голод, словно им обязательно нужно было смотреть на что-то, на что-нибудь, на все что угодно...

— Что ты там делаешь? — спросила жена.

Он балансировал в пространстве, помогая себе книгой, которую сжимал холодными потными пальцами.

Спустя минуту она произнесла:

— Ну хотя бы не стой так посреди комнаты.

Он немо сказал что-то.

— Что? — спросила жена.

He made more soft sounds. He stumbled towards the bed and shoved the book clumsily under the cold pillow. He fell into bed and his wife cried out, startled. He lay far across the room from her, on a winter island separated by an empty sea. She talked to him for what seemed a long while and she talked about this and she talked about that and it was only words, like the words he had heard once in a nursery at a friend's house, a two-year-old child building word patterns, talking jargon, making pretty sounds in the air. But Montag said nothing and after a long while when he only made the small sounds, he felt her move in the room and come to his bed and stand over him and put her hand down to feel his cheek. He knew that when she pulled her hand away from his face it was wet.

Late in the night he looked over at Mildred. She was awake. There was a tiny dance of melody in the air, her Seashell was tamped in her ear again and she was listening to far people in far places, her eyes wide and staring at the fathoms of blackness above her in the ceiling.

Wasn't there an old joke about the wife who talked so much on the telephone that her desper-

Монтаг произнес еще несколько беззвучных слов, подошел неверным шагом к кровати и кое-как засунул книгу под холодную подушку. Затем повалился на кровать, и жена в испуге вскрикнула. Он лежал далеко-далеко от нее, у другой стены комнаты, на зимнем острове, отделенном от всего мира пустым пространством моря. Жена разговаривала с ним, ему казалось, она говорит уже довольно давно, она толковала о том, толковала о сем, однако это были только слова, похожие на те словечки, которые он слышал когда-то в детской у одного своего друга: двухлетний малыш пытался строить фразы, лепетал на понятном лишь ему языке, и звучало это довольно приятно. Монтаг ничего не говорил в ответ, а спустя время, когда он опять произнес что-то беззвучное, он почувствовал движение в комнате: жена подошла к его кровати, встала над ним и опустила руку, чтобы коснуться щеки. Монтаг понял, что, когда она отвела руку от его лица, ее ладонь была мокрой.

Поздно ночью он посмотрел на жену. Она не спала. В воздухе тихонько танцевала мелодия — уши Милдред опять были заткнуты «ракушками», она слушала далеких людей из далеких краев, а взгляд ее широко распахнутых глаз пронизывал пучину тьмы, открывшуюся вверху, в потолке.

Как там в старом анекдоте? Жена так долго болтала по телефону, что ее муж, отчаявшись,

ate husband ran out to the nearest store and telephoned her to ask what was for dinner? Well, then, why didn't he buy himself an audio-Seashell broadcasting station and talk to his wife late at night, murmur, whisper, shout, scream, yell? But what would he whisper, what would he yell? What could he say?

And suddenly she was so strange he couldn't believe he knew her at all. He was in someone else's house, like those other jokes people told of the gentleman, drunk, coming home late at night, unlocking the wrong door, entering a wrong room, and bedding with a stranger and getting up early and going to work and neither of them the wiser.

"Millie...?" he whispered.
"What?"
"I didn't mean to startle you. What I want to know is..."
"Well?"
"When did we meet. And where?"
"When did we meet for what?" she asked.

"I mean-originally."
He knew she must be frowning in the dark.
He clarified it. "The first time we ever met, where was it, and when?"
"Why, it was at..."
She stopped.

побежал в ближайший магазин и, только позвонив оттуда, узнал, что будет дома на обед. А что, почему бы ему не купить себе широковещательную «ракушечную» станцию, чтобы говорить с женой по ночам? Мурлыкать ей, шептать, кричать, вопить, орать... Только вот о чем шептать? О чем кричать? Что он мог ей сказать?

Неожиданно она показалась ему совершенно чужой, он даже поверить не мог, что знал ее когда-то. Он был в чьем-то чужом доме, как в том анекдоте, что часто рассказывают люди, — о пьяном джентльмене, который пришел домой поздно ночью, открыл не ту дверь, вошел не в ту комнату, лег в постель с незнакомой женщиной, а утром, встав пораньше, ушел на работу, и никто из них так ничего и не понял.

— Милли... — прошептал он.

— Что?

— У меня и в мыслях не было пугать тебя. Я просто хотел спросить...

— Ну?

— Когда мы с тобой встретились? И где?

— Когда мы встретились — *для чего*? — спросила она.

— Я имею в виду, в самом начале.

Он знал, что она хмурится, лежа в темноте.

— Наша первая встреча, — пояснил он, — где это было и когда?

— Ну, это было...

Она замялась.

"I don't know," she said.
He was cold.
"Can't you remember?"
"It's been so long."
"Only ten years, that's all, only ten!"

"Don't get excited, I'm trying to think." She laughed an odd little laugh that went up and up. "Funny, how funny, not to remember where or when you met your husband or wife."

He lay massaging his eyes, his brow, and the back of his neck, slowly. He held both hands over his eyes and applied a steady pressure there as if to crush memory into place. It was suddenly more important than any other thing in a life-time that he knew where he had met Mildred.

"It doesn't matter," She was up in the bathroom now, and he heard the water running, and the swallowing sound she made.

"No, I guess not," he said.

He tried to count how many times she swallowed and he thought of the visit from the two zinc-oxide-faced men with the cigarettes in their straight-lined mouths and the electronic-eyed snake winding down into the layer upon layer of night and stone and stagnant spring water, and he wanted to call out to her, how many have you taken TONIGHT! the capsules! how many will you

— Я не знаю.

Он похолодел.

— Не можешь вспомнить?

— Это было так давно...

— Всего десять лет назад. И только-то. Всего десять лет!

— Да не волнуйся ты так, я просто пытаюсь вспомнить. — Ее стал разбирать странный высокий смех, звук которого становился все тоньше и тоньше. — Как забавно. Нет, правда, забавно — не помнить, где и когда ты встретил своего мужа или жену!

Он лежал, медленно массируя себе веки, лоб, шею. Прикрыв ладонями глаза, он стал равномерно жать на глазные яблоки, словно пытаясь вдавить память на место. Почему-то важнее всего на свете сейчас было вспомнить, где он встретился с Милдред.

— Это не имеет значения. — Она уже встала и прошла в ванную. Монтаг услышал журчание льющейся воды и звук глотка.

— Пожалуй, что не имеет, — согласился он.

Он попытался сосчитать, сколько таких глотков она сделала, и вспомнил о визите двух мужчин с бледными, словно белеными окисью цинка, лицами, с сигаретами в уголках тонких губ и электронноглазой змеей, которая, извиваясь, слой за слоем пронизывала ночь, камень, застоявшуюся весеннюю воду, и ему захотелось крикнуть Милдред: «Сколько ты их приняла се-

take later and not know? and so on, every hour! or maybe not tonight, tomorrow night! And me not sleeping, tonight or tomorrow night or any night for a long while; now that this has started. And he thought of her lying on the bed with the two technicians standing straight over her, not bent with concern, but only standing straight, arms folded. And he remembered thinking then that if she died, he was certain he wouldn't cry. For it would be the dying of an unknown, a street face, a newspaper image, and it was suddenly so very wrong that he had begun to cry, not at death but at the thought of not crying at death, a silly empty man near a silly empty woman, while the hungry snake made her still more empty.

How do you get so empty? he wondered. Who takes it out of you? And that awful flower the other day, the dandelion! It had summed up everything, hadn't it? "What a shame! You're not in love with anyone!" And why not?

Well, wasn't there a wall between him and Mildred, when you came down to it? Literally not just one, wall but, so far, three! And expensive, too! And the uncles, the aunts, the cousins, the nieces,

годня вечером? Этих своих капсул? И сколько примешь еще, не сумев сосчитать? Так и будешь глотать каждый час? Ну, не этой ночью, так следующей! А мне опять не спать — ни этой ночью, ни завтрашней, мне теперь вообще не спать ночами, раз уж это началось...» Он вспомнил, как она лежала на кровати, а над ней столбами стояли те два техника, именно столбами, ни разу не склонились заботливо, все стояли и стояли, сложив на груди руки. И он вспомнил, как подумал тогда, что, если она умрет, он, конечно же, не станет плакать, потому что это будет смерть совершенно незнакомого человека, так, лицо в толпе, газетная фотография, и вдруг все показалось ему таким неправильным, таким гадким, что он начал плакать, но не потому, что смерть, а потому, что ему пришла в голову сама эта мысль: она умрет, а я не заплачу, — глупый пустой человек рядом с глупой пустой женщиной, которую голодная змея делала еще более пустой, еще более пустой...

«И когда же ты опустела? — задумался он. — Кто вынимает из тебя содержимое? А еще тот ужасный цветок, одуванчик! Он-то и подвел подо всем черту, разве нет? «Какой позор! Вы ни в кого не влюблены». А что в этом такого?

Если уж на то пошло, разве нет стены между ним и Милдред? Буквальной стены, и не одной, а целых трех? *Пока трех?* И таких дорогих! Все эти дядюшки, тетушки, кузены и кузины,

the nephews, that lived in those walls, the gibbering pack of tree-apes that said nothing, nothing, nothing and said it loud, loud, loud. He had taken to calling them relatives from the very first. "How's Uncle Louis today?" "Who?" "And Aunt Maude?" The most significant memory he had of Mildred, really, was of a little girl in a forest without trees (how odd!) or rather a little girl lost on a plateau where there used to be trees (you could feel the memory of their shapes all about) sitting in the centre of the "living-room." The living-room; what a good job of labelling that was now. No matter when he came in, the walls were always talking to Mildred.

"Something must be done!"
"Yes, something must be done!"
"Well, let's not stand and talk!"
"Let's do it!"
"I'm so mad I could SPIT!"
What was it all about? Mildred couldn't say. Who was mad at whom? Mildred didn't quite know. What were they going to do? Well, said Mildred, wait around and see.

He had waited around to see.
A great thunderstorm of sound gushed from the walls. Music bombarded him at such an im-

племянники и племянницы, они просто живут в этих стенах, болтливая стая древесных павианов, которые не говорят ничего, ничего, ничего, но зато говорят громко, громко, громко! С самого первого дня он прозвал их «родственниками». «Как сегодня поживает дядюшка Луис?» — «Кто?» — «А тетушка Мод?» На самом деле он чаще всего представлял себе Милдред в образе маленькой девочки в лесу, лишенном деревьев (как странно!), или даже маленькой девочки, затерявшейся на горном плато, где деревья когда-то были (память об их стволах и кронах еще чувствовалась вокруг): именно так воспринималась она, когда сидела посреди своей телевизионной гостиной. «Гостиная». Вот уж точное подобрали словечко! Когда бы он ни зашел туда, Милдред всегда вела разговоры с «гостями» на стенах:

«Надо что-то делать!»

«Да, надо что-то *делать*!»

«Так что же мы стоим и говорим?»

«Давайте *сделаем* это!»

«Я так взбешен, что хочется *плеваться*!»

О чем все это? Милдред не могла объяснить. Кто был взбешен и из-за кого? Милдред не вполне понимала. Что именно они собирались делать? «Да ладно тебе,— говорила Милдред, — оставайся здесь и жди, сам все увидишь».

Он оставался и ждал.

Со стен на него обрушивалась страшная гроза звуков. Музыка бомбардировала его с такой

mense volume that his bones were almost shaken from their tendons; he felt his jaw vibrate, his eyes wobble in his head. He was a victim of concussion. When it was all over he felt like a man who had been thrown from a cliff, whirled in a centrifuge and spat out over a waterfall that fell and fell into emptiness and emptiness and never-quite-touched-bottom-never-never-quite-no not quite-touched-bottom...and you fell so fast you didn't touch the sides either...never...quite... touched. anything.

The thunder faded. The music died.

"There," said Mildred,

And it was indeed remarkable. Something had happened. Even though the people in the walls of the room had barely moved, and nothing had really been settled, you had the impression that someone had turned on a washing-machine or sucked you up in a gigantic vacuum. You drowned in music and pure cacophony. He came out of the room sweating and on the point of collapse. Behind him, Mildred sat in her chair and the voices went on again:

"Well, everything will be all right now," said an "aunt."

силой, что, казалось, кости выдирались из сухожилий; он чувствовал, как вибрируют челюсти, как болтаются в глазницах глаза. Он был готовым пациентом для больницы, диагноз: сотрясение мозга. Когда все стихало, он чувствовал себя как человек, которого сбросили со скалы, потом раскрутили в центрифуге, потом выплюнули в водопад, а водопад этот несся, несся, несся в пустоту, пустоту, пустоту и никогда-не-достигал-дна-никогда-так-и-не-достигал-дна-никогда-никогда-так-и-не-достигал-так-и-не-так-достигал-дна... и ты падал так стремительно, что не успевал дотянуться до стен... вообще... ни до чего... не успевал... дотянуться.

Гроза стихала. Музыке приходил конец.

— Вот, — говорила Милдред.

Это и впрямь было замечательно. Пока играла музыка, что-то успевало произойти. Пусть люди на стенах почти не сдвигались со своих мест, пусть они ни до чего не могли договориться, все равно возникало ощущение, будто кто-то запустил стиральную машину или всосал тебя гигантским пылесосом. Ты буквально тонул в музыке, захлебывался в чистой какофонии звуков. Монтаг выскакивал из гостиной в поту и на грани коллапса. За его спиной Милдред поудобнее устраивалась в кресле, и голоса продолжали:

«Ну, теперь все будет в порядке», — говорила «тетушка».

"Oh, don't be too sure," said a "cousin."

"Now, don't get angry!"
"Who's angry?"
"YOU are!"
"You're mad!"
"Why should I be mad!"
"Because!"
"That's all very well," cried Montag, "but what are they mad about? Who are these people? Who's that man and who's that woman? Are they husband and wife, are they divorced, engaged, what? Good God, nothing's connected up."

"They..." said Mildred. "Well, they-they had this fight, you see. They certainly fight a lot. You should listen. I think they're married. Yes, they're married. Why?"

And if it was not the three walls soon to be four walls and the dream complete, then it was the open car and Mildred driving a hundred miles an hour across town, he shouting at her and she shouting back and both trying to hear what was said, but hearing only the scream of the car. "At least keep it down to the minimum!" he yelled: "What?" she cried. "Keep it down to fifty-five, the minimum!" he shouted. "The what?" she shrieked. "Speed!" he shouted. And she pushed it up to one hundred and five miles an hour and tore the breath from his mouth.

«О, не будь столь самоуверенна», — откликался «кузен».

«Не сердись!»

«Кто сердится?»

«Ты!»

«Ты сошел с ума!»

«Почему это я сошел с ума?»

«Потому что!»

— Все это очень хорошо! — кричал Монтаг. — Но с чего им сходить с ума? И кто они, эти люди? Кто вот этот мужчина и кто эта женщина? Они что, муж и жена? Или в разводе? Или обручены? Что с ними происходит? Великий Боже, ничто ни с чем не увязывается!

— Они... — поясняла Милдред, — ну, они... в общем, они поссорились. Они часто ссорятся, это факт. Ты бы сам послушал. Мне кажется, они женаты. Да, точно женаты. Так что?

А если это были не три стены плюс четвертая, которая скоро появится и тогда исполнятся все мечты, тогда это был открытый автомобиль, и Милдред гнала через весь город со скоростью сто миль в час, и он орал на нее, а она орала в ответ, и оба пытались расслышать, что ему или ей говорят, но слышали только рев мотора.

«Ну хотя бы сбрось до минимума!» — вопил он. «Что?» — кричала она. «Сбавь до пятидесяти пяти, до минимума!» — орал он. «До чего?» — визжала она. «Скорость!» — вопил он.

When they stepped out of the car, she had the Seashells stuffed in her ears.

Silence. Only the wind blowing softly.

"Mildred." He stirred in bed.

He reached over and pulled one of the tiny musical insects out of her ear. "Mildred. Mildred?"

"Yes." Her voice was faint.

He felt he was one of the creatures electronically inserted between the slots of the phono-colour walls, speaking, but the speech not piercing the crystal barrier. He could only pantomime, hoping she would turn his way and see him. They could not touch through the glass.

"Mildred, do you know that girl I was telling you about?"

"What girl?" She was almost asleep.

"The girl next door."

"What girl next door?"

"You know, the high-school girl. Clarisse, her name is."

"Oh, yes," said his wife.

"I haven't seen her for a few days-four days to be exact. Have you seen her?"

"No."

Она давила на педаль и доводила скорость до ста пяти миль в час, и встречный ветер вышибал из Монтага дух.

Когда они выходили из машины, в ушах у жены опять появлялись «ракушки».

Тишина. Только легкие дуновения ветра.

— Милдред. — Он пошевелился на кровати.

Протянув руку, Монтаг выдернул из ее уха крохотное музыкальное насекомое.

— Милдред. Милдред!

— Да? — Тихий голос в ответ.

Ему казалось, он превратился в одно из тех созданий, что втиснуты электроникой в щели цвето-звуковых стен; он говорил, но речь его не проникала сквозь хрустальный барьер. Оставалось только жестикулировать — в надежде, что жена обернется и увидит его. Но коснуться друг друга сквозь стекло они не могли.

— Милдред, ты знаешь ту девушку, о которой я тебе рассказывал?

— Какую девушку? — Она почти уже спала.

— Девушку из соседнего дома.

— Какую девушку из соседнего дома?

— Ну ты знаешь, школьницу. Кларисса, так ее зовут.

— О, да, — ответила жена.

— Я уже несколько дней ее не вижу. Четверо суток, если быть точным. Ты ее не встречала?

— Нет.

"I've meant to talk to you about her. Strange."

"Oh, I know the one you mean."
"I thought you would."
"Her," said Mildred in the dark room.
"What about her?" asked Montag.
"I meant to tell you. Forgot. Forgot."

"Tell me now. What is it?"
"I think she's gone."
"Gone?"
"Whole family moved out somewhere. But she's gone for good. I think she's dead."
"We couldn't be talking about the same girl."

"No. The same girl. McClellan. McClellan, Run over by a car. Four days ago. I'm not sure. But I think she's dead. The family moved out anyway. I don't know. But I think she's dead."

"You're not sure of it!"
"No, not sure. Pretty sure."
"Why didn't you tell me sooner?"
"Forgot."
"Four days ago!"
"I forgot all about it."
"Four days ago," he said, quietly, lying there.

They lay there in the dark room not moving, either of them.

— Я давно хотел поговорить с тобой о ней. Довольно странная девушка.

— О, да, я знаю, о ком ты.

— Я так и думал.

— Ее... — начала Милдред в темноте комнаты.

— Что — «ее»? — спросил Монтаг.

— Я хотела сказать тебе... Забыла. Совсем забыла.

— Так скажи сейчас. В чем дело?

— Я думаю, ее больше нет.

— Нет?

— Вся семья переехала куда-то. Но ее совсем нет. Я думаю, она умерла.

— Вряд ли мы говорим об одной и той же девушке.

— Нет. Именно та самая. Макклеллан. Макклеллан. Ее сбила машина. Четыре дня назад. Я не уверена, но, кажется, она умерла. Так или иначе, ее семья отсюда уехала. Не знаю. Но думаю, она умерла.

— Ты же сказала, что не уверена в этом!

— Да, не уверена. Нет, почти уверена.

— Почему ты мне раньше не сказала?

— Забыла.

— Всего четыре дня назад!

— Я совсем забыла об этом.

— Четыре дня назад, — тихо сказал он, лежа в кровати.

Они оба лежали во мраке комнаты совершенно недвижно, никто из них даже не пошевелился.

"Good night," she said.

He heard a faint rustle. Her hands moved. The electric thimble moved like a praying mantis on the pillow, touched by her hand. Now it was in her ear again, humming.

He listened and his wife was singing under her breath.

Outside the house, a shadow moved, an autumn wind rose up and faded away But there was something else in the silence that he heard. It was like a breath exhaled upon the window. It was like a faint drift of greenish luminescent smoke, the motion of a single huge October leaf blowing across the lawn and away.

The Hound, he thought. It's out there tonight. It's out there now. If I opened the window...

He did not open the window.

He had chills and fever in the morning.

"You can't be sick," said Mildred.

He closed his eyes over the hotness.

"Yes."

"But you were all right last night."

"No, I wasn't all right" He heard the "relatives" shouting in the parlour.

Mildred stood over his bed, curiously. He felt her there, he saw her without opening his eyes, her hair burnt by chemicals to a brittle straw, her eyes with a kind of cataract unseen but suspect far behind the pupils, the reddened pouting lips, the

— Спокойной ночи, — сказала она.

Он услышал тихий шорох. Это двигалась ее рука. Она коснулась электрического наперстка, и он пополз по подушке, как крадущийся богомол. Вот он снова у нее в ухе, снова жужжит.

Он прислушался — жена что-то тихо напевала, затаив дыхание.

За окном шевельнулась тень, поднялся и стих осенний ветер. Однако Монтаг услышал что-то еще в этой тишине. Словно кто-то дохнул на окно снаружи. Словно промелькнул легкий завиток зеленоватого фосфоресцирующего дыма, словно одинокий большой лист, подгоняемый октябрьским ветром, пролетел над газоном и скрылся.

«Гончая, — подумал Монтаг. — Сегодня ночью ее выпустили на волю. Она где-то там. Если я открою окно...»

Но он не открыл окна.

Утром он почувствовал озноб и жар.

— Ты что, болен? — спросила Милдред.

Он сомкнул веки, удерживая жар внутри.

— Да.

— Но вчера вечером ты был в полном порядке.

— Нет, я не был в порядке. — Он слышал, как в гостиной орут «родственники».

Милдред стояла над кроватью, с любопытством разглядывая его. Он чувствовал ее присутствие, он видел ее, не открывая глаз, ее волосы, пережженные химикатами в хрупкую солому, ее глаза с не видимой, но угадываемой далеко-да-

body as thin as a praying mantis from dieting, and her flesh like white bacon. He could remember her no other way.

"Will you bring me aspirin and water?"
"You've got to get up," she said. "It's noon. You've slept five hours later than usual."

"Will you turn the parlour off?" he asked.

"That's my family."
"Will you turn it off for a sick man?"
"I'll turn it down."
She went out of the room and did nothing to the parlour and came back.
"Is that better?"
"Thanks."
"That's my favourite programme," she said.

"What about the aspirin?"
"You've never been sick before." She went away again.
"Well, I'm sick now. I'm not going to work tonight. Call Beatty for me."
"You acted funny last night." She returned, humming.
"Where's the aspirin?" He glanced at the water-glass she handed him.
"Oh." She walked to the bathroom again. "Did something happen?"

леко за зрачками катарактой, ее накрашенные надутые губы, худую от диеты фигуру, похожую на богомола, белое, как соленое сало, тело. Он и не помнил ее другой.

— Не принесешь аспирина и воды?
— Тебе пора вставать, — сказала она. — Уже полдень. Ты проснулся на пять часов позднее обычного.
— Ты не выключишь гостиную? — попросил он.
— Это моя семья.
— Выключи ее ради больного человека.
— Я сделаю потише.

Она вышла, ничего в гостиной не сделала и вернулась.

— Так лучше?
— Спасибо.
— Это моя любимая программа, — сказала она.
— Как там с аспирином?
— Ты никогда раньше не болел. — Она снова вышла.
— А сейчас заболел. Я не пойду вечером на работу. Позвони за меня Битти.
— Ты был такой забавный вчера вечером. — Она вернулась, напевая что-то про себя.
— Где аспирин? — Он взглянул на стакан с водой, который она ему подала.
— Ох. — Она снова направилась в ванную, — Вчера что-нибудь случилось?

"A fire, is all."

"I had a nice evening," she said, in the bathroom.

"What doing?"

"The parlour."

"What was on?"

"Programmes."

"What programmes?"

"Some of the best ever."

"Who?"

"Oh, you know, the bunch."

"Yes, the bunch, the bunch, the bunch." He pressed at the pain in his eyes and suddenly the odour of kerosene made him vomit.

Mildred came in, humming. She was surprised. "Why'd you do that?"

He looked with dismay at the floor. "We burned an old woman with her books."

"It's a good thing the rug's washable." She fetched a mop and worked on it. "I went to Helen's last night."

"Couldn't you get the shows in your own parlour?"

"Sure, but it's nice visiting."

She went out into the parlour. He heard her singing.

"Mildred?" he called.

— Пожар, вот и все.

— Я прелестно провела вечер, — сказала она уже из ванной.

— Чем развлекалась?

— Гостиной.

— Что передавали?

— Программы.

— Какие?

— Лучшие из лучших.

— Кто играл?

— Ну, ты их знаешь, вся компания.

— Да-да, вся компания, вся компания, вся компания... — Он прижал пальцы к глазам, пытаясь утишить боль, и внезапно от запаха керосина его вырвало.

Милдред вошла, напевая.

— Зачем ты это сделал? — удивилась она.

Монтаг в ужасе уставился на пол;

— Мы сожгли старую женщину вместе с ее книгами.

— Все-таки хорошо, что ковер отстирывается.

Она принесла тряпку и стала убирать.

— Вчера вечером я была у Элен.

— Разве нельзя было смотреть программу в своей гостиной?

— Конечно, можно, но и в гости пойти приятно.

Она ушла в гостиную. Монтаг услышал, как она поет там.

— Милдред? — позвал он.

She returned, singing, snapping her fingers softly.

"Aren't you going to ask me about last night?" he said.

"What about it?"

"We burned a thousand books. We burned a woman."

"Well?"

The parlour was exploding with sound.

"We burned copies of Dante and Swift and Marcus Aurelius."

"Wasn't he a European?"

"Something like that."

"Wasn't he a radical?"

"I never read him."

"He was a radical." Mildred fiddled with the telephone. "You don't expect me to call Captain Beatty, do you?"

"You must!"

"Don't shout!"

"I wasn't shouting." He was up in bed, suddenly, enraged and flushed, shaking. The parlour roared in the hot air. "I can't call him. I can't tell him I'm sick."

"Why?"

Because you're afraid, he thought. A child feigning illness, afraid to call because after a moment's discussion, the conversation would run so: "Yes, Captain, I feel better already. I'll be in at ten o'clock tonight."

Она вернулась, напевая и слегка прищелкивая пальцами.

— Ты не хочешь спросить меня, что было вчера вечером?

— И что было вчера вечером?

— Мы сожгли тысячу книг. Мы сожгли женщину.

— Ну и?..

Гостиная разрывалась от звука.

— Мы сожгли книги Данте, и Свифта, и Марка Аврелия.

— Кажется, он был европейцем.

— Да, что-то в этом роде.

— И радикалом.

— Я его никогда не читал.

— Точно, радикалом. — Милдред стала возиться с телефоном. — Ты ведь не хочешь, чтобы я звонила Капитану Битти, правда?

— Как это не хочу? Ты *должна* позвонить!

— Не кричи!

— Я не кричал. — Он сел в постели, внезапно побагровев и трясясь от ярости. Гостиная ревела в жарком воздухе. — Я не могу звонить ему. Я не могу сказать, что болен.

— Почему?

Потому что ты боишься, подумал он. Ведешь себя, как ребенок, который притворяется больным. Боишься позвонить, потому что через секунду разговор повернет таким образом: «Да, Капитан, мне уже лучше. Буду в десять вечера!»

"You're not sick," said Mildred.

Montag fell back in bed. He reached under his pillow. The hidden book was still there.

"Mildred, how would it be if, well, maybe, I quit my job awhile?"

"You want to give up everything? After all these years of working, because, one night, some woman and her books..."

"You should have seen her, Millie!"

"She's nothing to me; she shouldn't have had books. It was her responsibility, she should have thought of that. I hate her. She's got you going and next thing you know we'll be out, no house, no job, nothing."

"You weren't there, you didn't see," he said. "There must be something in books, things we can't imagine, to make a woman stay in a burning house; there must be something there. You don't stay for nothing."

"She was simple-minded."

"She was as rational as you and I, more so perhaps, and we burned her."

"That's water under the bridge."

— Ты не болен, — сказала Милдред.

Монтаг откинулся на кровати. Пошарил рукой под подушкой. Спрятанная книга все еще была там.

— Милдред, что бы ты сказала, если бы я... ну, может быть... если бы я бросил работу... на какое-то время?

— Ты хочешь все бросить? После стольких лет работы ты хочешь все бросить, потому что однажды вечером какая-то женщина с ее книгами...

— Если бы только ты видела ее, Милли!

— Она мне никто! Нечего было держать у себя книги. Это целиком на ее ответственности. Раньше надо было думать. Ненавижу ее! Стоило ей задеть тебя за живое, как мы тут же, не успев оглянуться, вылетаем на улицу — и вот уже нет ни дома, ни работы, ничего!

— Ты не была там, ты не *видела*, — сказал он. — В этих книгах, должно быть, есть что-то такое, чего мы и представить не можем, раз эта женщина осталась из-за них в горящем доме. Что-то в них действительно должно быть. Просто так человек не останется в горящем доме.

— У нее на большее ума не хватило.

— Ума у нее было столько же, сколько у тебя или у меня, может, даже больше, а мы ее сожгли.

— Эта вода уже утекла.

"No, not water; fire. You ever seen a burned house? It smoulders for days. Well, this fire'll last me the rest of my life. God! I've been trying to put it out, in my mind, all night. I'm crazy with trying."

"You should have thought of that before becoming a fireman."

"Thought!" he said. "Was I given a choice? My grandfather and father were firemen. In my sleep, I ran after them."

The parlour was playing a dance tune.

"This is the day you go on the early shift," said Mildred. "You should have gone two hours ago. I just noticed."

"It's not just the woman that died," said Montag. "Last night I thought about all the kerosene I've used in the past ten years. And I thought about books. And for the first time I realized that a man was behind each one of the books. A man had to think them up. A man had to take a long time to put them down on paper. And I'd never even thought that thought before."

He got out of bed.

"It took some man a lifetime maybe to put some of his thoughts down, looking around at the world and life, and then I came along in two minutes and boom! it's all over."

— Нет, не вода, это огонь. Ты когда-нибудь видела сгоревший дом? Он тлеет еще много дней. Ну а этого огня мне хватит до конца жизни. Господи! Да я всю ночь пытался в мыслях потушить этот пожар. Чуть с ума не сошел.

— Ты должен был обдумать все это до того, как пошел в пожарные.

— «Обдумать»! — воскликнул он. — Разве у меня был выбор? Мой дед и отец были пожарными. Я спал и видел, как пойду по их стопам.

Гостиная играла танцевальную мелодию.

— Сегодня у тебя дневная смена, — сказала Милдред. — Ты должен был уйти два часа назад. Я только сейчас обратила внимание.

— Дело не только в той женщине, которая там погибла, — продолжал Монтаг. — Вчера вечером я задумался, сколько же керосина я израсходовал за эти десять лет. И еще я задумался о книгах. Впервые в жизни я осознал, что за каждой из этих книг стоит человек. Человек, который придумал книгу, который потратил уйму времени, чтобы изложить свои мысли на бумаге. Раньше мне ничего подобного в голову не приходило.

Он встал с кровати.

— Может быть, какой-то человек потратил целую жизнь на изучение окружающего мира, природы, людей, а потом занес кое-какие свои мысли на бумагу, и тут прихожу я, две минуты — бум! — и все кончено!

"Let me alone," said Mildred. "I didn't do anything."

"Let you alone! That's all very well, but how can I leave myself alone? We need not to be let alone. We need to be really bothered once in a while. How long is it since you were really bothered? About something important, about something real?"

And then he shut up, for he remembered last week and the two white stones staring up at the ceiling and the pump-snake with the probing eye and the two soap-faced men with the cigarettes moving in their mouths when they talked. But that was another Mildred, that was a Mildred so deep inside this one, and so bothered, really bothered, that the two women had never met. He turned away.

Mildred said, "Well, now you've done it. Out front of the house. Look who's here.".

"I don't care."
"There's a Phoenix car just driven up and a man in a black shirt with an orange snake stitched on his arm coming up the front walk."
"Captain Beauty?" he said,
"Captain Beatty."
Montag did not move, but stood looking into the cold whiteness of the wall immediately before him.

— Оставь меня в покое, — сказала Милдред. — Я ничего не сделала.

— Оставить тебя в покое? Очень хорошо, но как мне оставить в покое себя? Нас нельзя оставлять в покое. Надо, чтобы мы хоть когда-нибудь о чем-то тревожились. Вот скажи, как давно ты *по-настоящему* беспокоилась о чем-то? О чем-то важном? О чем-то реальном?

И тут он осекся, потому что вспомнил о том, что было на прошлой неделе, вспомнил два белых камня, уставившихся в потолок, и змею-насос с пытливым оком, и двух мыльнолицых мужчин с сигаретами, движущимися во ртах, когда они разговаривали. Но то была совсем другая Милдред, то была Милдред, спрятанная так глубоко внутри первой, полная такой тревоги, такого настоящего беспокойства, что эти женщины никогда не встречались. Он отвернулся.

— Ну вот, ты своего добился, — сказала Милдред. — Вон, прямо перед домом. Посмотри, кто к нам явился.

— Мне все равно.

— Только что подъехал «Феникс», и мужчина в черной рубашке с оранжевой змеей на рукаве уже идет по дорожке к двери.

— Капитан Битти? — спросил он.

— Капитан Битти.

Монтаг не шелохнулся, он стоял, устремив взор в холодную белизну стены прямо перед собой.

"Go let him in, will you? Tell him I'm sick."

"Tell him yourself!" She ran a few steps this way, a few steps that, and stopped, eyes wide, when the front door speaker called her name, softly, softly, Mrs. Montag, Mrs. Montag, someone here, someone here, Mrs. Montag, Mrs. Montag, someone's here. Fading.

Montag made sure the book was well hidden behind the pillow, climbed slowly back into bed, arranged the covers over his knees and across his chest, half-sitting, and after a while Mildred moved and went out of the room and Captain Beatty strolled in, his hands in his pockets.

"Shut the 'relatives' up," said Beatty, looking around at everything except Montag and his wife.

This time, Mildred ran. The yammering voices stopped yelling in the parlour.

Captain Beatty sat down in the most comfortable chair with a peaceful look on his ruddy face. He took time to prepare and light his brass pipe and puff out a great smoke cloud.

"Just thought I'd come by and see how the sick man is."

— Впусти его, хорошо? Скажи, что я болен.

— Сам скажи! — Милдред побежала в одну сторону, потом в другую и вдруг замерла с широко открытыми глазами — динамик у входной двери тихо-тихо, едва слышно позвал ее по имени: «Госпожа Монтаг».

«Госпожа Монтаг, госпожа Монтаг, кто-то пришел, кто-то пришел, госпожа Монтаг, кто-то пришел…»

Голос динамика медленно угасал.

Монтаг убедился, что книга хорошо спрятана за подушкой, осторожно подобрался в постели, заняв полусидячее положение, и расправил одеяло, чтобы оно прикрыло ноги и половину груди. Немного помедлив, Милдред шевельнулась и вышла из комнаты, и тут же в спальню вразвалочку, засунув руки в карманы, прошествовал Капитан Битти.

— Заткните «родственничков», — произнес Битти. Его взгляд окинул комнату, не остановившись ни на Монтаге, ни на его жене.

На этот раз Милдред выскочила из комнаты бегом. Голоса в гостиной, несшие всякие вздор, перестали орать.

Капитан Битти уселся в самое удобное кресло, его лицо излучало миролюбие. Неспешно набив свою медную трубку, он раскурил ее и выпустил огромное облако дыма.

— Вот, подумал, не заехать ли мне, чтобы навестить нашего больного.

"How'd you guess?"

Beatty smiled his smile which showed the candy pinkness of his gums and the tiny candy whiteness of his teeth. "I've seen it all. You were going to call for a night off."

Montag sat in bed.

"Well," said Beatty, "take the night off!" He examined his eternal matchbox, the lid of which said GUARANTEED: ONE MILLION LIGHTS IN THIS IGNITER, and began to strike the chemical match abstractedly, blow out, strike, blow out, strike, speak a few words, blow out. He looked at the flame. He blew, he looked at the smoke.

"When will you be well?"

"Tomorrow. The next day maybe. First of the week."

Beatty puffed his pipe.

"Every fireman, sooner or later, hits this. They only need understanding, to know how the wheels run. Need to know the history of our profession. They don't feed it to rookies like they used to. Damn shame." Puff. "Only fire chiefs remember it now." Puff. "I'll let you in on it."

Mildred fidgeted.

— Как вы догадались?

Битти улыбнулся своей обычной улыбкой, которая демонстрировала конфетную розоватость десен и конфетную белизну мелких зубов.

— От меня не скроешься. Ты собирался позвонить мне и попросить отгул на одну ночь.

Монтаг сел в кровати.

— Ну так и *бери* этот отгул! — сказал Битти.

Он уставился на свой зажигатель, этот вечный спичечный коробок, на крышке которого было написано: «ГАРАНТИРУЕТСЯ МИЛЛИОН ЗАЖИГАНИЙ», и принялся рассеянно чиркать химической спичкой — загасил, щелкнул, загасил, щелкнул, бросил несколько слов, загасил, щелкнул, посмотрел на пламя, загасил, посмотрел на дымок.

— Когда поправишься?

— Завтра. Может быть, послезавтра. В начале той недели.

Битти попыхивал трубкой.

— Все пожарные рано или поздно сталкиваются с этим. Все, что им нужно, — это понять, что к чему, понять, как крутятся колесики. И еще надо знать историю нашей профессии. Ее больше не преподают новичкам, как раньше. Позор, черт побери! — Пых-пых. — В наши дни только пожарные начальники и помнят ее. — Пых-пых. — Ладно, я введу тебя в курс дела.

Милдред беспокойно заерзала.

Beatty took a full minute to settle himself in and think back for what he wanted to say.

"When did it all start, you ask, this job of ours, how did it come about, where, when? Well, I'd say it really got started around about a thing called the Civil War. Even though our rule-book claims it was founded earlier. The fact is we didn't get along well until photography came into its own. Then— motion pictures in the early twentieth century. Radio. Television. Things began to have mass."

Montag sat in bed, not moving.

"And because they had mass, they became simpler," said Beatty. "Once, books appealed to a few people, here, there, everywhere. They could afford to be different. The world was roomy. But then the world got full of eyes and elbows and mouths. Double, triple, quadruple population. Films and radios, magazines, books levelled down to a sort of paste pudding norm, do you follow me?"

"I think so."

Beatty peered at the smoke pattern he had put out on the air. "Picture it. Nineteenth-century man with his horses, dogs, carts, slow motion. Then, in the twentieth century, speed up your camera.

Целую минуту Битти усаживался поудобнее, обдумывая то, что собирался сказать.

— Когда же все это началось, спросишь ты, с чего пошла наша профессия, как она стала тем, чем стала, где, почему? Ну я бы сказал, что по-настоящему она началась во времена той заварухи, которые называют Гражданской войной, хотя наши уставные книжки утверждают, будто основа была заложена гораздо раньше. Факт остается фактом: наши дела не особенно ладились, пока фотография не заявила о своих правах. Затем — кино в начале двадцатого столетия. Радио. Телевидение. Вещи стали завоевывать *массы*.

Монтаг сидел на кровати не двигаясь.

— А поскольку вещи обрели массовость, они стали проще, — продолжил Битти. — Когда-то книги адресовались немногим — кому-то здесь, кому-то там, кому-то где-нибудь еще. Поэтому книги могли позволить себе отличаться друг от друга. Мир был просторным. Но затем мир заполнился глазами, локтями и ртами. Население удвоилось, утроилось и учетверилось. Фильмы, радиопередачи, журналы, книги — все свелось к единой норме, уподобилось тесту для пудинга. Ты следишь за ходом моих мыслей?

— Думаю, что да.

Битти уставился на узор табачного дыма, образовавшийся в воздухе.

— Вообрази себе. Вот человек девятнадцатого столетия, с его лошадьми, собаками, повозками,

Books cut shorter. Condensations, Digests. Tabloids. Everything boils down to the gag, the snap ending."

"Snap ending." Mildred nodded.

"Classics cut to fit fifteen-minute radio shows, then cut again to fill a two-minute book column, winding up at last as a tenor twelve-line dictionary resume. I exaggerate, of course. The dictionaries were for reference. But many were those whose sole knowledge of Hamlet (you know the title certainly, Montag; it is probably only a faint rumour of a title to you, Mrs. Montag) whose sole knowledge, as I say, of Hamlet was a one-page digest in a book that claimed: 'now at least you can read all the classics; keep up with your neighbours.' Do you see? Out of the nursery into the college and back to the nursery; there's your intellectual pattern for the past five centuries or more."

Mildred arose and began to move around the room, picking things up and putting them down. Beatty ignored her and continued

медленным движением. А вот век двадцатый — ускорь съемку. Книги урезаются. Сжатый стиль.

Дайджесты. Таблоиды. Все сводится к плоским шуткам, комиксам, простейшим концовкам.

— Простейшим концовкам, — кивнула Милдред.

— Сначала классиков урезали до пятнадцатиминутного радиошоу, затем снова урезали — до колонки в книге, на чтение которой уходит две минуты, и наконец все закончилось статьей в энциклопедическом словаре из десяти или двенадцати строк. Конечно, я преувеличиваю. Словари предназначались для справок. Но находилось все больше людей, чье представление о «Гамлете»... — ты, Монтаг, конечно, знаешь это название; а вот для вас, госпожа Монтаг, оно, скорей всего, не более чем где-то слышанное слово, — так вот, чье представление о «Гамлете», как я уже сказал, было почерпнуто из одной-единственной странички текста в книге дайджестов, которая взывала: *«Теперь вы наконец-то сможете прочесть всех классиков! Не отставайте от своих соседей!»* Понимаешь? Из яслей в колледж и обратно в ясли — вот схема интеллектуального движения, которая сохраняется последние пять столетий или около того.

Милдред поднялась и стала расхаживать по комнате, она брала в руки то одну вещь, то другую и тут же ставила их на место. Битти не удостоил ее даже взгляда и продолжил:

"Speed up the film, Montag, quick. Click? Pic? Look, Eye, Now, Flick, Here, There, Swift, Pace, Up, Down, In, Out, Why, How, Who, What, Where, Eh? Uh! Bang! Smack! Wallop, Bing, Bong, Boom! Digest-digests, digest-digest-digests. Politics? One column, two sentences, a headline! Then, in mid-air, all vanishes! Whirl man's mind around about so fast under the pumping hands of publishers, exploiters, broadcasters, that the centrifuge flings off all unnecessary, time-wasting thought!"

Mildred smoothed the bedclothes. Montag felt his heart jump and jump again as she patted his pillow. Right now she was pulling at his shoulder to try to get him to move so she could take the pillow out and fix it nicely and put it back. And perhaps cry out and stare or simply reach down her hand and say, "What's this?" and hold up the hidden book with touching innocence.

"School is shortened, discipline relaxed, philosophies, histories, languages dropped, English and spelling gradually neglected, finally almost completely ignored. Life is immediate, the job counts, pleasure lies all about after work. Why learn any-

— А теперь, Монтаг, крути фильм еще быстрее. Быстрее! «Щелк», «Тик», «Так», «Трюк», «Крик», «Взгляд», «Глаз», «Нос», «Здесь», «Там», «Темп», «Стой», «Вверх», «Вниз», «Вбок», «Из», «Где», «Как», «Чем», «Кто», «Что». А? На! Бух! Чмок! Трах! Бим! Бом! Бум! Дайджесты. Дайджесты дайджестов. Дайджесты дайджестов дайджестов. Что? Политика? Одна колонка, две фразы, заголовок! И тут же все растворяется в воздухе! Раскрути человеческий разум волчком, поддай ему крепкими руками издателей, рекламщиков, радиовещателей, взвихри его так, чтобы с этой центрифуги слетели прочь все ненужные мысли, даром тратящие время!..

Милдред разгладила простыню. Монтаг ощутил, как скакнуло его сердце, и скакнуло еще раз, когда жена похлопала по подушке. Вот она уже тянет Монтага за плечо, она хочет подвинуть его, взять подушку, взбить ее попышнее и вернуть на место. И тогда она, наверное, вскрикнет и уставится на то, что лежит за подушкой, или просто протянет руку и спросит: «Что это?» — а затем с трогательным простодушием вытащит спрятанную книгу.

— Школьные программы сокращены, дисциплина упала, всякие там философии, истории, языки выброшены на свалку. Английскому и правописанию постепенно придавали все меньше значения и в конце концов это значение

thing save pressing buttons, pulling switches, fitting nuts and bolts?"

"Let me fix your pillow," said Mildred.

"No!" whispered Montag,
"The zipper displaces the button and a man lacks just that much time to think while dressing at. dawn, a philosophical hour, and thus a melancholy hour."

Mildred said, "Here."
"Get away," said Montag.
"Life becomes one big pratfall, Montag; everything bang; boff, and wow!"

"Wow," said Mildred, yanking at the pillow.

"For God's sake, let me be!" cried Montag passionately.
Beatty opened his eyes wide.
Mildred's hand had frozen behind the pillow. Her fingers were tracing the book's outline and as the shape became familiar her face looked surprised and then stunned. Her mouth opened to ask a question...

вовсе свели к нулю. Жить — сейчас, если работаешь — тебя уважают, после работы — какие угодно удовольствия. Зачем учиться чему-то еще, кроме нажимания кнопок, щелканья переключателем и завинчивания гаек?

— Дай я поправлю подушку, — сказала Милдред.

— Нет! — прошептал Монтаг.

— Молния вытесняет пуговицу, а человеку как раз этой малости времени и не хватает, чтобы призадуматься, когда он одевается на рассвете. Где они, эти философские и потому меланхолические минуты?

— Вот здесь поправлю, — сказала Милдред.

— Отстань, — шепнул Монтаг.

— Жизнь — это большая банановая кожура, Монтаг, ты поскальзываешься на ней и со всего маху прикладываешься задницей — шлеп! — а все вокруг надрывают животики — ха-ха-ха, ой-ей-ей, ух ты!..

— Ух ты, — сказала Милдред, дергая за подушку.

— Ради Бога, оставь меня в покое! — с жаром закричал Монтаг.

Битти широко распахнул глаза.

Рука Милдред застыла за подушкой. Ее пальцы ощупывали контуры книги, и как только предмет обрел знакомые очертания, удивление на лице жены сменилось остолбенелостью. Ее рот открылся, чтобы выпалить вопрос...

"Empty the theatres save for clowns and furnish the rooms with glass walls and pretty colours running up and down the walls like confetti or blood or sherry or sauterne. You like baseball, don't you, Montag?"

"Baseball's a fine game."
Now Beatty was almost invisible, a voice somewhere behind a screen of smoke.
"What's this?" asked Mildred, almost with delight. Montag heaved back against her arms. "What's this here?"

"Sit down!" Montag shouted. She jumped away, her hands empty. "We're talking!"
Beatty went on as if nothing had happened. "You like bowling, don't you, Montag?"
"Bowling, yes."
"And golf?"
"Golf is a fine game."
"Basketball?"
"A fine game.".
"Billiards, pool? Football?"
"Fine games, all of them."
"More sports for everyone, group spirit, fun, and you don't have to think, eh? Organize and organize and superorganize super-super sports. More cartoons in books. More pictures. The mind drinks less and less. Impatience. Highways full of crowds going somewhere, somewhere, somewhere,

— Изгоните из театров всех, кроме клоунов, оборудуйте комнаты стеклянными стенами, пусть по ним вверх-вниз летают веселенькие цветные пятна, словно конфетти, или кровь, или херес, или сотерн. Ты ведь любишь бейсбол, правда, Монтаг?

— Бейсбол — хорошая игра.

Битти уже совсем не было видно, его голос доносился откуда-то из-за дымовой завесы.

— Что это? — спросила Милдред едва ли не с восторгом.

Монтаг навалился спиной на ее руки.

— Что это здесь такое? — повторила она.

— Сядь! — заорал Монтаг. Жена отскочила назад с пустыми руками. — Мы же разговариваем!

Битти продолжал как ни в чем не бывало:

— Кегли тебе тоже нравятся, Монтаг?

— Да, и кегли нравятся.

— А гольф?

— Гольф — хорошая игра.

— Баскетбол?

— Хорошая игра.

— А бильярд — например, пул? Или футбол?

— Хорошие игры, все до единой.

— Больше спорта для каждого, групповой дух, развлечения, и тогда совсем не надо думать, а? Организуйте, переорганизуйте и суперорганизуйте спорт, супер-суперспорт! Больше комиксов в книжках. Больше картинок. Меньше пищи для ума, еще меньше!

nowhere. The gasoline refugee. Towns turn into motels, people in nomadic surges from place to place, following the moon tides, living tonight in the room where you slept this noon and I the night before."

Mildred went out of the room and slammed the door. The parlour "aunts" began to laugh at the parlour "uncles."

"Now let's take up the minorities in our civilization, shall we? Bigger the population, the more minorities. Don't step on the toes of the dog?lovers, the cat?lovers, doctors, lawyers, merchants, chiefs, Mormons, Baptists, Unitarians, second?generation Chinese, Swedes, Italians, Germans, Texans, Brooklynites, Irishmen, people from Oregon or Mexico. The people in this book, this play, this TV serial are not meant to represent any actual painters, cartographers, mechanics anywhere. The bigger your market, Montag, the less you handle controversy, remember that! All the minor minor minorities with their navels to be kept clean. Authors, full of evil thoughts, lock up your typewriters. They did. Magazines became a nice blend of vanilla tapioca. Books, so the damned snobbish critics said, were dishwater. No wonder books stopped selling, the critics said. But the public, knowing what it wanted, spin-

Нетерпение. На скоростных шоссе толпы, все едут и едут куда-то, куда-то и куда-то. Никуда-то! Бензиновые беженцы! Города превращаются в мотели, люди кочевыми волнами, как приливы и отливы, перемещаются с места на место, подчиняясь движению луны, сегодня вечером кто-то въезжает в комнату, где днем спал ты, а прошлой ночью я.

Милдред вышла из комнаты, хлопнув дверью. В гостиной настенные «тетушки» начали смеяться над настенными «дядюшками».

— Теперь возьмем меньшинства в нашей цивилизации, идет? Чем больше население, тем больше меньшинств. Упаси вас Бог наступить на любимую мозоль обожателям собак, обожателям кошек, врачам, адвокатам, торговцам, племенным вождям, мормонам, баптистам, унитариям, китайцам второго поколения, шведам, итальянцам, техасцам, бруклинцам, ирландцам, людям из Орегона или Мексики. За персонажами данной книги, данной пьесы, данного телесериала ни в коем случае не стоят какие-нибудь реальные художники, картографы или механики, пусть даже живущие очень далеко. Запомни, Монтаг, чем больше рынок, тем меньше возможностей улаживать противоречия. Все эти меньше-меньшего-меньшинства лучше обходить стороной, не ровен час заденешь чей-нибудь пупок. Авторы с дурными мыслями, заприте ваши пишущие машинки! Они так и сделали! Журналы превра-

ning happily, let the comic?books survive. And the three?dimensional sex?magazines, of course. There you have it, Montag. It didn't come from the Government down. There was no dictum, no declaration, no censorship, to start with, no! Technology, mass exploitation, and minority pressure carried the trick, thank God. Today, thanks to them, you can stay happy all the time, you are allowed to read comics, the good old confessions, or trade journals."

"Yes, but what about the firemen, then?" asked Montag.

"Ah." Beatty leaned forward in the faint mist of smoke from his pipe. "What more easily explained and natural? With school turning out more runners, jumpers, racers, tinkerers, grabbers, snatchers, fliers, and swimmers instead of examiners, critics, knowers, and imaginative creators, the word 'intellectual,' of course, became the swear word it deserved to be. You always dread the unfamiliar. Surely you remember the boy in your own school class who was exceptionally 'bright,'

тились в смесь ванили с манной кашей, а книги, по утверждению критиков, — в помои. Не удивительно, говорили эти чертовы снобы, что книги перестали продаваться. Но публика прекрасно знала, что ей нужно; радостно кружась в вихре развлечений, она сделала выбор, и комиксы выжили. А вместе с ними, разумеется, и секс-журналы с трехмерными изображениями. Вот мы и имеем то, что имеем, Монтаг. Никакого правительственного нажима сверху. Никаких официальных заявлений и деклараций. Начать с того, что и никакой цензуры тоже не было, нет! Технология, массовая реклама и давление со стороны меньшинств — вот и весь фокус. И слава Богу, что это так! Сегодня, благодаря этому, можно все время быть счастливым, тебе позволено читать комиксы, старые добрые исповеди и профессиональные журналы.

— Хорошо, но что же все-таки насчет пожарных? — спросил Монтаг.

— А, — Битти подался вперед в легком тумане табачного дыма. — Что ж тут объяснять? Нет ничего проще и нет ничего естественнее. Вместо того чтобы выпускать исследователей, критиков, знатоков и творцов, школы стали штамповать все больше и больше бегунов, прыгунов, пловцов, борцов, летунов, несунов, гонщиков, подгонщиков, хватателей и стяжателей, и слово «интеллектуал», конечно же, стало бранным словом, как оно и заслуживало. Человек всегда

did most of the reciting and answering while the others sat like so many leaden idols, hating him. And wasn't it this bright boy you selected for beatings and tortures after hours? Of course it was. We must all be alike. Not everyone born free and equal, as the Constitution says, but everyone made equal. Each man the image of every other; then all are happy, for there are no mountains to make them cower, to judge themselves against. So! A book is a loaded gun in the house next door. Burn it. Take the shot from the weapon. Breach man's mind. Who knows who might be the target of the well?read man? Me? I won't stomach them for a minute. And so when houses were finally fireproofed completely, all over the world (you were correct in your assumption the other night) there was no longer need of firemen for the old purposes. They were given the new job, as custodians of our peace of mind, the focus of our understandable and rightful dread of being inferior; official censors, judges, and executors. That's you, Montag, and that's me."

страшится неведомого. Вспомни, Монтаг, наверняка у тебя в классе был мальчик, который отличался исключительной толковостью, всегда тянул руку и больше всех отвечал на уроках, в то время как остальные сидели свинцовыми истуканами и ненавидели его. И разве не этого толкового мальчика вы лупцевали и мучили после уроков? Конечно, его. Мы все должны быть на одно лицо. Никто не рождается свободным и равным, как гласит Конституция, все *делаются* равными. Если каждый — зеркальное отражение всех остальных, тогда и счастливы все без исключения, потому что вокруг нет горных вершин, заставляющих людей съеживаться от страха, потому что не с кем меряться ростом. Вот так-то! А книга — это заряженное ружье в доме соседа. Сожги ее! Разряди ружье! Проломи соседу череп! Кто знает, кому выпадет стать мишенью для начитанного человека? Может быть, мне? Нет, я и минуты среди этой публики не выдержал бы! В общем, когда в конечном итоге дома сделали абсолютно огнеупорными, то необходимость в использовании пожарных на прежний манер отпала по всему миру, — ты был прав вчера вечером, предположив, что раньше пожарные действительно тушили пожары. Им дали новую работу, они стали хранителями нашего душевного равновесия, средоточием нашего вполне понятного и законного страха оказаться неполноценными, они стали нашими официальными цен-

The door to the parlour opened and Mildred stood there looking in at them, looking at Beatty and then at Montag. Behind her the walls of the room were flooded with green and yellow and orange fireworks sizzling and bursting to some music composed almost completely of trapdrums, tomtoms, and cymbals. Her mouth moved and she was saying something but the sound covered it.

Beatty knocked his pipe into the palm of his pink hand, studied the ashes as if they were a symbol to be diagnosed and searched for meaning.

"You must understand that our civilization is so vast that we can't have our minorities upset and stirred. Ask yourself, What do we want in this country, above all? People want to be happy, isn't that right? Haven't you heard it all your life? I want to be happy, people say. Well, aren't they? Don't we keep them moving, don't we give them fun? That's all we live for, isn't it? For pleasure, for titillation? And you must admit our culture provides plenty of these."

"Yes."

зорами, судьями и исполнителями приговоров. Таков ты, Монтаг, и таков я.

Дверь в гостиную открылась, и на пороге застыла Милдред; она долго смотрела на них, сначала разглядывала Битти, затем Монтага. За ее спиной стены комнаты заливали желтые, зеленые, оранжевые фейерверки, они шипели и разрывались под музыку, в которой звучали почти исключительно ударные, тамтамы и цимбалы. Рот Милдред шевелился, она что-то говорила, но звук музыки покрывал все.

Битти выбил трубку в розовую ладонь и принялся внимательно разглядывать пепел, словно это был некий символ, в котором надлежало разобраться и найти скрытый смысл.

— Ты должен понять — наша цивилизация настолько обширна, что мы не можем допустить волнений и беспорядков среди наших меньшинств. Спроси себя, чего бы мы хотели в нашей стране прежде всего? Люди хотят быть счастливыми. Разве не так? Разве не это ты слышишь всю свою жизнь? «Хочу быть счастливым», — говорит каждый. Ну и что, разве они несчастны? Разве мы не держим их в постоянном движении, не даем им развлечений? Ради этого мы и живем, правильно? Ради удовольствия, ради острых ощущений, так? И ты должен признать, что наша культура предоставляет все это в избытке.

— Да.

Montag could lipread what Mildred was saying in the doorway. He tried not to look at her mouth, because then Beatty might turn and read what was there, too.

"Coloured people don't like Little Black Sambo. Burn it. White people don't feel good about Uncle Tom's Cabin. Burn it. Someone's written a book on tobacco and cancer of the lungs? The cigarette people are weeping? Bum the book. Serenity, Montag. Peace, Montag. Take your fight outside. Better yet, into the incinerator. Funerals are unhappy and pagan? Eliminate them, too. Five minutes after a person is dead he's on his way to the Big Flue, the Incinerators serviced by helicopters all over the country. Ten minutes after death a man's a speck of black dust. Let's not quibble over individuals with memoriams. Forget them. Burn them all, burn everything. Fire is bright and fire is clean."

The fireworks died in the parlour behind Mildred. She had stopped talking at the same time; a miraculous coincidence. Montag held his breath.

"There was a girl next door," he said, slowly. "She's gone now, I think, dead. I can't even remember her face. But she was different. How... how did she happen?"

Beatty smiled.

Монтаг был способен прочесть по губам, что именно говорит Милдред, стоя в дверном проеме. Он старался не смотреть на ее рот, потому что Битти в этом случае мог чего доброго обернуться и прочитать то же самое.

— Цветным не нравится «Маленький черный Самбо». Сжечь ее. Белым не по себе от «Хижины дяди Тома». Сжечь ее. Кто-то написал книгу о табаке и раке легких? Сигаретная публика плачет? Сжечь эту книгу. Безоблачность, Монтаг. Спокойствие духа, Монтаг. Выпихни весь разлад наружу. А еще лучше — отправь его в печь! Похороны? Невеселая штука и к тому же языческая. Упраздним и их. Человек умирает, и через пять минут он уже на пути в Большой Дымоход, вертолеты обслуживают Печи по всей стране. Через десять минут после смерти человек — всего лишь мазок черной пыли. Нечего жонглировать воспоминаниями о почивших. Забудем их. Сожжем всех, сожжем все. Огонь ярок, и огонь чист.

Фейерверки в гостиной за спиной у Милдред погасли. В то же самое время по чудесному совпадению она умолкла. Монтаг затаил дыхание.

— В соседнем доме жила девушка, — медленно произнес он. — А теперь она исчезла. Думаю, умерла. Я даже не помню ее лица. Но она отличалась от всех. Как... как это с ней *случилось*?

Битти улыбнулся.

"Here or there, that's bound to occur. Clarisse McClellan? We've a record on her family. We've watched them carefully. Heredity and environment are funny things. You can't rid yourselves of all the odd ducks in just a few years. The home environment can undo a lot you try to do at school. That's why we've lowered the kindergarten age year after year until now we're almost snatching them from the cradle. We had some false alarms on the McClellans, when they lived in Chicago. Never found a book. Uncle had a mixed record; anti?social. The girl? She was a time bomb. The family had been feeding her subconscious, I'm sure, from what I saw of her school record. She didn't want to know how a thing was done, but why. That can be embarrassing. You ask Why to a lot of things and you wind up very unhappy indeed, if you keep at it. The poor girl's better off dead."

"Yes, dead."
"Luckily, queer ones like her don't happen, often. We know how to nip most of them in the bud, early. You can't build a house without nails and wood. If you don't want a house built, hide the

— Здесь ли, там ли, но такое должно происходить. Кларисса Макклеллан? У нас заведено досье на ее семью. Мы внимательно за ними наблюдали. Наследственность и среда — забавные вещи. За какие-нибудь несколько лет не так-то просто избавиться от всех чудаков. Домашнее окружение может сильно испортить то, что пытается сделать школа. Вот почему мы год за годом снижали возраст приема в детские сады и теперь хапаем детишек едва ли не из колыбели. У нас было несколько ложных вызовов по Макклелланам, когда они жили в Чикаго. Мы так и не нашли у них хотя бы одной книги. В досье на дядю много чего есть, антиобщественный элемент. Сама девушка? Это была бомба замедленного действия. Судя по тому, что я видел в ее школьном досье, семья активно подпитывала ее подсознание, тут сомнений нет. Она вовсе не хотела знать, *как* сделана та или иная вещь, ее интересовало — *почему*. Это сильно портит жизнь. Ты спрашиваешь «почему» да «отчего» по поводу всего на свете и в итоге навлекаешь на себя кучу неприятностей, если не умеешь остановиться. Для этой несчастной девочки даже лучше, что она умерла.

— Да, умерла.

— К счастью, чудилы, подобные ей, встречаются нечасто. Мы знаем, как подавлять такие вещи в зародыше, на самой ранней стадии. Нельзя построить дом без дерева и гвоздей. Если

nails and wood. If you don't want a man unhappy politically, don't give him two sides to a question to worry him; give him one. Better yet, give him none. Let him forget there is such a thing as war. If the Government is inefficient, top-heavy, and tax-mad, better it be all those than that people worry over it. Peace, Montag. Give the people contests they win by remembering the words to more popular songs or the names of state capitals or how much corn Iowa grew last year. Cram them full of non-combustible data, chock them so damned full of 'facts' they feel stuffed, but absolutely 'brilliant' with information. Then they'll feel they're thinking, they'll get a sense of motion without moving. And they'll be happy, because facts of that sort don't change. Don't give them any slippery stuff like philosophy or sociology to tie things up with. That way lies melancholy. Any man who can take a TV wall apart and put it back together again, and most men can nowadays, is happier than any man who tries to slide-rule, measure, and equate the universe, which just won't be measured or equated without making man feel bestial and lonely. I know, I've tried it; to hell with it. So bring on your clubs and parties, your acrobats and magicians, your dare-devils, jet cars, motor-cycle helicopters, your sex and heroin, more of everything to do with automatic reflex. If the drama is bad, if the film says nothing, if the play is hollow, sting me with the theremin, loudly. I'll

ты не хочешь, чтобы дом был построен, спрячь гвозди и дерево. Если ты не хочешь, чтобы политика оборачивалась для человека бедой, сделай так, чтобы он не ломал голову, разглядывая дело с плохой и хорошей стороны. Покажи ему только одну сторону. А еще лучше — не показывай ни одной. Пусть он забудет, что на свете есть такая вещь, как война. Если правительство неэффективно, неустойчиво и помешалось на налогах, то пусть уж лучше оно таким и остается, чем народ начнет беспокоиться из-за всего этого. Душевное спокойствие, Монтаг. Дай народу всякие соревнования, пусть выигрывают те, кто помнит больше текстов популярных песен, или названий столиц штатов, или знает, сколько кукурузы вырастили в Айове в прошлом году. Впихивай в головы людей несгораемую информацию, набивай их под завязку «фактами», так чтобы их распирало от этих проклятых фактов, но чтобы при этом они считали себя «блестяще информированными». Они почувствуют, будто они думают, у них возникнет *ощущение* движения, хотя никакого движения и не будет. И тогда они будут счастливы, потому что те факты, которыми их набили, никогда не меняются. Не давай им такие скользкие материи, как философия или социология, которые увязывают вещи воедино. Это прямой путь к меланхолии. Каждый мужчина, который может разобрать телестену и потом собрать ее — а в наши дни на это спо-

think I'm responding to the play, when it's only a tactile reaction to vibration. But I don't care. I just like solid entertainment."

Beatty got up. "I must be going. Lecture's over. I hope I've clarified things. The important thing for you to remember, Montag, is we're the Happiness Boys, the Dixie Duo, you and I and the others. We stand against the small tide of those who want to make everyone unhappy with conflicting theory and thought. We have our fingers in the dyke. Hold steady. Don't let the torrent of melancholy and drear philosophy drown our world. We depend

собны большинство мужчин, — куда счастливее человека, который пытается подойти к вселенной с логарифмической линейкой, исчислить ее, измерить и выразить в уравнениях, поскольку вселенную невозможно измерить и исчислить без того, чтобы человек не ощутил при этом своей звериной сущности и одиночества. Я знаю, я пытался решать эти уравнения; ну их к черту! Так пусть будут клубы и вечеринки, акробаты и фокусники, отчаянные гонщики, реактивные машины, мотоциклетные вертолеты, секс и героин — пусть будет больше всего, что требует простых автоматических рефлексов! Если спектакль плох, если фильм ни о чем мне не говорит, если пьеса пуста, тогда ужальте меня антенной терменвокса[1], да так, чтобы звук был громким. Я подумаю, будто откликнулся на пьесу, а на самом деле мои дерганья — всего лишь осязательная реакция на механические колебания. Но мне все равно. Я просто-напросто люблю ощутимые развлечения.

Битти поднялся.

---

[1] Терменвокс — электромузыкальный инструмент, изобретенный в 1920 году советским физиком и музыкантом Львом Сергеевичем Терменом (р. 1896). В 1931–1938 гг. Л.С. Термен был директором акционерного общества по производству электромузыкальных инструментов в США. Высота звука и громкость терменвокса изменяются в зависимости от расстояний между руками исполнителя и антеннами инструмента.

on you. I don't think you realize how important you are, to our happy world as it stands now."

Beatty shook Montag's limp hand. Montag still sat, as if the house were collapsing about him and he could not move, in the bed. Mildred had vanished from the door.

"One last thing," said Beatty. "At least once in his career, every fireman gets an itch. What do the books say, he wonders. Oh, to scratch that itch, eh? Well, Montag, take my word for it, I've had to read a few in my time, to know what I was about, and the books say nothing! Nothing you can teach or believe. They're about non?existent people, figments of imagination, if they're fiction. And if they're non-fiction, it's worse, one professor calling another an idiot, one philosopher screaming down another's gullet. All of them running about,

— Мне пора идти. Лекция окончена. Надеюсь, я прояснил кое-что. Тебе важно помнить, Монтаг, что мы — Счастливые Ребята, Дуэт Зазывал, я имею в виду нас с тобой, но и все остальные наши тоже такие. Мы стоим против кучки тех, кто своими противоречивыми теориями и идеями хотят сделать всех несчастными. Мы затыкаем пальцами дырки в плотине. И держим там пальцы крепко. Не позволяй потоку меланхолии и мрачной философии затопить наш мир. Мы все зависим от тебя. Я думаю, ты и не представляешь себе, насколько важен *ты* лично, насколько важны *мы все* для того, чтобы наш счастливый мир оставался таким и впредь.

Битти пожал вялую руку Монтага. Тот недвижно сидел в кровати, словно дом собирался рухнуть ему на голову, а он был не в силах пошевелиться. Милдред испарилась из дверей.

— И последнее, — сказал Битти. — У каждого пожарного по крайней мере раз за время его карьеры вдруг начинает чесаться. Что же такое *говорится* в книгах? — задумывается он. Ох, как бы *почесаться*, чтобы унять этот зуд, а? Поверь мне на слово, Монтаг, в свое время я прочитал немало книг, чтобы понять, чем же я все-таки занимаюсь, так вот, в них *ни о чем* не говорится! Ничего такого, во что можно поверить или что можно передать другим. Если это художественная проза, то книги рассказывают о несуществу-

putting out the stars and extinguishing the sun. You come away lost."

"Well, then, what if a fireman accidentally, really not, intending anything, takes a book home with him?"

Montag twitched. The open door looked at him with its great vacant eye.

"A natural error. Curiosity alone," said Beatty. "We don't get over-anxious or mad. We let the fireman keep the book twenty four hours. If he hasn't burned it by then, we simply come and burn it for him."

"Of course." Montag's mouth was dry.

"Well, Montag. Will you take another, later shift, today? Will we see you tonight perhaps?"

"I don't know," said Montag.
"What?" Beatty looked faintly surprised.

Montag shut his eyes. "I'll be in later. Maybe."

ющих людях, там одни причуды воображения. Если же это научная или документальная литература, тогда и того хуже: один профессор называет другого идиотом, один философ забивает слова другого ему же в глотку. И все мечутся — ах, гаснут звезды, ах, затухает солнце. Почитаешь — и ум за разум заходит.

— Ну хорошо, а если пожарный случайно, без всяких особых намерений возьмет домой какую-нибудь из книг?

Монтага передернуло. Открытая дверь смотрела на него своим огромным пустым глазом.

— Естественная ошибка. Чистое любопытство, — ответил Битти. — Мы чрезмерно не беспокоимся по этому поводу, не сходим с ума. Пусть пожарный подержит у себя книгу двадцать четыре часа. Если к исходу суток он ее не сжигает, то мы просто приходим и делаем это вместо него.

— Да, конечно. — Во рту у Монтага пересохло.

— Ладно, Монтаг. Может быть, выйдешь сегодня попозже, в ночную смену? И тогда увидимся вечером?

— Не знаю, — сказал Монтаг.

— Что? — На лице Битти отразилось легкое удивление.

Монтаг закрыл глаза.

— Я приду попозже. Наверное.

"We'd certainly miss you if you didn't show," said Beatty, putting his pipe in his pocket thoughtfully.

I'll never come in again, thought Montag.

"Get well and keep well," said Beatty.

He turned and went out through the open door.

Montag watched through the window as Beatty drove away in his gleaming yellow-flame-coloured beetle with the black, char?coloured tyres.

Across the street and down the way the other houses stood with their flat fronts. What was it Clarisse had said one afternoon? "No front porches. My uncle says there used to be front porches. And people sat there sometimes at night, talking when they wanted to talk, rocking, and not talking when they didn't want to talk. Sometimes they just sat there and thought about things, turned things over. My uncle says the architects got rid of the front porches because they didn't look well. But my uncle says that was merely rationalizing it; the real reason, hidden underneath, might be they didn't want people sitting like that, doing nothing, rocking, talking; that was the wrong kind of social life. People talked too much. And they had time to think. So they ran off with the porches. And the gardens, too. Not many gardens any more to sit around in. And look at the fur-

— Если ты сегодня не покажешься, нам тебя будет явно не хватать, — сказал Битти, задумчиво кладя трубку в карман.

«Я никогда больше не приду», — подумал Монтаг.

— Поправляйся и больше не болей, — сказал Битти.

Он повернулся и вышел через открытую дверь.

Монтаг наблюдал в окно, как отъезжает Битти в своем блестящем, цвета желтого пламени, жуке с угольно-черными шинами.

На другой стороне улицы далеко тянулись дома с плоскими фасадами. Как это сказала Кларисса однажды днем? «Нет больше парадных крылечек. Мой дядя говорит, что раньше они были. И люди сидели там иногда по вечерам; если им хотелось разговаривать — разговаривали, а если не хотелось — качались в креслах-качалках и молчали. Порой они просто сидели там и думали о разном, перебирая в уме всякие вещи. Дядя говорит, что архитекторы избавились от парадных крылечек, потому что они плохо смотрелись. Но еще дядя говорит, что это объяснение придумали позднее, а скрытая причина, довольно глубоко запрятанная, возможно, заключалась в том, что архитекторы не желали, чтобы люди просто так сидели на своих крылечках, ничего не делали, качались, разговаривали — это считалось дурной *разновидностью*

niture. No rocking?chairs any more. They're too comfortable. Get people up and running around. My uncle says... and... my uncle... and... my uncle..." Her voice faded.

Montag turned and looked at his wife, who sat in the middle of the parlour talking to an announcer, who in turn was talking to her.

"Mrs. Montag," he was saying. This, that and the other. "Mrs. Montag?" Something else and still another. The converter attachment, which had cost them one hundred dollars, automatically supplied her name whenever the announcer addressed his anonymous audience, leaving a blank where the proper syllables could be filled in. A special spot?wavex?scrambler also caused his televised image, in the area immediately about his lips, to mouth the vowels and consonants beautifully. He was a friend, no doubt of it, a good friend. "Mrs. Montag... now look right here."

социальной жизни. Люди слишком много разговаривали. И у них было время для размышлений. Поэтому они сбежали вместе со своими крылечками. И со своими садами. Не так уж много осталось садиков, где можно посидеть. А посмотрите на мебель. Кресел-качалок больше нет. Они слишком удобны. Пусть люди не рассиживаются, а больше бегают. Мой дядя говорит... и еще... дядя говорит... и еще... мой дядя...» Голос Клариссы затих.

Монтаг повернулся и взглянул на жену — она сидела посреди гостиной и разговаривала с диктором, а тот, в свою очередь, разговаривал с ней.

— Госпожа Монтаг... — говорил диктор. То, се, пятое-десятое.

— Госпожа Монтаг... — И другие слова, уже совершенно о другом. Конвертерная приставка, обошедшаяся им в сто долларов, автоматически вставляла имя жены всякий раз, когда диктор, обращаясь к анонимной аудитории, делал небольшую паузу, куда можно было вставить соответствующие слоги. Другое специальное устройство, точечно-волновой скрэмблер, так изменяло телевизионное изображение непосредственно вокруг губ диктора, что казалось, будто его рот самым прекрасным образом произносит именно те гласные и согласные, которые составляют требуемое имя. Да, это был друг, вне всякого сомнения, самый настоящий друг.

Her head turned. Though she quite obviously was not listening.

Montag said, "It's only a step from not going to work today to not working tomorrow, to not working at the firehouse ever again.",

"You are going to work tonight, though, aren't you?" said Mildred.

"I haven't decided. Right now I've got an awful feeling I want to smash things and kill things:'

"Go take the beetle."

"No thanks."

"The keys to the beetle are on the night table. I always like to drive fast when I feel that way. You get it up around ninetyfive and you feel wonderful. Sometimes I drive all night and come back and you don't know it. It's fun out in the country. You hit rabbits, sometimes you hit dogs. Go take the beetle."

"No, I don't want to, this time. I want to hold on to this funny thing. God, it's gotten big on me. I don't know what it is. I'm so damned unhappy, I'm so mad, and I don't know why I feel like I'm putting on weight. I feel fat. I feel like I've been saving up a lot of things, and don't know what. I might even start reading books."

— Госпожа Монтаг... — произнес Монтаг. — А теперь посмотрите сюда.

Голова Милдред повернулась, хотя было совершенно очевидно, что она не слушает.

— От того, чтобы не пойти на работу сегодня, всего один шаг, чтобы не ходить туда и завтра, чтобы вообще больше не появляться на пожарной станции, — проговорил Монтаг.

— Но ведь ты же пойдешь на работу сегодня вечером, разве нет? — спросила Милдред.

— Я еще не решил. Сейчас у меня ужасное ощущение — хочется крушить и убивать.

— Возьми жука.

— Нет, спасибо.

— Ключи от жука на ночном столике. Когда у меня такое состояние, мне всегда хочется мчаться как можно быстрее. Довожу скорость до девяноста пяти миль и чувствую себя прекрасно. Порой гоняю так всю ночь, а когда возвращаюсь, ты знать ничего не знаешь. За городом очень забавно. Давишь кроликов, иногда сбиваешь собак. Возьми жука.

— Нет, не хочу, не сейчас. Пусть это веселенькое чувство остается подольше. Господи, как же меня разобрало! Не знаю, что со мной. Я себя чувствую чертовски несчастным, я просто взбешен и не пойму отчего. Такое ощущение, будто я набираю вес. Словно я ожирел. Словно я копил в себе много всего, а вот что именно — не знаю. Я, может быть, даже начну читать книги.

"They'd put you in jail, wouldn't they?" She looked at him as if he were behind the glass wall.

He began to put on his clothes, moving restlessly about the bedroom.
"Yes, and it might be a good idea. Before I hurt someone. Did you hear Beatty? Did you listen to him? He knows all the answers. He's right. Happiness is important. Fun is everything. And yet I kept sitting there saying to myself, I'm not happy, I'm not happy."

"I am." Mildred's mouth beamed. "And proud of it."

"I'm going to do something," said Montag. "I don't even know what yet, but I'm going to do something big."
"I'm tired of listening to this junk," said Mildred, turning from him to the announcer again

Montag touched the volume control in the wall and the announcer was speechless.
"Millie?" He paused. "This is your house as well as mine. I feel it's only fair that I tell you something now. I should have told you before, but I wasn't even admitting it to myself. I have something I want you to see, something I've put away and hid during the past year, now and again, once

— Тебя посадят в тюрьму, ведь посадят, да? — Милдред смотрела на него так, словно он находился за стеклянной стеной.

Монтаг начал одеваться, беспокойно бродя по спальне.

— Да, посадят, и, может быть, это неплохая идея. Пока я кого-нибудь не покалечил. Ты слышала Битти? Ты слушала, что он говорил? Он знает ответы на все вопросы. И он прав. Счастье — очень важная вещь. Удовольствия — это все. И тем не менее я сидел там в кровати и все повторял про себя: «Я несчастлив, я несчастлив».

— А вот я счастлива! — Рот Милдред просигналил ослепительной улыбкой. — И горжусь этим!

— Я должен что-то сделать, — продолжал Монтаг. — Еще не знаю, что именно. Я должен сделать что-то большое.

— Я устала слушать эту ерунду, — заявила Милдред и снова отвернулась от Монтага к диктору.

Монтаг коснулся регулятора громкости на стене, диктор потерял дар речи.

— Милли? — Монтаг осекся. — Это твой дом, так же как и мой. Я полагаю, будет справедливо, если я тебе кое-что сейчас расскажу. Надо было сделать это раньше, но я даже сам себе не мог признаться. Я хочу, чтобы ты увидела кое-что, что-то такое, что я откладывал и прятал весь

in a while, I didn't know why, but I did it and I never told you."

He took hold of a straight-backed chair and moved it slowly and steadily into the hall near the front door and climbed up on it and stood for a moment like a statue on a pedestal, his wife standing under him, waiting. Then he reached up and pulled back the grille of the air-conditioning system and reached far back inside to the right and moved still another sliding sheet of metal and took out a book. Without looking at it he dropped it to the floor. He put his hand back up and took out two books and moved his hand down and dropped the two books to the floor. He kept moving his hand and dropping books, small ones, fairly large ones, yellow, red, green ones. When he was done he looked down upon some twenty books lying at his wife's feet.

"I'm sorry," he said. "I didn't really think. But now it looks as if we're in this together."

Mildred backed away as if she were suddenly confronted by a pack of mice that had come up out of the floor. He could hear her breathing rapidly and her face was paled out and her eyes were fastened wide. She said his name over, twice, three times. Then moaning, she ran forward, seized a book and ran toward the kitchen incinerator.

прошедший год, мало-помалу, по штучке, раз за разом, сам не знаю зачем, но я делал это и ничего тебе не говорил.

Он взялся за стул с прямой спинкой, медленно и спокойно передвинул его в прихожую, к самой входной двери, залез на него и несколько секунд стоял не двигаясь, как статуя на пьедестале. Его жена застыла внизу в выжидании. Монтаг протянул руку, отодвинул решетку вентиляционной системы, пошарил внутри справа, отодвинул еще один металлический лист и вытащил книгу. Не глядя на обложку, он бросил ее на пол. Снова запустил руку вглубь, извлек еще две книги, опустил руку и бросил две книги на пол. Он продолжал двигать рукой и бросать книги — маленькие, довольно большие, желтые, красные, зеленые. Когда он закончил и посмотрел вниз, то увидел, что у ног жены их лежало не меньше двадцати.

— Извини, — сказал он. — Я не очень-то задумывался. А теперь получается, что мы оба замешаны в этом.

Милдред отпрянула, будто внезапно натолкнулась на целую стаю мышей, выбежавшую из-под пола. Монтаг слышал быстрое дыхание жены, ее лицо побледнело, а глаза расширились и застыли в орбитах. Она произнесла его имя — раз, другой, третий. Затем, простонав, она подбежала, схватила первую попавшуюся книгу и бросилась к кухонному мусоросжигателю.

He caught her, shrieking. He held her and she tried to fight away from him, scratching.

"No, Millie, no! Wait! Stop it, will you? You don't know... stop it!" He slapped her face, he grabbed her again and shook her.

She said his name and began to cry.
"Millie!" he said. "Listen. Give me a second, will you? We can't do anything. We can't burn these. I want to look at them, at least look at them once. Then if what the Captain says is true, we'll burn them together, believe me, we'll burn them together. You must help me." He looked down into her face and took hold of her chin and held her firmly. He was looking not only at her, but for himself and what he must do, in her face. "Whether we like this or not, we're in it. I've never asked for much from you in all these years, but I ask it now, I plead for it. We've got to start somewhere here, figuring out why we're in such a mess, you and the medicine at night, and the car, and me and my work. We're heading right for the cliff, Millie. God, I don't want to go over. This isn't going to be easy. We haven't anything to go on, but maybe we can piece it out and figure it and help each other. I need you so much right now, I can't tell you. If you love me at all you'll put up with this, twenty four, forty eight hours, that's all I ask, then it'll be over. I promise, I swear! And

Монтаг перехватил ее, она завизжала. Он держал жену, а она пыталась вырваться, царапая его кожу.

— Нет, Милли, нет! Подожди! Перестань, прошу тебя! Ты же ничего не знаешь... Перестань! — Он дал ей пощечину, схватил за плечи и встряхнул.

Она снова произнесла его имя и разрыдалась.

— Милли! — позвал он. — Послушай. Дай мне одну секунду, хорошо? Мы уже ничего не можем поделать. Мы не можем их сжечь. Я хочу заглянуть в них, заглянуть хотя бы по разу. И тогда, если то, что говорил Капитан, — правда, мы сожжем их вместе, поверь мне, мы сожжем их вместе. Ты должна помочь мне! — Он заглянул ей в лицо, взял за подбородок и крепко сжал пальцы. Он смотрел не только на жену, в ее лице он пытался отыскать себя, найти ответ на вопрос, что он должен делать дальше.

— Нравится нам это или нет, но мы завязли по уши. Все эти годы я не требовал от тебя многого, а сейчас прошу, даже умоляю. Мы должны с чего-то начать, мы должны разобраться, как мы оказались во всей этой каше — ты и твои ночи с лекарствами, машина, я со своей работой. Мы мчимся прямо к обрыву, Милли! Боже, но я не хочу срываться вниз! Нам будет нелегко. Непонятно, ради чего продолжать такую жизнь, но, может быть, нам удастся разложить все по кусочкам, подумать над каждым и помочь друг

if there is something here, just one little thing out of a whole mess of things, maybe we can pass it on to someone else."

She wasn't fighting any more, so he let her go. She sagged away from him and slid down the wall, and sat on the floor looking at the books. Her foot touched one and she saw this and pulled her foot away.

"That woman, the other night, Millie, you weren't there. You didn't see her face. And Clarisse. You never talked to her. I talked to her. And men like Beatty are afraid of her. I can't understand it. Why should they be so afraid of someone like her? But I kept putting her alongside the firemen in the house last night, and I suddenly realized I didn't like them at all, and I didn't like myself at all any more. And I thought maybe it would be best if the firemen themselves were burnt."

"Guy!"
The front door voice called softly:
"Mrs. Montag, Mrs. Montag, someone here, someone here, Mrs. Montag, Mrs. Montag, someone here."

другу. Не могу даже выразить, как ты мне сейчас нужна! Если ты меня хоть сколько-нибудь любишь, то смирись с этим, потерпи немного, двадцать четыре или сорок восемь часов — вот то, о чем я тебя прошу, и после этого все кончится, обещаю. Клянусь! И если здесь есть хоть что-то, если в этой куче найдется хоть одна дельная крупица, мы, пожалуй, сможем передать ее кому-нибудь еще.

Милдред больше не сопротивлялась, и он отпустил ее. Она мешком отвалилась от мужа, съехала по стене и села на пол, не сводя глаз с книг. Ее ступня коснулась одной из них, она заметила это и тут же отдернула ногу.

— Та женщина, прошлой ночью, ты ведь не была там, Милли. Ты не видела ее лица. И Кларисса. Ты никогда не говорила с ней. А я говорил. Такие парни, как Битти, боятся ее. Я не могу этого понять. Почему они должны бояться людей, подобных Клариссе? Вчера вечером я все сравнивал ее с пожарными на Станции и неожиданно понял, что они мне вовсе не нравятся, да и сам я себе больше не нравлюсь. И я подумал — может, было бы к лучшему, если бы сами пожарные сгорели в огне.

— Гай!

Парадная дверь тихо позвала:

«Госпожа Монтаг, госпожа Монтаг, кто-то пришел, кто-то пришел, госпожа Монтаг, госпожа Монтаг, кто-то пришел...»

Softly.

They turned to stare at the door and the books toppled everywhere, everywhere in heaps.

"Beatty!" said Mildred.

"It can't be him."

"He's come back!" she whispered.

The front door voice called again softly. "Someone here..."

"We won't answer."

Montag lay back against the wall and then slowly sank to a crouching position and began to nudge the books, bewilderedly, with his thumb, his forefinger. He was shivering and he wanted above all to shove the books up through the ventilator again, but he knew he could not face Beatty again. He crouched and then he sat and the voice of the front door spoke again, more insistently. Montag picked a single small volume from the floor.

"Where do we begin?" He opened the book halfway and peered at it. "We begin by beginning, I guess."

"He'll come in," said Mildred, "and burn us and the books!"

The front door voice faded at last. There was a silence. Montag felt the presence of someone beyond the door, waiting, listening. Then the

Очень тихо позвала.

Они повернулись и уставились на дверь, на книги, валявшиеся на полу, на кучи книг повсюду.

— Битти! — сказала Милдред.

— Вряд ли это он.

— Он вернулся! — прошептала она.

Парадная дверь снова тихо сообщила:

«...кто-то пришел».

— Мы не будем отвечать.

Монтаг прислонился к стене, потом медленно опустился на корточки и начал в замешательстве передвигать книги, подталкивая их то большим пальцем, то указательным. Он дрожал, больше всего ему хотелось снова засунуть книги в вентиляционную трубу, но он знал, что не в силах оказаться лицом к лицу с Битти еще раз. Он посидел на корточках, а затем опустился на пол, голос парадной двери опять зазвучал, на этот раз более настойчиво. Монтаг подобрал с пола маленький томик.

— С чего начнем? — Он раскрыл книгу на середине и впился взглядом в страницу. — Пожалуй, начнем с начала.

— Он войдет и сожжет нас вместе с этими книгами! — сказала Милдред.

Голос парадной двери наконец смолк. Наступила тишина. Монтаг ощущал чье-то присутствие за дверью, кто-то выжидал там, при-

footsteps going away down the walk and over the lawn.

"Let's see what this is," said Montag.

He spoke the words haltingly and with a terrible selfconsciousness. He read a dozen pages here and there and came at last to this:

"It is computed that eleven thousand persons have at several times suffered death rather than submit to break eggs at the smaller end."

Mildred sat across the hall from him. "What does it mean? It doesn't mean anything! The Captain was right!"

"Here now," said Montag. "We'll start over again, at the beginning."

слушиваясь. Затем послышались шаги — кто-то прошел, удаляясь, по дорожке и пересек газон.

— Давай посмотрим, что здесь написано, — сказал Монтаг.

Он выговорил эти слова с запинкой, испытывая страшное смущение. Прочитал с десяток страниц, открывая книгу в разных местах, и наконец добрался до следующего куска:

«Насчитывают до одиннадцати тысяч фанатиков, которые пошли на смертную казнь за отказ разбивать яйца с острого конца»[1].

Милдред сидела в прихожей напротив него.

— Что это значит? В этом вообще нет никакого смысла. Капитан был прав!

— Ну-ну, — сказал Монтаг. — Попробуем еще раз, начнем с самого начала.

---

[1] Строки из «Путешествий Лемюэля Гулливера» Джонатана Свифта (часть первая, «Путешествие в Лилипутию», глава четвертая). Перевод Б.М. Энгельгардта.

Part II

THE SIEVE AND THE SAND

THEY read the long afternoon through, while the cold November rain fell from the sky upon the quiet house. They sat in the hall because the parlour was so empty and grey-looking without its walls lit with orange and yellow confetti and sky-rockets and women in gold-mesh dresses and men in black velvet pulling one-hundred-pound rabbits from silver hats. The parlour was dead and Mildred kept peering in at it with a blank expression as Montag paced the floor and came back and squatted down and read a page as many as ten times, aloud.

"We cannot tell the precise moment when friendship is formed. As in filling a vessel drop by drop, there is at last a drop which makes it run over, so in a series of kindnesses there is at last one which makes the heart run over."

Часть II

СИТО И ПЕСОК

Весь долгий день напролет они читали, а холодный ноябрьский дождь падал с неба на молчащий дом. Они сидели в прихожей, потому что гостиная была такой пустой, выглядела такой серой с выключенной стеной — не светились оранжевые и желтые конфетти, не взлетали ракеты, и не было женщин в платьях из золотой паутинки, и мужчины в черном бархате не извлекали стофунтовых кроликов из серебряных шляп. Гостиная была мертва, и Милдред, с ничего не выражающим лицом, все заглядывала и заглядывала туда, а Монтаг вскакивал, ходил взад-вперед по прихожей, возвращался, садился на корточки, и снова читал какую-нибудь страницу, иногда десять раз подряд, обязательно вслух.

«Мы не можем сказать, в какой точно момент зарождается дружба. Когда капля за каплей наполняешь сосуд, в конце всегда бывает капля, от которой влага переливается через край; так и с вереницей одолжений — в конце концов делается такое, от которого переполняется сердце»[1].

---

[1] Строки из книги английского писателя Джеймса Босуэлла (1740–1795) «Жизнь Сэмюэла Джонсона» (1791). Перевод В.Т. Бабенко.

Montag sat listening to the rain.

"Is that what it was in the girl next door? I've tried so hard to figure."

"She's dead. Let's talk about someone alive, for goodness' sake."

Montag did not look back at his wife as he went trembling along the hall to the kitchen, where he stood a long. time watching the rain hit the windows before he came back down the hall in the grey light, waiting for the tremble to subside.

He opened another book.

"That favourite subject, Myself."

He squinted at the wall.

"The favourite subject, Myself."

"I understand that one," said Mildred.

"But Clarisse's favourite subject wasn't herself. It was everyone else, and me. She was the first person in a good many years I've really liked. She was the first person I can remember who looked straight at me as if I counted." He lifted the two books. "These men have been dead a long time, but I know their words point, one way or another, to Clarisse."

Outside the front door, in the rain, a faint scratching.

Монтаг сидел, прислушиваясь к дождю.

— Может, именно это и происходило с соседской девушкой? Я изо всех сил пытался разобраться в ней.

— Она мертва. Ради Бога, давай поговорим о ком-нибудь живом.

Монтаг даже не повернулся к жене; весь трясясь, он прошел через прихожую на кухню и в ожидании, пока утихнет дрожь, долго стоял там, наблюдая, как дождь барабанит по окнам, затем в сером полусвете вернулся в прихожую.

Он открыл еще одну книгу.

— «Моя излюбленная тема — Я Сам»[1].

Монтаг прищурился, глядя на стену.

— «Моя излюбленная тема — Я Сам».

— Вот *это* я понимаю, — сказала Милдред.

— Но для Клариссы излюбленной темой была вовсе не она сама, а все остальные люди, включая меня. За много-много лет она была первой, кто мне действительно понравился. Из всех, кого я помню, она единственная смотрела на меня, не отводя глаз, — так, словно я чего-нибудь стою. — Он подобрал с пола две книги. — Эти люди уже давно мертвы, но я знаю, что их слова так или иначе указывают на Клариссу.

Тихое царапанье под дождем за дверью.

---

[1] Фраза из произведения Джеймса Босуэлла «Письмо к Темплу» (1763).

Montag froze. He saw Mildred thrust herself back to the wall and gasp.

"Someone—the door—why doesn't the door-voice tell us—"

"I shut it off."

Under the door-sill, a slow, probing sniff, an exhalation of electric steam.

Mildred laughed.

"It's only a dog, that's what! You want me to shoo him away?"

"Stay where you are!"

Silence. The cold rain falling. And the smell of blue electricity blowing under the locked door.

"Let's get back to work," said Montag quietly.

Mildred kicked at a book.

"Books aren't people. You read and I look around, but there isn't anybody!"

He stared at the parlour that was dead and grey as the waters of an ocean that might teem with life if they switched on the electronic sun.

"Now," said Mildred, "my 'family' is people. They tell me things; I laugh, they laugh! And the colours!"

"Yes, I know."

"And besides, if Captain Beatty knew about those books—" She thought about it. Her face grew amazed and then horrified. "He might come

Монтаг похолодел. Он увидел, как Милдред, ловя ртом воздух, вжимается в стену.

— Кто-то... дверь... почему дверной голос не говорит нам...

— Я его выключил.

Внизу, в щели под дверью, — мерное пытливое принюхивание, выдох электрического пара.

Милдред рассмеялась.

— Это всего-навсего собака, вот в чем дело! Хочешь, я ее прогоню?

— Стой где стоишь!

Тишина. Падает холодный дождь. Из-под запертой двери тянет запахом синего электричества.

— Вернемся к работе, — негромко сказал Монтаг.

Милдред пинком отбросила книгу.

— Книги — это не люди. Ты читаешь, а я смотрю по сторонам — и вокруг *никого нет*!

Монтаг уставился на гостиную — мертвую и серую, как воды океана, готового взбурлить жизнью, лишь только они включат электронное солнце.

— А вот моя «семья» — это люди, — сказала Милдред. — Они рассказывают мне разные вещи — *я* смеюсь, *они* смеются. А цвета какие!

— Да, знаю.

— И кроме того, если бы Капитан Битти узнал про эти книги... — Она задумалась, ее лицо приняло изумленное выражение, которое сме-

and bum the house and the 'family.' That's awful! Think of our investment. Why should I read? What for?"

"What for! Why!" said Montag. "I saw the damnedest snake in the world the other night. It was dead but it was alive. It could see but it couldn't see. You want to see that snake. It's at Emergency Hospital where they filed a report on all the junk the snake got out of you! Would you like to go and check their file? Maybe you'd look under Guy Montag or maybe under Fear or War. Would you like to go to that house that burnt last night? And rake ashes for the bones of the woman who set fire to her own house! What about Clarisse McClellan, where do we look for her? The morgue! Listen!"

The bombers crossed the sky and crossed the sky over the house, gasping, murmuring, whistling like an immense, invisible fan, circling in emptiness.

"Jesus God," said Montag. "Every hour so many damn things in the sky! How in hell did those bombers get up there every single second of our lives! Why doesn't someone want to talk about it? We've started and won two atomic wars since 1960. Is it because we're having so much fun at home we've forgotten the world? Is it because we're so rich and

нилось ужасом. — Он пришел бы сюда и сжег бы дом и всю «семью». Это ужасно! Подумай только, сколько денег мы вложили! Зачем мне читать? Ради *чего*?

— Зачем? Ради чего? — повторил Монтаг. — Той ночью я видел самую дьявольскую змею на свете. Она была мертва, но в то же время жива. Она могла видеть, но видеть не могла. Хочешь посмотреть на эту *змею*? Она в больнице «Скорой помощи», где уже составлен отчет по всей той дряни, что змея из тебя высосала! Хочешь сходить и проверить правильность отчета? Возможно, надо смотреть под именем Гай Монтаг, а может быть, в разделах «Страх» или «Война». Хочешь сходить к тому дому, что сгорел прошлой ночью? Поискать в пепле кости женщины, которая подожгла свое собственное жилище? А как насчет Клариссы Макклеллан? Где мы будем разыскивать ее? В морге?.. Слышишь?!

Пересекая небо, над домом шли бомбардировщики, и шли по небу, и шли — тяжело дыша, бормоча, свистя, словно в пустоте кружился огромный невидимый вентилятор.

— Господи Иисусе! — воскликнул Монтаг. — Что ни час, эти чертовы штуки появляются в небе, и как много! Какого дьявола бомбардировщики висят над головой каждую секунду нашей жизни! Почему никто не хочет об этом говорить? С 1990 года мы начали и выиграли две атомные войны! Не потому ли, что, имея столько развле-

the rest of the world's so poor and we just don't care if they are? I've heard rumours; the world is starving, but we're well-fed. Is it true, the world works hard and we play? Is that why we're hated so much? I've heard the rumours about hate, too, once in a long while, over the years. Do you know why? I don't, that's sure! Maybe the books can get us half out of the cave. They just might stop us from making the same damn insane mistakes! I don't hear those idiot bastards in your parlour talking about it. God, Millie, don't you see? An hour a day, two hours, with these books, and maybe..."

The telephone rang. Mildred snatched the phone.
"Ann!" She laughed. "Yes, the White Clown's on tonight!"
Montag walked to the kitchen and threw the book down. "Montag," he said, "you're really stupid. Where do we go from here? Do we turn the books in, forget it?"

He opened the book to read over Mildred's laughter. Poor Millie, he thought. Poor Montag, it's mud to you, too. But where do you get help, where do you find a teacher this late?

чений у себя дома, мы совсем забыли о внешнем мире? Мы так богаты, а все остальные в мире так бедны — не потому ли нам и дела нет ни до кого? До меня доходили слухи, что мир голодает, но мы-то сыты! Правда ли, что мир трудится в поте лица, а мы лишь весело играем? Не поэтому ли нас так ненавидят? До меня доходили слухи и о ненависти, но это бывало нечасто и много лет назад. Ты сама-то знаешь почему? Я не знаю, это уж точно. Может быть, как раз книги и вытащат нас из пещеры, хотя бы наполовину? Они просто могли бы возбранить нам делать одни и те же безумные ошибки, черт побери! Что-то я не слышал, чтобы эти идиотские ублюдки в твоей гостиной обсуждали такие вещи. Боже, Милли, неужели ты не видишь? Всего час в день, ну два часа, проведенные с этими книгами, — и может быть...

Зазвонил телефон. Милдред схватила трубку.

— Энн! — засмеялась она. — Да, сегодня вечером идет «Белый Клоун».

Монтаг ушел на кухню и бросил книгу на стол.

«Монтаг, — сказал он себе, — ты действительно глуп. Что будем делать дальше? Сдадим книги и забудем обо всем?»

Он раскрыл книгу, чтобы чтением отвлечься от смеха Милдред. Бедная Милли, подумал он. Бедный Монтаг, ведь для тебя это тоже муть. Но откуда взять помощь, где найти учителя в твои-то годы?

Hold on. He shut his eyes. Yes, of course. Again he found himself thinking of the green park a year ago. The thought had been with him many times recently, but now he remembered how it was that day in the city park when he had seen that old man in the black suit hide something, quickly in his coat.

...The old man leapt up as if to run. And Montag said, "Wait!"

"I haven't done anything!" cried the old man trembling.

"No one said you did."

They had sat in the green soft light without saying a word for a moment, and then Montag talked about the weather, and then the old man responded with a pale voice. It was a strange quiet meeting. The old man admitted to being a retired English professor who had been thrown out upon the world forty years ago when the last liberal arts college shut for lack of students and patronage. His name was Faber, and when he finally lost his fear of Montag, he talked in a cadenced voice, looking at the sky and the trees and the green park, and when an hour had passed he said something to Montag and Montag sensed it was a rhymeless poem. Then the old man grew even more courageous and said something else and that was a poem, too. Faber held his hand over his left coat-pocket and spoke

Постой, постой. Он закрыл глаза. Да, конечно. Он снова поймал себя на том, что думает о встрече в зеленом парке год назад. За последнее время эта мысль всплывала часто, а сейчас Монтаг отчетливо вспомнил, что именно произошло в тот день в городском парке, когда он увидел, как старик в черном костюме что-то быстро спрятал в карман пальто.

...Старик вскочил, словно собрался бежать.

— Подождите! — воскликнул Монтаг.

— Я ничего не сделал! — закричал старик, весь дрожа.

— Никто и не говорит, будто вы что-то сделали.

Некоторое время они сидели в мягком зеленом свете, не произнося ни слова, а затем Монтаг заговорил о погоде, и чуть позже старик ответил ему тусклым голосом. Это была странная и тихая встреча. Старик признался, что был отставным профессором, преподавателем английского языка, которого вышвырнули на улицу сорок лет назад, когда последний колледж гуманитарных наук закрылся из-за отсутствия студентов и финансовой поддержки. Старика звали Фабер, и когда его страх перед Монтагом пропал, он заговорил мерным голосом, поглядывая на небо, на деревья, на зеленый парк, и так пролетел целый час, а потом старик сказал что-то Монтагу, и Монтаг почувствовал, что это нерифмованное стихотворение. Затем старик осмелел сильнее

these words gently, and Montag knew if he reached out, he might pull a book of poetry from the man's coat. But he did not reach out. His. hands stayed on his knees, numbed and useless.

"I don't talk things, sir," said Faber. "I talk the meaning of things. I sit here and know I'm alive."

That was all there was to it, really. An hour of monologue, a poem, a comment, and then without even acknowledging the fact that Montag was a fireman, Faber with a certain trembling, wrote his address on a slip of paper. "For your file," he said, "in case you decide to be angry with me."

"I'm not angry," Montag said, surprised.

Mildred shrieked with laughter in the hall.

Montag went to his bedroom closet and flipped through his file-wallet to the heading: FUTURE INVESTIGATIONS (?). Faber's name was there. He hadn't turned it in and he hadn't erased it.

He dialled the call on a secondary phone. The phone on the far end of the line called Faber's

прежнего и прочитал что-то еще, и это тоже было стихотворение. Фабер держал руку на левом кармане пальто и выговаривал слова с нежностью, и Монтаг знал — если он протянет руку, то сможет вытащить из кармана пальто этого человека книгу поэзии. Но он не пошевелился. Руки Монтага, бесполезные и онемевшие, оставались на его коленях.

— Я говорю не о *вещах*, сэр, — продолжал Фабер. — Я говорю о *смысле* вещей. Вот я сижу здесь и *знаю* — я жив.

Вот, в сущности, и все, что тогда было. Час монолога, стихи, комментарий, а затем Фабер, хотя никто из них не утверждал, что Монтаг был пожарным, с некоторой дрожью записал на клочке бумаги свой адрес.

— Для вашего досье, — сказал он, — на тот случай, если вы решите на меня рассердиться.

— Я не сержусь, — сказал Монтаг, удивившись.

В прихожей Милдред заходилась визгливым смехом.

Монтаг подошел к стенному шкафу в спальне и стал перебирать портативную картотеку, пока не нашел заголовок «БУДУЩИЕ РАССЛЕДОВАНИЯ (?)». Под ним было имя Фабера. Монтаг не стал тогда на него доносить, но и не стер запись.

Он набрал номер на вспомогательном телефонном аппарате. Телефон на другом конце ли-

name a dozen times before the professor answered in a faint voice. Montag identified himself and was met with a lengthy silence.

"Yes, Mr. Montag?"
"Professor Faber, I have a rather odd question to ask. How many copies of the Bible are left in this country?"
"I don't know what you're talking about!"
"I want to know if there are any copies left at all."
"This is some sort of a trap! I can't talk to just anyone on the phone!"
"How many copies of Shakespeare and Plato?"

"None! You know as well as I do. None!"

Faber hung up.
Montag put down the phone. None. A thing he knew of course from the firehouse listings. But somehow he had wanted to hear it from Faber himself.

In the hall Mildred's face was suffused with excitement.
"Well, the ladies are coming over!"
Montag showed her a book. "This is the Old and New Testament, and..."
"Don't start that again!"

нии раз десять произнес имя Фабера, прежде чем в трубке зазвучал слабый голос профессора. Монтаг представился, наступило долгое молчание.

— Да, господин Монтаг?

— Профессор Фабер, у меня к вам довольно странный вопрос. Сколько экземпляров Библии осталось в этой стране?

— Не понимаю, о чем вы говорите!

— Я хочу знать, остались ли хоть *какие-нибудь* экземпляры вообще?

— Это какая-то ловушка! Я не могу разговаривать по телефону *с кем попало*!

— Сколько осталось книг Шекспира или Платона?

— Ни одной! Вы знаете это не хуже меня. Ни одной!

Фабер отключился.

Монтаг положил трубку. Ни одной. Факт, который он, конечно же, и сам знал из тех списков, что вывешивались на пожарной станции. Но почему-то ему хотелось услышать это от самого Фабера.

В прихожей он увидел Милдред с раскрасневшимся от возбуждения лицом.

— Сегодня к нам придут дамы!

Монтаг показал ей книгу.

— Это Ветхий и Новый Завет и...

— Не начинай все сначала!

"It might be the last copy in this part of the world."

"You've got to hand it back tonight, don't you know? Captain Beatty knows you've got it, doesn't he?"

"I don't think he knows which book I stole. But how do I choose a substitute? Do I turn in Mr. Jefferson? Mr. Thoreau? Which is least valuable? If I pick a substitute and Beatty does know which book I stole, he'll guess we've an entire library here!"

Mildred's mouth twitched.

"See what you're doing? You'll ruin us! Who's more important, me or that Bible?"

She was beginning to shriek now, sitting there like a wax doll melting in its own heat.

He could hear Beatty's voice.

"Sit down, Montag. Watch. Delicately, like the petals of a flower. Light the first page, light the second page. Each becomes a black butterfly. Beautiful, eh? Light the third page from the second and so on, chainsmoking, chapter by chapter, all the silly things the words mean, all the false promises, all the second-hand notions and time-worn philosophies." There sat Beatty, perspiring gently, the floor littered with swarms of black moths that had died in a single storm.

— Возможно, это последний экземпляр в нашей части света.

— Ты должен сдать ее сегодня вечером, не так ли? Капитан Битти *знает*, что она у тебя, правильно?

— Не думаю, чтобы он знал, какую именно книгу я украл. Но что выбрать взамен? Отнести господина Джефферсона? Или господина Торо? Какая из книг наименее ценна? Если я выберу замену, а Битти знает, что именно я украл, он предположит, что у нас здесь целая библиотека!

У Милдред скривился рот.

— Ты сознаешь, что *делаешь*? Ты нас погубишь! Что для тебя важнее — я или эта Библия?

В ее голосе снова появились визгливые нотки, она сидела в прихожей, как восковая кукла, тающая от собственного тепла.

Монтаг так и слышал голос Битти:

«Садись, Монтаг. Смотри. Берем нежно-нежно, словно это лепестки цветка. Зажигаем первую страницу, зажигаем вторую страницу. Каждая становится черной бабочкой. Красиво, а? От второй страницы зажигаем третью и так далее, как сигареты, одна от другой, главу за главой, все глупости, обозначаемые словами, лживые обещания, подержанные идеи, обветшалую философию...»

Он так и видел, как перед ним сидит слегка вспотевший Битти, а пол усеян роями черных мотыльков, погибших в огненной буре.

Mildred stopped screaming as quickly as she started. Montag was not listening.

"There's only one thing to do," he said. "Some time before tonight when I give the book to Beatty, I've got to have a duplicate made."

"You'll be here for the White Clown tonight, and the ladies coming over?" cried Mildred.

Montag stopped at the door, with his back turned. "Millie?"

A silence

"What?"

"Millie? Does the White Clown love you?"

No answer.

"Millie, does—" He licked his lips. "Does your 'family' love you, love you very much, love you with all their heart and soul, Millie?"

He felt her blinking slowly at the back of his neck.

"Why'd you ask a silly question like that?"

He felt he wanted to cry, but nothing would happen to his eyes or his mouth.

"If you see that dog outside," said Mildred, "give him a kick for me."

He hesitated, listening at the door. He opened it and stepped out.

The rain had stopped and the sun was setting in the clear sky. The street and the lawn and the

Милдред перестала визжать так же внезапно, как и начала. Монтаг не слушал ее.

— Остается только одно, — сказал он. — До вечера, до того, как я отдам книгу Битти, мне придется изготовить дубликат.

— Ты будешь дома, когда начнется «Белый Клоун» и к нам придут дамы? — прокричала Милдред.

Монтаг остановился в дверях, спиной к жене.

— Милли?

Тишина.

— Что?

— Скажи, Милли, Белый Клоун тебя любит?

Нет ответа.

— Милли, а... — Он облизнул губы. — А «семья» тебя любит? Очень любит? Всей душой и сердцем, Милли?

Монтаг ощутил, что она, медленно моргая, смотрит ему в затылок.

— Почему ты задаешь такие глупые вопросы?

Он почувствовал, что ему хочется плакать, но знал, что его глаза и рот не поддадутся.

— Если увидишь снаружи эту собаку, — сказала Милдред, — дай ей от меня хорошего пинка.

Он помедлил, прислушиваясь возле двери, затем открыл ее и ступил за порог.

Дождь перестал, в ясном небе солнце клонилось к закату. И улица, и газон, и крыльцо были

porch were empty. He let his breath go in a great sigh.

He slammed the door.

He was on the subway.

I'm numb, he thought. When did the numbness really begin in my face? In my body? The night I kicked the pill-bottle in the dark, like kicking a buried mine.

The numbness will go away, he thought. It'll take time, but I'll do it, or Faber will do it for me. Someone somewhere will give me back the old face and the old hands the way they were. Even the smile, he thought, the old burnt-in smile, that's gone. I'm lost without it.

The subway fled past him, cream-tile, jet-black, cream-tile, jet-black, numerals and darkness, more darkness and the total adding itself.

Once as a child he had sat upon a yellow dune by the sea in the middle of the blue and hot summer day, trying to fill a sieve with sand, because some cruel cousin had said, "Fill this sieve and you'll get a dime!" And the faster he poured, the faster it sifted through with a hot whispering. His hands were tired, the sand was boiling, the sieve was empty. Seated there in the midst of July, without a sound, he felt the tears move down his cheeks.

пусты. Он позволил своей груди с облегчением выпустить воздух.

И захлопнул за собой дверь.

Монтаг ехал в метро.

Я онемел, думал он. Когда же началось это онемение? Когда оно охватило лицо? А тело? Я знаю, в ту ночь, когда я впотьмах дал ногой по флакону с таблетками, словно пнул присыпанную землей мину.

Онемение пройдет, думал он дальше. Потребуется время, но я с этим справлюсь, или же мне поможет Фабер. Кто-нибудь где-нибудь вернет мне прежнее лицо и прежние руки, и они станут такими, какими были. А сейчас даже улыбка, думал он, старая въевшаяся с копотью улыбка, и та исчезла. Без нее я пропал.

Стены тоннеля убегали прочь, кремовая плитка, угольно-черная, кремовая плитка, угольно-черная, цифры и темнота, плюс еще темнота, итог складывался сам собой.

Однажды ребенком, в разгар жаркого, синего летнего дня, он сидел у моря на гребне желтой дюны и пытался наполнить сито песком, потому что кто-то из жестоких двоюродных братьев сказал ему: «Наполнишь сито, получишь десять центов». И чем быстрее он сыпал, тем быстрее песок с жарким шепотом уходил сквозь сито. Его руки устали, песок кипел в ладонях, а сито оставалось пустым. Он беззвучно сидел там, по-

Now as the vacuum-underground rushed him through the dead cellars of town, jolting him, he remembered the terrible logic of that sieve, and he looked down and saw that he was carrying the Bible open. There were people in the suction train but he held the book in his hands and the silly thought came to him, if you read fast and read all, maybe some of the sand will stay in the sieve. But he read and the words fell through, and he thought, in a few hours, there will be Beatty, and here will be me handing this over, so no phrase must escape me, each line must be memorized. I will myself to do it.

He clenched the book in his fists.
Trumpets blared.
"Denham's Dentrifice."
Shut up, thought Montag. Consider the lilies of the field.
"Denham's Dentifrice."
They toil not—
"Denham's..."

среди июля, и чувствовал, как слезы ползут по его щекам.

Теперь, когда вакуумная подземка несла его, безжалостно тряся, сквозь мертвые подвалы города, ему вспомнилась ужасная логика того сита, он опустил глаза и увидел, что держит в руках раскрытую Библию. В поезде воздушной тяги были люди, а он держал книгу у всех на виду, и ему в голову вдруг пришла нелепая мысль, что если читать быстро и прочитать все, то, может быть, немного песка все же останется в сите. Он стал читать, но слова проваливались, и он подумал: еще несколько часов, и все кончится, вот Битти, а вот я, и я отдаю ему книгу навсегда, поэтому ни одна фраза не должна ускользнуть, я обязан выучить наизусть каждую строчку. И я заставлю себя это сделать!

Он стиснул книгу в ладонях.

Ревели трубы.

— Зубная паста «Денем»!

Заткнись, подумал Монтаг. Посмотрите на полевые лилии...

— Зубная паста «Денем»!

...Как они растут: не трудятся...»[1]

— Денем...

---

[1] Монтаг цитирует Евангелие от Матфея: «Посмотрите на полевые лилии, как они растут: не трудятся, ни прядут». (Мат. 6, 28)

Consider the lilies of the field, shut up, shut up.

"Dentifrice!"
He tore the book open and flicked the pages and felt them as if he were blind, he picked at the shape of the individual letters, not blinking.

"Denham's. Spelled: D-E-N"
They toil not, neither do they...
A fierce whisper of hot sand through empty sieve.
"Denham's does it!"
Consider the lilies, the lilies, the lilies...

"Denham's dental detergent."
"Shut up, shut up, shut up!" It was a plea, a cry so terrible that Montag found himself on his feet, the shocked inhabitants of the loud car staring, moving back from this man with the insane, gorged face, the gibbering, dry mouth, the flapping book in his fist. The people who had been sitting a moment before, tapping their feet to the rhythm of Denham's Dentifrice, Denham's Dandy Dental Detergent, Denham's Dentifrice Dentifrice Dentifrice, one two, one two three, one two, one two three. The people whose mouths had been faintly twitching the words Dentifrice Dentifrice Dentifrice. The train radio vomited upon Montag, in retaliation, a great ton-load of music made of tin, copper, silver, chromium, and brass. The peo-

Посмотрите на полевые лилии, заткнись, заткнись!

— Зубная паста!

Монтаг рывком открыл книгу и стал быстро листать страницы, он ощупывал их, как слепой, и, не мигая, впитывал очертания отдельных букв.

— «Денем». По буквам: Д-Е-Н...

Они растут: не трудятся, ни...

Яростный шепот горячего песка, бегущего сквозь пустое сито.

— Паста «Денем» чистит что надо!

Посмотрите на полевые лилии, лилии, лилии...»

— Зубное полоскание «Денем».

— Заткнись, заткнись, заткнись! — Это была мольба, крик, такой ужасный, что Монтаг сам не заметил, как вскочил на ноги; ошеломленные обитатели шумного вагона воззрились на него и стали медленно отодвигаться от этого человека с безумным, тошнотворным лицом, с пересохшим ртом, бормочущим невнятицу, с трепещущей страницами книгой, зажатой в руке. Еще секунду назад эти люди спокойно сидели, отбивая ногами ритм: зубная паста «Денем», зубная паста «Денем», зубная паста, паста, для вашей пасти, пасти, зубное полосканье, зубная паста «Денем», ах, «Денем», «Денем», «Денем», и раз и два и три-и; и раз и два и три-и, и раз и два, и раз и два, и раз и два и три-и... А губы этих

ple were pounded into submission; they did not run, there was no place to run; the great air-train fell down its shaft in the earth.

"Lilies of the field."
"Denham's."
"Lilies, I said!"
The people stared.
"Call the guard."
"The man's off—"
"Knoll View!"
The train hissed to its stop.
"Knoll View!" A cry.
"Denham's." A whisper.
Montag's mouth barely moved.
"Lilies..."
The train door whistled open. Montag stood. The door gasped, started shut. Only then. did he leap past the other passengers, screaming in his mind, plunge through the slicing door only in time. He ran on the white tiles up through the tunnels, ignoring the escalators, because he wanted to feel his feet-move, arms swing, lungs clench, unclench, feel his throat go raw with air. A voice drifted after him, "Denham's Denham's Denham's," the

людей тихонько шлепали, выговаривая слова: паста паста паста. В отместку поездное радио обрушило на Монтага рвотную массу звуков, целую тонну музыки, сделанной из жести, меди, серебра, хрома и латуни. Громыхание вколачивало в людей покорность; никто никуда не бежал, потому что бежать было некуда: огромный воздушный поезд несся в горизонтальном падении по шахте, пробитой в земле.

— Полевые лилии.

— «Денем».

— *Лилии*, я сказал!

Люди изумленно смотрели на него.

— Вызовите охрану.

— Этот человек съехал с...

— Станция Нолл Вью!

Поезд зашипел, останавливаясь.

— Нолл Вью! — Крик.

— «Денем». — Шепот.

Губы Монтага еле шевелились:

— Лилии...

Двери поезда со свистом разъехались. Монтаг не двигался. Двери глубоко вздохнули и начали закрываться. Только тогда, расталкивая пассажиров и мысленно крича, прыгнул он к выходу — и вынырнул из вагона в самый последний момент, когда створки уже смыкались. Он помчался вверх по белым плиткам тоннеля, не обращая внимания на эскалаторы; ему хотелось почувствовать, как движутся ноги, как машут

train hissed like a snake. The train vanished in its hole.

"Who is it?"
"Montag out here."
"What do you want?"
"Let me in."
"I haven't done anything!"
"I'm alone, dammit!"
"You swear it?"
"I swear!"

The front door opened slowly. Faber peered out, looking very old in the light and very fragile and very much afraid. The old man looked as if he had not been out of the house in years. He and the white plaster walls inside were much the same. There was white in the flesh of his mouth and his cheeks and his hair was white and his eyes had faded, with white in the vague blueness there. Then his eyes touched on the book under Montag's arm and he did not look so old any more and not quite as fragile. Slowly his fear went.

"I'm sorry. One has to be careful."
He looked at the book under Montag's arm and could not stop.

руки, как сжимаются и разжимаются легкие, как саднит горло от вдыхаемого воздуха. Его догнал голос: «Денем», «Денем», «Денем». По-змеиному зашипел поезд. И состав исчез в своей норе.

— Кто там?
— Монтаг.
— Что вы хотите?
— Впустите меня.
— Я ничего не сделал!
— Я один, черт побери!
— Клянетесь?
— Клянусь!

Парадная дверь медленно отворилась. Выглянул Фабер. При свете дня он выглядел очень старым и очень хрупким, и еще очень испуганным. У старика был такой вид, словно он много лет не выходил из дома. Его кожа и белые оштукатуренные стены были совершенно одного цвета. Белизна наполняла губы, лежала на щеках, волосы тоже были белые, а глаза выцветшие, и в них сквозь слабую голубизну проступал опять-таки белый цвет. Взгляд Фабера коснулся книги, которую Монтаг держал под мышкой, и старик сразу перестал казаться таким древним, даже хрупкости поубавилось. Страх его медленно проходил.

— Извините. Приходится быть осторожным.

Он смотрел на книгу у Монтага под мышкой и никак не мог оторвать от нее взгляда.

"So it's true."
Montag stepped inside. The door shut.

"Sit down."
Faber backed up, as if he feared the book might vanish if he took his eyes from it. Behind him, the door to a bedroom stood open, and in that room a litter of machinery and steel tools was strewn upon a desk-top. Montag had only a glimpse, before Faber, seeing Montag's attention diverted, turned quickly and shut the bedroom door and stood holding the knob with a trembling hand. His gaze returned unsteadily to Montag, who was now seated with the book in his lap.

"The book-where did you-?"
"I stole it."
Faber, for the first time, raised his eyes and looked directly into Montag's face.
"You're brave."
"No," said Montag. "My wife's dying. A friend of mine's already dead. Someone who may have been a friend was burnt less than twenty-four hours ago. You're the only one I knew might help me. To see. To see.."

Faber's hands itched on his knees.
"May I?"
"Sorry." Montag gave him the book.

— Итак, это правда.

Монтаг переступил через порог. Дверь захлопнулась.

— Садитесь.

Фабер отступил, словно боясь, что книга исчезнет, едва он оторвет от нее взгляд. За его спиной была распахнутая дверь в спальню, и там виднелся стол, на котором в беспорядке валялись какие-то механизмы и стальные инструменты. Монтаг увидел все это мельком, ибо Фабер, как только заметил, куда обращено внимание гостя, быстро повернулся и закрыл дверь, но остался стоять возле нее, сжимая дрожащими пальцами круглую ручку. Он нерешительно перевел взгляд на Монтага, который уже сидел с книгой на коленях

— Эта книга... где вы ее...
— Я ее украл.

Фабер в первый раз поднял глаза и посмотрел Монтагу в лицо.

— Вы смелый человек.
— Нет, — ответил Монтаг. — Моя жена умирает. Одна моя подруга уже мертва. А некая женщина, которая тоже могла бы стать моим другом, была сожжена заживо меньше суток назад. Вы единственный из известных мне людей, кто мог бы помочь мне. Прозреть. Прозреть...

Руки Фабера зудели на его коленях.

— Могу я?..
— Извините. — Монтаг протянул ему книгу.

"It's been a long time. I'm not a religious man. But it's been a long time." Faber turned the pages, stopping here and there to read. "It's as good as I remember. Lord, how they've changed itin our 'parlours' these days. Christ is one of the 'family' now. I often wonder it God recognizes His own son the way we've dressed him up, or is it dressed him down? He's a regular peppermint stick now, all sugar-crystal and saccharine when he isn't making veiled references to certain commercial products that every worshipper absolutely needs."

Faber sniffed the book.
"Do you know that books smell like nutmeg or some spice from a foreign land? I loved to smell them when I was a boy. Lord, there were a lot of lovely books once, before we let them go."

Faber turned the pages.
"Mr. Montag, you are looking at a coward. I saw the way things were going, a long time back. I said nothing. I'm one of the innocents who could have spoken up and out when no one would listen to the 'guilty,' but I did not speak and thus became guilty myself. And when finally they set the structure to burn the books, using the, firemen, I grunted a few times and subsided, for there were

— Прошло столько времени... Я не религиозный человек. Но ведь прошло столько времени. — Фабер стал перелистывать страницы, время от времени останавливаясь, чтобы прочитать несколько строчек. — Все такая же, какой я ее помню. Боже Всемогущий, как же ее изменили в наших «гостиных»! Христос стал членом «семьи». Я часто задумываюсь: а узнаёт ли Господь Бог своего собственного сына — ведь мы его так нарядили или, правильнее было бы сказать, подрядили? Сейчас он — все равно что пакетик мятной жвачки, сплошь сахар и сахарин, если только не делает завуалированных намеков на определенные товары, которые каждому верующему ну просто *абсолютно* необходимы.

Фабер обнюхал книгу.

— Знаете ли вы, что книги пахнут мускатным орехом или какой-то пряностью из далекой страны? Ребенком я обожал нюхать книги. Господи, сколько же раньше было прелестных книг, до того как мы позволили им исчезнуть!

Он перелистнул страницу.

— Господин Монтаг, вы видите перед собой труса. Тогда, в те давние времена, я видел, к чему все идет. И ничего не говорил. Я был одним из тех невинных, кто мог бы громко и отчетливо возвысить голос, когда «виновных» никто уже не слушал, но я смолчал и таким образом вина пала и на меня. И когда в конце концов они создали систему для сжигания книг с использо-

no others grunting or yelling with me, by then. Now, it's too late."

Faber closed the Bible.
"Well—suppose you tell me why you came here?"
"Nobody listens any more. I can't talk to the walls because they're yelling at me. I can't talk to my wife; she listens to the walls. I just want someone to hear what I have to say. And maybe if I talk long enough, it'll make sense. And I want you to teach me to understand what I read."

Faber examined Montag's thin, blue-jowled face. "How did you get shaken up?
What knocked the torch out of your hands?"

"I don't know. We have everything we need to be happy, but we aren't happy. Something's missing. I looked around. The only thing I positively knew was gone was the books I'd burned in ten or twelve years. So I thought books might help."

"You're a hopeless romantic," said Faber. "It would be funny if it were not serious. It's not

ванием пожарных, я немного поворчал и затих совсем, потому что к тому времени уже не осталось никого, кто мог бы ворчать или кричать вместе со мной. А сейчас уже поздно.

Фабер закрыл Библию.

— Ну что же... Я полагаю, вы расскажете, зачем вы сюда пришли?

— Никто больше никого не слышит. Я не могу говорить со стенами, потому что они орут *на меня*. Я не могу говорить с женой, потому что она слушает только *стены*. Я просто хочу, чтобы кто-нибудь послушал, что у меня есть за душой. И может быть, если я буду говорить достаточно долго, в этом обнаружится какой-либо толк. И еще я хочу, чтобы вы научили меня понимать то, что я читаю.

Некоторое время Фабер изучал худое, с синеватыми скулами, лицо Монтага.

— Что вас так взбудоражило? Что выбило факел из ваших рук?

— Не знаю. У нас есть все, чтобы нужно для счастья, но мы несчастны. Чего-то недостает. Я огляделся по сторонам. Единственная вещь, о которой я точно знаю, что она ушла навсегда, это книги, которые я собственноручно сжег за последние десять или двенадцать лет. Вот я и подумал, что именно книги могли бы мне помочь.

— Вы безнадежный романтик, — сказал Фабер. — Это было бы смешно, если бы не было

books you need, it's some of the things that once were in books. The same things could be in the 'parlour families' today. The same infinite detail and awareness could be projected through the radios and televisors, but are not. No, no, it's not books at all you're looking for! Take it where you can find it, in old phonograph records, old motion pictures, and in old friends; look for it in nature and look for it in yourself. Books were only one type of receptacle where we stored a lot of things we were afraid we might forget. There is nothing magical in them at all. The magic is only in what books say, how they stitched the patches of the universe together into one garment for us. Of course you couldn't know this, of course you still can't understand what I mean when I say all this. You are intuitively right, that's what counts. Three things are missing.

"Number one: Do you know why books such as this are so important? Because they have quality. And what does the word quality mean? To me it means texture. This book has pores. It has features. This book can go under the microscope.

так серьезно. Не книги вам нужны, а кое-что из того, что когда-то было в книгах. Те же самые вещи могли бы и сегодня звучать в разговорах наших «родственников» из гостиных. Бесчисленные подробности жизни, ясное представление о том, что происходит вокруг, — все это могло бы проецироваться с помощью радио и телевидения, но... не проецируется. Нет-нет, то, что вы ищете, — это вовсе не книги! Извлекайте ответы из всего, что вам доступно, — из старых граммофонных пластинок, из старых кинофильмов, расспрашивайте старых друзей; ищите ответы в окружающей природе, ищите их в самом себе. Книги — всего лишь одно из хранилищ, куда мы складывали множество вещей, боясь, что сможем их забыть. В самих книгах вовсе нет ничего магического. Магия лишь в том, что книги говорят нам, в том, как они сшивают лоскутки Вселенной в единое целое, чтобы получилось одеяние для всех нас. Ясное дело, вы и знать не могли ничего такого, и, конечно же, вы до сих пор не очень-то понимаете, что я имею в виду, говоря вам все эти вещи. Однако интуитивно вы избрали верную дорогу, а только это и имеет значение. Вам не хватает трех вещей.

— Первая, — начал перечислять Фабер. — Знаете ли вы, почему книги, подобные этой, столь важны? Потому что у них есть качество. А что означает слово «качество»? Для меня оно означает фактуру книги, ее ткань. У этой книги

You'd find life under the glass, streaming past in infinite profusion. The more pores, the more truthfully recorded details of life per square inch you can get on a sheet of paper, the more 'literary' you are. That's my definition, anyway. Telling detail. Fresh detail. The good writers touch life often. The mediocre ones run a quick hand over her. The bad ones rape her and leave her for the flies.

"So now do you see why books are hated and feared? They show the pores in the face of life. The comfortable people want only wax moon faces, poreless, hairless, expressionless. We are living in a time when flowers are trying to live on flowers, instead of growing on good rain and black loam. Even fireworks, for all their prettiness, come from the chemistry of the earth. Yet somehow we think we can grow, feeding on flowers and fireworks, without completing the cycle back to reality. Do you know the legend of Hercules and Antaeus, the giant wrestler, whose strength was incredible so long as he stood firmly on the earth. But when he was held, rootless, in mid-air, by Hercules, he perished easily. If there isn't something in that legend for us today, in this city, in our time, then

есть *поры*. У нее есть отличительные признаки. Эту книгу можно изучать под микроскопом. Там, под стеклом, вы найдете жизнь, которая будет пробегать перед вашими глазами в бесконечном разнообразии форм. И чем больше таких пор, чем больше лист бумаги содержит правдиво отображенных деталей жизни на один квадратный дюйм, тем более «литературно образованным» становитесь вы сами. Во всяком случае, я *лично* определяю это так. *Сообщать детали. Свежие* детали. Хорошие писатели часто прикасаются к жизни. Средние — мимолетно пробегают рукой по ее поверхности. Плохие же насилуют ее и оставляют на съедение мухам.

— Итак, теперь вы понимаете, почему книги так ненавидимы и почему их так боятся? — спросил Фабер. — Они показывают поры на лице жизни. Люди, уютно устроившиеся в своих гнездышках, хотят видеть только восковые лунообразные лица — без пор, без волос, без выражений. Мы живем в такое время, когда цветы пытаются жить за счет других цветов, вместо того чтобы жить за счет доброго дождя и черной плодородной земли. А между тем даже фейерверки, при всей их красоте, порождены химией земли. И вот почему-то мы вообразили, будто можем расти, питаясь цветами и фейерверками, без того чтобы, завершив цикл, каждый раз возвращаться к реальности. Знаете ли вы легенду о Геркулесе и Антее? Антей был борцом великанского

I am completely insane. Well, there we have the first thing I said we needed. Quality, texture of information."

"And the second?"
"Leisure."
"Oh, but we've plenty of off-hours."
"Off-hours, yes. But time to think? If you're not driving a hundred miles an hour, at a clip where you can't think of anything else but the danger, then you're playing some game or sitting in some room where you can't argue with the four-wall televisor. Why? The televisor is 'real.' It is immediate, it has dimension. It tells you what to think and blasts it in. It must be, right. It seems so right. It rushes you on so quickly to its own conclusions your mind hasn't time to protest, 'What nonsense!'"

"Only the 'family' is 'people.'"
"I beg your pardon?"

роста, и сила его превосходила все мыслимое, пока он твердо стоял на земле. Но когда Геркулес поднял его в воздух, лишив связи с почвой, сила Антея быстро иссякла, и он погиб. Если в этой легенде не содержится чего-то важного для нас, живущих сегодня, в этом городе, в эту эпоху, — значит, я окончательно сошел с ума. Итак, вот первая вещь, которой, как я уже сказал, нам не хватает. Качество информации, фактура информационной ткани.

— А вторая?
— Досуг.
— О, но ведь у нас куча свободного времени!
— Свободного времени — да. А времени думать? Если вы не гоните машину со скоростью сто миль в час, с такой скоростью, что у вас и мысли-то иной нет, кроме как об опасности, то играете в какую-нибудь игру или сидите в какой-нибудь гостиной, где с четырехстенным телевизором уже не поспоришь. Да и зачем? Ведь телевизор — это и есть «реальность». Она сиюминутна, она объемна. Телевизор говорит вам, о чем надлежит думать, и вколачивает это вам в голову. Он всегда и *обязательно* прав. Он *выглядит* таким убедительным. Он столь стремительно подводит вас к его собственным поспешным выводам, что вашему разуму просто не хватает времени возмутиться: «Какой вздор!»

— Только «семья» и есть настоящие «люди».
— Прошу прощения, не понял.

"My wife says books aren't 'real.'"

"Thank God for that. You can shut them, say, 'Hold on a moment.' You play God to it. But who has ever torn himself from the claw that encloses you when you drop a seed in a TV parlour? It grows you any shape it wishes! It is an environment as real as the world. It becomes and is the truth. Books can be beaten down with reason. But with all my knowledge and scepticism, I have never been able to argue with a one-hundred-piece symphony orchestra, full colour, three dimensions, and I being in and part of those incredible parlours. As you see, my parlour is nothing but four plaster walls. And here" He held out two small rubber plugs. "For my ears when I ride the subway-jets."

"Denham's Dentifrice; they toil not, neither do they spin," said Montag, eyes shut. "Where do we go from here? Would books help us?"

"Only if the third necessary thing could be given us. Number one, as I said, quality of information. Number two: leisure to digest it. And number three: the right to carry out actions based on

— Моя жена говорит, что книги — это не «реальность».

— И слава Господу, что это так. Вы можете захлопнуть книгу и сказать ей: «Подожди минутку». Вы для нее — Бог. Но кто когда-либо вырывался из когтей, которые смыкаются на вас, когда вы бросаете зернышко в почву телевизионной гостиной? Зернышко тут же прорастает и принимает такую форму, какую захочет! Это среда, столь же реальная, как окружающий мир. Она *становится* истиной, она и *есть* истина. Сопротивление книги можно сломить, приводя доводы разума. Но со всеми моими знаниями и скептицизмом я ни разу так и не смог переспорить полноцветный, трехмерный симфонический оркестр из ста инструментов, гремящий в этих невероятных телегостиных и являющийся их составной частью. Как видите, моя гостиная — всего-навсего четыре обыкновенные оштукатуренные стены. А это, — Фабер протянул на ладони две маленькие резиновые затычки, — для моих ушей, когда я езжу в реактивных поездах метро.

— Зубная паста «Денем»... «Не трудятся, ни прядут...», — произнес Монтаг, закрыв глаза. — Но что делать дальше? Помогут ли нам книги?

— Только в том случае, если мы заполучим третью необходимую вещь. Пункт первый, как я уже говорил, это качество информации. Пункт второй — досуг, чтобы переварить эту информа-

what we learn from the inter-action of the first two. And I hardly think a very old man and a fireman turned sour could do much this late in the game..."

"I can get books."
"You're running a risk."
"That's the good part of dying; when you've nothing to lose, you run any risk you want."

"There, you've said an interesting thing," laughed Faber, "without having read it!"

"Are things like that in books. But it came off the top of my mind!"
"All the better. You didn't fancy it up for me or anyone, even yourself."

Montag leaned forward.
"This afternoon I thought that if it turned out that books were worth while, we might get a press and print some extra copies—"

" We?"
"You and I"
"Oh, no!" Faber sat up.
"But let me tell you my plan—"

цию. А пункт третий — право проводить определенные акции, основанные на том, что нам стало известно о взаимодействии первого и второго пунктов. И мне с трудом верится, что один очень старый человек и один скисший пожарный могут каким-то образом повлиять на ход матча сейчас, когда мяч уже давно в игре.

— Я могу *доставать* книги.

— Это большой риск.

— Когда человек умирает, в этом есть своя светлая сторона: поскольку тебе уже нечего терять, ты можешь пойти на какой угодно риск.

— Ага, вы сейчас сказали одну интересную вещь, — рассмеялся Фабер. — Сказали как по писаному, а ведь нигде не вычитали.

— Неужели *подобные* вещи есть в книгах? Я сказал, совершенно не задумываясь.

— Тем лучше. Значит, вы не придумали это специально для меня или для кого-то еще. Пусть даже для самого себя.

Монтаг подался вперед:

— Сегодня днем мне пришла вот какая мысль. Если получается, что книги и впрямь *такая* ценность, то мы могли бы раздобыть печатный станок и отпечатать некоторое количество экземпляров...

— Мы?

— Да, вы и я.

— О нет! — Фабер выпрямился на стуле.

"If you insist on telling me, I must ask you to leave."

"But aren't you interested?"

"Not if you start talking the sort of talk that might get me burnt for my trouble. The only way I could possibly listen to you would be if somehow the fireman structure itself could be burnt. Now if you suggest that we print extra books and arrange to have them hidden in firemen's houses all over the country, so that seeds of suspicion would be sown among these arsonists, bravo, I'd say!"

"Plant the books, turn in an alarm, and see the firemen's houses bum, is that what you mean?"

Faber raised his brows and looked at Montag as if he were seeing a new man.

"I was joking."

"If you thought it would be a plan worth trying, I'd have to take your word it would help."

"You can't guarantee things like that! After all, when we had all the books we needed, we still insisted on finding the highest cliff to jump off. But

— Позвольте хотя бы изложить вам мой план...

— Если вы будете настаивать на этом, мне придется просить вас уйти.

— Неужели *вам* — и неинтересно?

— Неинтересно, если вы хотите завести разговор такого рода, который приведет меня на костер лишь за то, что я взял на себя труд выслушать вас. *Возможно*, я и выслушаю вас, но только в одном случае — если вы подскажете что-то такое, что позволило бы сжечь на костре саму систему пожарного дела. Ну, скажем, если вы предложите, что мы печатаем некоторое число книг и подкладываем их тайком в дома пожарных по всей стране, чтобы таким образом посеять семена сомнения среди самих поджигателей, я скажу вам — браво!

— То есть подбросить книги, потом заявить на этих пожарных, поднять тревогу и глядеть, как горят их дома? Вы это хотите сказать?

Фабер поднял брови и посмотрел на Монтага так, будто увидел его заново.

— Это была шутка.

— Если вы думаете, будто этот план стоит того, чтобы попытаться его осуществить, то я бы хотел заручиться вашим словом, что он поможет что-то изменить.

— Такие вещи невозможно гарантировать! В конце концов, когда книг у нас было больше чем нужно, мы все равно из кожи лезли, чтобы

we do need a breather. We do need knowledge. And perhaps in a thousand years we might pick smaller cliffs to jump off. The books are to remind us what asses and fools we are. They're Caesar's praetorian guard, whispering as the parade roars down the avenue, 'Remember, Caesar, thou art mortal.' Most of us can't rush around, talking to everyone, know all the cities of the world, we haven't time, money or that many friends. The things you're looking for, Montag, are in the world, but the only way the average chap will ever see ninety-nine per cent of them is in a book. Don't ask for guarantees. And don't look to be saved in any one thing, person, machine, or library. Do your own bit of saving, and if you drown, at least die knowing you were headed for shore."

Faber got up and began to pace the room.

"Well?" asked Montag.
"You're absolutely serious?"
"Absolutely."

найти самую высокую скалу и прыгнуть с нее. А сейчас нам нужна передышка. Нам очень нужны знания. И может быть, через тысячу лет мы найдем для своих прыжков не столь высокие скалы. Книги должны напоминать нам, какие же мы ослы и дураки. Они — та самая преторианская гвардия Цезаря, которая шепчет императору, когда перед ним проходит ревущий триумфальный парад: «Помни, Цезарь, ты смертен». Большинство из нас не имеет возможности носиться с места на место, беседовать со всеми на свете, побывать во всех городах мира, у нас нет для этого ни времени, ни денег, ни такого количества друзей. Вещи, которые вы ищете, Монтаг, действительно существуют в мире, но способ, посредством которого обыкновенный человек может когда-либо познать девяносто девять процентов всего этого, только один — чтение книг. Так что не требуйте гарантий, Монтаг. И не стремитесь к тому, чтобы память о вас сохранилась в чем-то *одном* — в каком-нибудь человеке, машине или библиотеке. Сами внесите свою лепту в сохранение чего бы то ни было. А если начнете тонуть, то, по крайней мере, умирая, будете знать, что плыли к берегу.

Фабер поднялся и начал мерить шагами комнату.

— И что дальше? — спросил Монтаг.
— Вы действительно серьезно настроены?
— Абсолютно серьезно.

"It's an insidious plan, if I do say so myself." Faber glanced nervously at his bedroom door. "To see the firehouses burn across the land, destroyed as hotbeds of treason. The salamander devours his tail! Ho, God!"

"I've a list of firemen's residences everywhere. With some sort of underground"

"Can't trust people, that's the dirty part. You and I and who else will set the fires?"

"Aren't there professors like yourself, former writers, historians, linguists...?"

"Dead or ancient."

"The older the better; they'll go unnoticed. You know dozens, admit it!"

"Oh, there are many actors alone who haven't acted Pirandello or Shaw or Shakespeare for years because their plays are too aware of the world. We could use their anger. And we could use the honest rage of those historians who haven't written a line for forty years. True, we might form classes in thinking and reading."

"Yes!"

— Вероломный план, если называть вещи своими именами. — Фабер нервно бросил взгляд на дверь своей спальни. — Наблюдать, как по всей стране горят пожарные станции, как огонь уничтожает эти очаги предательства! Саламандра, пожирающая свой собственный хвост! Великий Боже!

— У меня есть общий список домашних адресов всех пожарных. Создав своего рода подпольную...

— Самое дрянное в том, что людям больше нельзя доверять. Ну, вы, я, а кто еще будет раздувать огонь?

— Разве нет больше профессоров, таких, как вы, бывших писателей, историков, лингвистов?..

— Либо мертвы, либо очень стары.

— Чем старее, тем лучше, на них никто не обратит внимания. Ну признайтесь, вы же знаете десятки таких людей!

— О, есть немало одиноких актеров, которые много лет не играют Пиранделло, или Шоу, или Шекспира, потому что их пьесы слишком уж полны *осознания* этого мира. Гнев актеров можно было бы использовать. И можно было бы использовать благородную ярость тех историков, которые за последние сорок лет не написали ни строчки. Это верно, мы могли бы открыть курсы думания и чтения.

— Да!

"But that would just nibble the edges. The whole culture's shot through. The skeleton needs melting and re-shaping. Good God, it isn't as simple as just picking up a book you laid down half a century ago. Remember, the firemen are rarely necessary. The public itself stopped reading of its own accord. You firemen provide a circus now and then at which buildings are set off and crowds gather for the pretty blaze, but it's a small sideshow indeed, and hardly necessary to keep things in line. So few want to be rebels any more. And out of those few, most, like myself, scare easily. Can you dance faster than the White Clown, shout louder than 'Mr. Gimmick' and the parlour 'families'? If you can, you'll win your way, Montag. In any event, you're a fool. People are having fun"

"Committing suicide! Murdering!"

A bomber flight had been moving east all the time they talked, and only now did the two men stop and listen, feeling the great jet sound tremble inside themselves.

— Но все это лишь отщипывание с краешка. Вся наша культура прострелена навылет. Сам скелет необходимо переплавить и отлить в новую форму. Боже правый, это вовсе не так просто, как взять в руки книгу, отложенную полвека назад. Вспомните: необходимость в пожарных возникает довольно редко. Публика сама прекратила читать книги, по доброй воле. Вы, пожарные, время от времени устраиваете цирковые представления — поджигаете дома, они полыхают, собираются толпы, чтобы поглазеть на огненное великолепие, — но на самом деле это не более чем дивертисмент, вряд ли подобные номера так уж необходимы, чтобы поддерживать порядок вещей. В наше время очень немногие хотят быть мятежниками. А большинство этих немногих, как и я, очень легки на испуг. Кто-нибудь может плясать быстрее, чем Белый Клоун? А кричать громче, чем господин Трюкач и «семейки» из гостиных? Если может, то он добьется успеха, Монтаг. А вы в любом случае глупец. Люди *развлекаются*.

— И при этом кончают жизнь самоубийством! И убивают друг друга!

Все время, пока они разговаривали, стаи бомбардировщиков шли и шли на восток над домом, и только сейчас двое мужчин умолкли, прислушиваясь; им казалось, что могучее эхо реактивных двигателей дрожит в них самих.

"Patience, Montag. Let the war turn off the 'families.' Our civilization is flinging itself to pieces. Stand back from the centrifuge."

"There has to be someone ready when it blows up."

"What? Men quoting Milton? Saying, I remember Sophocles? Reminding the survivors that man has his good side, too? They will only gather up their stones to hurl at each other. Montag, go home. Go to bed. Why waste your final hours racing about your cage denying you're a squirrel?"

"Then you don't care any more?"
"I care so much I'm sick."
"And you won't help me?"
"Good night, good night."
Montag's hands picked up the Bible. He saw what his hands had done and he looked surprised.
"Would you like to own this?"
Faber said, "I'd give my right arm."

Montag stood there and waited for the next thing to happen. His hands, by themselves, like two men working together, began to rip the pages from the book. The hands tore the flyleaf and then the first and then the second page.

— Терпение, Монтаг. Предоставьте войне выключить «семейки» на стенах. Наша цивилизация разваливается, и куски ее летят во все стороны. Держитесь подальше от этой центрифуги.

— Но кто-то ведь должен быть наготове, когда она рванет.

— Что-что? Вы имеете в виду людей, которые станут цитировать Мильтона? Которые будут говорить: «Я помню Софокла»? Напоминать выжившим, что у человека есть и хорошие стороны? Да эти выжившие наберут побольше камней и начнут швырять их друг в друга! Идите домой, Монтаг. Ложитесь спать. Зачем тратить свои последние часы на бег в колесе, утверждая при этом, что ты вовсе не белка?

— Значит, вас больше ничего не трогает?

— Трогает, да так, что меня тошнит.

— И вы не станете мне помогать?

— Спокойной ночи, Монтаг, спокойной ночи.

Руки Монтага взяли со стола Библию. Он увидел, что сделали его руки, и удивился этому.

— Вы хотели бы иметь эту книгу?

— Я отдал бы за нее правую руку, — сказал Фабер.

Монтаг стоял и ждал, что произойдет дальше. Его руки, сами по себе, как два человека, работающие в паре, принялись выдирать из книги страницы. Они вырвали форзац, потом первую страницу, затем вторую.

"Idiot, what're you doing!" Faber sprang up, as if he had been struck. He fell, against Montag. Montag warded him off and let his hands continue. Six more pages fell to the floor. He picked them up and wadded the paper under Faber's gaze.

"Don't, oh, don't!" said the old man.

"Who can stop me? I'm a fireman. I can bum you!"
The old man stood looking at him.
"You wouldn't."
"I could!"
"The book. Don't tear it any more." Faber sank into a chair, his face very white, his mouth trembling. "Don't make me feel any more tired. What do you want?"
"I need you to teach me."
"All right, all right."
Montag put the book down. He began to unwad the crumpled paper and flatten it out as the old man watched tiredly.

Faber shook his head as if he were waking up.

"Montag, have you some money?"
"Some. Four, five hundred dollars. Why?"

"Bring it. I know a man who printed our college paper half a century ago. That was the year I

— Идиот, что вы делаете? — Фабер вскочил, словно его ударили. Он бросился на Монтага. Тот отвел удар и позволил своим рукам продолжать. Еще шесть страниц упали на пол. Он подобрал их и скомкал под пристальным взглядом Фабера.

— Не делайте, ох, не делайте этого, — прошептал старик.

— Кто может мне помешать? Я же пожарный. Я могу сжечь вас!

Старик глядел на него во все глаза.

— Вы не станете делать этого.

— Но я мог бы!

— Книга... Не рвите ее больше. — Фабер опустился на стул, его лицо было очень белым, губы тряслись. — Сделайте что-нибудь, чтобы я не чувствовал своей усталости. Что вам нужно?

— Мне нужны вы — чтобы вы меня учили.

— Хорошо. Хорошо.

Монтаг положил книгу. Затем разобрал бумажный комок на странички и стал разглаживать каждый листок, старик опустошенно следил за ним.

Фабер потряс головой, словно пробуждаясь ото сна.

— Монтаг, у вас есть деньги?

— Немного. Четыреста или пятьсот долларов. А что?

— Принесите их. Я знаю одного человека, который полвека назад печатал газету нашего кол-

came to class at the start of the new semester and found only one student to sign up for Drama from Aeschylus to O'Neill. You see? How like a beautiful statue of ice it was, melting in the sun. I remember the newspapers dying like huge moths. No one wanted them back. No one missed them. And the Government, seeing how advantageous it was to have people reading only about passionate lips and the fist in the stomach, circled the situation with your fire-eaters. So, Montag, there's this unemployed printer. We might start a few books, and wait on the war to break the pattern and give us the push we need. A few bombs and the 'families' in the walls of all the houses, like harlequin rats, will shut up! In silence, our stage-whisper might carry."

They both stood looking at the book on the table.

"I've tried to remember," said Montag. "But, hell, it's gone when I turn my head. God, how I want something to say to the Captain. He's read enough so he has all the answers, or seems to have. His voice is like butter. I'm afraid he'll talk me back the way I was. Only a week ago,

леджа. Как раз в том году, придя в аудиторию в начале нового семестра, я обнаружил, что на мой курс истории драмы от Эсхила до О'Нила записался всего один студент. Чувствуете? Это было все равно что наблюдать, как прекрасная ледяная статуя тает под лучами солнца. Я помню, как умирали газеты — словно гигантские мотыльки на огне. И никто не *хотел*, чтобы они возродились. Никто не сожалел о них. И вот тогда правительство, увидев, насколько оно выиграет, если люди будут читать только о страстных губах и ударах в живот, закольцевало ситуацию, прибегнув к вашей помощи, к помощи пожирателей огня... Итак, Монтаг, у нас есть этот безработный печатник. Мы могли бы начать с нескольких книг, а затем дождаться войны, которая разрушит сложившийся порядок вещей и даст нам необходимый толчок. Несколько бомб — и «семьи», эти крысы в костюмах арлекинов, живущие в стенах всех, какие только есть, домов, заткнутся навсегда! И в тишине далеко разнесется наш театральный шепот.

Они оба стояли и смотрели на книгу, лежавшую на столе.

— Я старался заучить текст, — сказал Монтаг. — Но черт возьми, только повернешь голову — и его уже нет! Господи, как бы я хотел сказать пару слов Капитану. Он достаточно много читал, и у него на все есть ответы, или, по крайней мере, он делает вид, что они у него есть.

pumping a kerosene hose, I thought: God, what fun!"

The old man nodded.
"Those who don't build must burn. It's as old as history and juvenile delinquents."
"So that's what I am."
"There's some of it in all of us."
Montag moved towards the front door.
"Can you help me in any way tonight, with the Fire Captain? I need an umbrella to keep off the rain. I'm so damned afraid I'll drown if he gets me again."

The old man said nothing, but glanced once more nervously, at his bedroom. Montag caught the glance.
"Well?"
The old man took a deep breath, held it, and let it out. He took another, eyes closed, his mouth tight, and at last exhaled.
"Montag..."
The old man turned at last and said,
"Come along. I would actually have let you walk right out of my house. I am a cowardly old fool."

У него такой масляный голос. Вот только боюсь, он переговорит меня, и я снова стану таким, как раньше. А ведь всего неделю назад, нагнетая керосин в шланг, я еще думал: «Боже, какая забава!»

Старик кивнул.

— Кто не строит, должен сжигать дотла. Это старо как мир, как преступления малолетних.

— Значит, я и есть малолетний преступник.

— Кое-что такое есть в каждом из нас.

Монтаг направился к двери.

— Вы можете хоть как-нибудь помочь мне в моем разговоре с Пожарным Капитаном сегодня вечером? Мне нужен зонтик, чтобы не промокнуть под дождем. Чертовски боюсь захлебнуться, ведь как только я появлюсь у него снова, он обрушит на меня целый ливень слов.

Старик ничего не ответил, но опять, заметно нервничая, посмотрел в сторону спальни. Монтаг перехватил его взгляд.

— Так как?

Фабер глубоко вдохнул, задержал воздух и выпустил его. Снова глубокий вдох — глаза закрыты, рот плотно сжат — и долгий выдох.

— Монтаг...

Наконец старик повернулся и сказал:

— Идемте. На самом деле, мне следовало бы дать вам уйти из моего дома. Я ведь *действительно* трусливый старый дурак.

Faber opened the bedroom door and led Montag into a small chamber where stood a table upon which a number of metal tools lay among a welter of microscopic wire-hairs, tiny coils, bobbins, and crystals.

"What's this?" asked Montag.
"Proof of my terrible cowardice. I've lived alone so many years, throwing images on walls with my imagination. Fiddling with electronics, radio-transmission, has been my hobby. My cowardice is of such a passion, complementing the revolutionary spirit that lives in its shadow, I was forced to design this."

He picked up a small green-metal object no larger than a .22 bullet.

"I paid for all this-how? Playing the stock-market, of course, the last refuge in the world for the dangerous intellectual out of a job. Well, I played the market and built all this and I've waited. I've waited, trembling, half a lifetime for someone to speak to me. I dared speak to no one. That day in the park when we sat together, I knew that some day you might drop by, with fire or friendship, it was hard to guess. I've had this little item ready for months. But I almost let you go, I'm that afraid!"

Он отворил дверь спальни и впустил Монтага в маленькую каморку, где стоял стол, заваленный мотками микроскопически тонкой волосяной проволоки, крошечными катушками, бобинами и кристаллами, среди этого беспорядка лежало несколько металлических инструментов.

— Что это? — удивился Монтаг.

— Свидетельство моей ужасающей трусости. Ведь я столько лет прожил в одиночестве, проецируя на стены химеры моего воображения.

Я возился с электроникой, радиопередатчиками, это стало моим хобби. Моя трусость, да еще в сочетании с революционным духом, обитающим внутри, оказалась такой страстной силой, что я не мог не изобрести вот *это*.

Он взял со стола маленький зеленый металлический предмет размером не больше пули двадцать второго калибра.

— Я оплатил все это. Откуда взял деньги? Играл на бирже, разумеется. Биржа — это последнее прибежище опасных интеллектуалов, оставшихся без работы. Итак, я играл на бирже, работал над этой штукой и — ждал. Я полжизни ждал, трясясь от страха, чтобы кто-нибудь заговорил со мной. Сам-то я не решался ни с кем заговаривать. В тот день, когда мы с вами сидели рядышком в парке и беседовали, я уже знал, что придет время, и вы заглянете ко мне — только вот из каких побуждений, из огнелюбия или дружелюбия, угадать было трудно. Эта малень-

"It looks like a Seashell radio."

"And something more! It listens! If you put it in your ear, Montag, I can sit comfortably home, warming my frightened bones, and hear and analyse the firemen's world, find its weaknesses, without danger. I'm the Queen Bee, safe in the hive. You will be the drone, the travelling ear. Eventually, I could put out ears into all parts of the city, with various men, listening and evaluating. If the drones die, I'm still safe at home, tending my fright with a maximum of comfort and a minimum of chance. See how safe I play it, how contemptible I am?"

Montag placed the green bullet in his ear. The old man inserted a similar object in his own ear and moved his lips.

"Montag!"

The voice was in Montag's head.

"I hear you!"

The old man laughed.

"You're coming over fine, too!" Faber whispered, but the voice in Montag's head was clear.

кая штучка была готова уже много месяцев назад. А ведь я чуть было не позволил вам уйти, вот *насколько* я боюсь!

— В ней что, приемничек «ракушка»?

— И кое-что еще! Она может *слушать*! Если вы вставите мою «ракушку» в ухо, Монтаг, то я, уютно сидя у себя дома, грея свои трусливые косточки, смогу слышать, что творится в мире пожарных, анализировать, выискивать его слабые стороны, при этом не подвергая себя риску. Я буду пчелиной маткой, сидящей в безопасности в своем улье. А вы будете трутнем, моим странствующим ухом. Со временем я мог бы разместить такие уши во всех частях города, среди самых разных людей, мог бы слушать и оценивать все вокруг. Если трутни умрут, то я все равно останусь целым и невредимым у себя дома и смогу тешить свой страх с максимумом комфорта и минимумом риска. Видите, какую верную игру я затеял и какого презрения я, в сущности, достоин?

Монтаг поместил зеленую пулю себе в ухо. Старик вставил такой же предмет в свое собственное ухо и зашевелил губами.

— Монтаг!

Голос звучал в голове Монтага.

— Я вас *слышу*!

Старик рассмеялся.

— Вас тоже замечательно слышно! — шепнул Фабер, но его голос звучал в голове Монтага чисто и ясно.

"Go to the firehouse when it's time. I'll be with you. Let's listen to this Captain Beatty together. He could be one of us. God knows. I'll give you things to say. We'll give him a good show. Do you hate me for this electronic cowardice of mine? Here I am sending you out into the night, while I stay behind the lines with my damned ears listening for you to get your head chopped off."

"We all do what we do," said Montag. He put the Bible in the old man's hands. "Here. I'll chance turning in a substitute. Tomorrow—"

"I'll see the unemployed printer, yes; that much I can do."

"Good night, Professor."
"Not good night. I'll be with you the rest of the night, a vinegar gnat tickling your ear when you need me. But good night and good luck, anyway."

The door opened and shut. Montag was in the dark street again, looking at the world.

You could feel the war getting ready in the sky that night. The way the clouds moved aside and came back, and the way the stars looked, a million of them swimming between the clouds, like the en-

— Когда настанет время, отправляйтесь на пожарную станцию. Я буду с вами. Давайте вместе послушаем, что скажет этот Капитан Битти. Бог знает, может быть, он один из нас. Я буду подсказывать вам, что говорить. Мы его отлично разыграем. Вы, наверное, ненавидите меня за эту мою электронную трусость? Ведь я посылаю вас одного в ночную темь, а сам остаюсь за линией фронта и, может быть, услышу своими чертовыми ушами, как вам там снесут голову.

— Каждый делает то, что делает, — сказал Монтаг. Он вложил Библию в руки старику. — Возьмите ее. Я постараюсь устроить какую-нибудь замену. Завтра...

— Да, завтра я повстречаюсь с тем самым безработным печатником. Уж *эту-то* малость я могу сделать.

— Доброй ночи, профессор.

— Нет, не доброй. Остаток ночи я проведу с вами — в виде плодовой мушки, которая будет щекотать вам ухо всякий раз, как только вы почувствуете во мне нужду. Но все-таки доброй ночи. И в любом случае удачи!

Дверь открылась и захлопнулась. Монтаг снова очутился на темной улице. Он внимательно вгляделся в окружавший его мир.

В ту ночь уже по виду неба можно было почувствовать, что дело идет к войне. По тому, как уходили и возвращались тучи; по тому, как выглядели звезды — целый миллион звезд плыл

emy discs, and the feeling that the sky might fall upon the city and turn it to chalk dust, and the moon go up in red fire; that was how the night felt.

Montag walked from the subway with the money in his pocket (he had visited the bank which was open all night and every night with robot tellers in attendance) and as he walked he was listening to the Seashell radio in one car...

"We have mobilized a million men. Quick victory is ours if the war comes..."

Music flooded over the voice quickly and it was gone.
"Ten million men mobilized," Faber's voice whispered in his other ear. "But say one million. It's happier."
"Faber?"
"Yes?"
"I'm not thinking. I'm just doing like I'm told, like always. You said get the money and I got it. I didn't really think of it myself. When do I start working things out on my own?"

"You've started already, by saying what you just said. You'll have to take me on faith."

в просветах между облаками, словно вражеские летающие диски; по тому невольному ощущению, что небо вот-вот обрушится на город и превратит его в меловую пыль, а потом в языках красного пламени взойдет луна, — вот что чувствовалось в ту ночь.

Монтаг шел от станции метро с деньгами в кармане (он взял их в банке, одном из тех, что были открыты каждую ночь, с вечера до утра, клиентов в них обслуживали роботы-кассиры) и по дороге слушал вставленную в ухо «ракушку»:

— Мы мобилизовали миллион человек. Если начнется война, быстрая победа нам обеспечена...

Неожиданно поток музыки захлестнул голос, и он пропал.

— Мобилизовано десять миллионов, — шептал в другом ухе голос Фабера. — А они говорят, что только один. Так отраднее.

— Фабер?

— Да.

— Я же не думаю. Я делаю только то, что мне говорят, как всегда и было. Вы сказали мне достать деньги, и я достал. Но сам я об этом вовсе не думал. Когда же я начну соображать самостоятельно?

— Вы уже начали, когда вам в голову пришли именно те слова, которые вы только что произнесли. Поверьте мне на слово.

"I took the others on faith!"

"Yes, and look where we're headed. You'll have to travel blind for a while. Here's my arm to hold on to."

"I don't want to change sides and just be told what to do. There's no reason to change if I do that."

"You're wise already!"

Montag felt his feet moving him on the sidewalk. toward his house.

"Keep talking."

"Would you like me to read? I'll read so you can remember. I go to bed only five hours a night. Nothing to do. So if you like; I'll read you to sleep nights. They say you retain knowledge even when you're sleeping, if someone whispers it in your ear."

"Yes."

"Here."

Far away across town in the night, the faintest whisper of a turned page.

"The Book of Job."

The moon rose in the sky as Montag walked, his lips moving just a trifle.

He was eating a light supper at nine in the evening when the front door cried out in the hall and

— Другим я тоже верил на слово!

— Правильно, а теперь посмотрите, куда это нас завело. Какое-то время вам придется передвигаться вслепую. Вот вам моя рука — держитесь за нее.

— Я не хочу перебегать с одной стороны на другую только для того, чтобы мне опять *говорили*, что я должен делать. Нет никакого смысла переходить на другую сторону, если все пойдет по-старому.

— Вы уже стали мудрее!

Монтаг почувствовал, как ноги сами несут его по тротуару в сторону дома.

— Говорите, говорите.

— Хотите, я вам почитаю? Я буду читать так, чтобы вы могли запомнить. Ночью я сплю не больше пяти часов. Делать мне нечего. Если вы не против, я буду читать вам, чтобы вы лучше спали по ночам. Говорят, можно усвоить знания даже во сне, если кто-то будет нашептывать вам в ухо.

— Да.

— Так вот.

Далеко, в другом конце города, — тишайший шепот переворачиваемой страницы.

— Книга Иова.

В небе поднималась луна, а Монтаг шагал и шагал по тротуару, легонько шевеля губами.

В девять вечера, когда Монтаг сидел за легким ужином, в передней заголосила входная

Mildred ran from the parlour like a native fleeing an eruption of Vesuvius. Mrs. Phelps and Mrs. Bowles came through the front door and vanished into the volcano's mouth with martinis in their hands: Montag stopped eating. They were like a monstrous crystal chandelier tinkling in a thousand chimes, he saw their Cheshire Cat smiles burning through the walls of the house, and now they were screaming at each other above the din. Montag found himself at the parlour door with his food still in his mouth.

"Doesn't everyone look nice!"
"Nice."
"You look fine, Millie!"
"Fine."
"Everyone looks swell."
"Swell!
"Montag stood watching them.
"Patience," whispered Faber.
"I shouldn't be here," whispered Montag, almost to himself. "I should be on my way back to you with the money!"

"Tomorrow's time enough. Careful!"
"
Isn't this show wonderful?" cried Mildred.

дверь, и Милдред кинулась из гостиной, как туземка, спасающаяся от извержения Везувия. Госпожа Фелпс и госпожа Боулз вошли в парадную дверь и тут же исчезли в пасти вулкана с мартини в руках. Монтаг оторвался от еды. Женщины напоминали чудовищные стеклянные люстры, звенящие на тысячи хрустальных голосов, а их безумные, как у Чеширского кота, улыбки прожигали стены дома. Не успев войти, они принялись визжать от восторга, перекрывая грохот музыки.

Монтаг вдруг понял, что он незаметно для себя оказался на пороге гостиной с недожеванной пищей во рту.

— Как все прелестно выглядят!
— Прелестно!
— Милли, ты чудесно выглядишь!
— Чудесно!
— Все выглядят просто шикарно!
— Шикарно!

Монтаг стоял и наблюдал за ними.

— Терпение! — шепнул Фабер.
— Не надо было мне приходить сюда, — прошептал в ответ Монтаг, словно говоря сам с собой. — Я давно уже должен ехать к вам с деньгами.

— У вас будет достаточно времени завтра. Будьте осторожны!

— Ну разве не *замечательное* шоу? — воскликнула Милдред.

"Wonderful!"

On one wall a woman smiled and drank orange juice simultaneously. How does she do both at once, thought Montag, insanely. In the other walls an X-ray of the same woman revealed the contracting journey of the refreshing beverage on its way to her delightful stomach! Abruptly the room took off on a rocket flight into the clouds, it plunged into a lime-green sea where blue fish ate red and yellow fish. A minute later, Three White Cartoon Clowns chopped off each other's limbs to the accompaniment of immense incoming tides of laughter. Two minutes more and the room whipped out of town to the jet cars wildly circling an arena, bashing and backing up and bashing each other again. Montag saw a number of bodies fly in the air.

"Millie, did you see that?"

"I saw it, I saw it!"

Montag reached inside the parlour wall and pulled the main switch. The images drained away, as if the water had been let out from a gigantic crystal bowl of hysterical fish.

The three women turned slowly and looked with unconcealed irritation and then dislike at Montag.

— Замечательное!

На одной из телестен какая-то женщина одновременно улыбалась и пила апельсиновый сок. «Как ей удается делать два дела сразу?» — думал Монтаг на грани безумия. На других стенах рентгеновское изображение той же дамы являло конвульсивное путешествие освежительного напитка из полости рта в изнемогающий от наслаждения желудок.

Внезапно вся гостиная взлетела ракетой за облака, а затем нырнула в лимонно-зеленое море, где синие рыбы поедали красных и желтых рыб. Спустя минуту Три Белых Мультяшных Клоуна уже оттяпывали друг дружке конечности под аккомпанемент бурных приливов смеха. Еще две минуты — и вся гостиная, умчавшись из города, стала ареной, где бешено кружили реактивные машины — они сталкивались, давали задний ход и снова сталкивались друг с другом. Монтаг увидел, как в воздух взлетело несколько человеческих тел.

— Милли, ты *видела*?
— Видела! *Видела*!

Монтаг сунул руку внутрь стены и щелкнул главным выключателем. Картинки на стенах утянулись вниз, как если бы кто-то выпустил воду из гигантской хрустальной вазы с истеричными рыбками.

Три женщины медленно повернулись и взглянули на Монтага с нескрываемым раздражением, которое сменилось неприязнью.

"When do you suppose the war will start?" he said. "I notice your husbands aren't here tonight?"

"Oh, they come and go, come and go," said Mrs. Phelps. "In again out again Finnegan, the Army called Pete yesterday. He'll be back next week. The Army said so. Quick war. Forty-eight hours they said, and everyone home. That's what the Army said. Quick war. Pete was called yesterday and they said he'd be, back next week. Quick..."

The three women fidgeted and looked nervously at the empty mud-coloured walls.

"I'm not worried," said Mrs. Phelps. "I'll let Pete do all the worrying." She giggled. "I'll let old Pete do all the worrying. Not me. I'm not worried."

"Yes," said Millie. "Let old Pete do the worrying."

"It's always someone else's husband dies, they say."

"I've heard that, too. I've never known any dead man killed in a war. Killed jumping off buildings, yes, like Gloria's husband last week, but from wars? No."

— Как вы полагаете, когда начнется война? — спросил он. — Я успел заметить, что ваших мужей сегодня нет с нами.

— О, они приходят и уходят, приходят и уходят, — сказала госпожа Фелпс. — Туда-сюда, сюда-туда, а потом все снова, снова-здорово... Вчера армейские призвали Пита. Он вернется на следующей неделе. Так армейские и сказали. Скорая война. Сорок восемь часов, сказали они, и все будут дома. Именно это армейские и сказали. Скорая война. Вчера Пита призвали и сразу сказали, мол, на следующей неделе он уже вернется. Скорая...

Три женщины беспокойно ерзали на стульях и нервно поглядывали на пустые стены грязного цвета.

— Я не беспокоюсь, — сказала госпожа Фелпс. — Это пусть Пит беспокоится, — хихикнула она. — Да, пусть старина Пит сам и беспокоится. Это его дело беспокоиться, а не мое. Мне беспокоиться нечего.

— Да, — сказала Милли. — Пусть старина Пит сам и беспокоится.

— Говорят, на войне всегда умирают какие-нибудь другие мужья.

— Да, я тоже это слышала. За всю жизнь не видела ни одного мертвеца, убитого на войне. Вот мертвых, которые с крыши прыгнули, это да, видела, взять хотя бы мужа Глории, который

"Not from wars," said Mrs. Phelps. "Anyway, Pete and I always said, no tears, nothing like that. It's our third marriage each and we're independent. Be independent, we always said. He said, if I get killed off, you just go right ahead and don't cry, but get married again, and don't think of me."

"That reminds me," said Mildred. "Did you see that Clara Dove five-minute romance last night in your wall? Well, it was all about this woman who— "

Montag said nothing but stood looking at the women's faces as he had once looked at the faces of saints in a strange church he had entered when he was a child. The faces of those enamelled creatures meant nothing to him, though he talked to them and stood in that church for a long time, trying to be of that religion, trying to know what that religion was, trying to get enough of the raw incense and special dust of the place into his lungs and thus into his blood to feel touched and concerned by the meaning of the colourful men and women with the porcelain eyes and the blood-ruby lips. But there was nothing, nothing; it was a stroll through another store, and his currency strange and unusable there, and his passion cold, even when he touched

прыгнул на прошлой неделе. А чтобы на войне, нет, не видела.

— Да уж, на войне — никогда, — сказала госпожа Фелпс. — Во всяком случае, мы с Питом всегда говорили: никаких слез, вообще ничего такого. Для каждого из нас это третий брак, и мы оба совершенно независимы. Будь независим! — вот что мы всегда говорили. Пит сказал буквально следующее: «Если меня убьют, живи как ни в чем не бывало и не плачь, снова выходи замуж и обо мне не думай».

— Это мне кое-что напоминает, — сказала Милдред. — Вы видели вчера вечером по своей стене пятиминутный любовный роман Клары Голубки? Ну, про то, как эта женщина, которая...

Монтаг ничего не сказал на это. Он стоял и разглядывал лица женщин, как когда-то в детстве разглядывал лики святых в одной странной церкви, куда случайно зашел. Лики тех эмалевых созданий так и не наполнились для него смыслом, хотя он разговаривал с ними и стоял там довольно долго, пытаясь почувствовать себя внутри этой религии, стремясь понять, какова же она, эта чужая религия, силясь вобрать в легкие, а значит, и в кровь побольше сырого ладана и особой пыли того места, чтобы раскрашенные мужчины и женщины с фарфоровыми глазами и кровавыми рубиновыми губами наконец тронули его, чтобы он проникся их значением. Нет, ничего не получилось, ничего; он словно бы за-

the wood and plaster and clay. So it was now, in his own parlour, with these women twisting in their chairs under his gaze, lighting cigarettes, blowing smoke, touching their sun-fired hair and examining their blazing fingernails as if they had caught fire from his look. Their faces grew haunted with silence. They leaned forward at the sound of Montag's swallowing his final bite of food. They listened to his feverish breathing. The three empty walls of the room were like the pale brows of sleeping giants now, empty of dreams. Montag felt that if you touched these three staring brows you would feel a fine salt sweat on your finger-tips. The perspiration gathered with the silence and the sub-audible trembling around and about and in the women who were burning with tension. Any moment they might hiss a long sputtering hiss and explode.

Montag moved his lips.
"Let's talk."
The women jerked and stared.

шел в очередной магазин, но его деньги оказались чужеземной валютой, не имевшей здесь обращения, и никакое чувство не вспыхнуло в холодной душе, даже когда он коснулся пальцами дерева, гипса, глины... То же самое было и теперь, в его собственной гостиной, где женщины нервно ерзали на стульях под его неотступным взглядом; они раскуривали сигареты, выпускали дым, поправляли свои прически цвета солнечного огня и внимательно разглядывали ногти, пылавшие красным так, словно бы именно этот взгляд их только что и воспламенил. Лица женщин осунулись от молчания. Монтаг шумно проглотил последний кусок пищи, и от этого звука все трое подались вперед. Они прислушивались к его лихорадочному дыханию. Три пустые стены гостиной были словно бледные лбы задремавших гигантов, погруженных в пустой, без видений, сон. Монтагу казалось, что если он дотронется до этих вытаращенных лбов, то на пальцах останется тонкая пленка соленого пота. Испарина густела, набираясь молчания и тонкого, на пороге слышимости, звона, дрожавшего вокруг, во всем пространстве, всюду, даже в самих женщинах, сгоравших от напряжения. В любой момент они могли испустить долгий шипящий свист и взорваться, брызжа слюной.

Монтаг шевельнул губами:

— Давайте поговорим.

Женщины вздрогнули и уставились на него.

"How're your children, Mrs. Phelps?" he asked.

"You know I haven't any! No one in his right mind, the Good Lord knows; would have children!" said Mrs. Phelps, not quite sure why she was angry with this man.

"I wouldn't say that," said Mrs. Bowles. "I've had two children by Caesarian section. No use going through all that agony for a baby. The world must reproduce, you know, the race must go on. Besides, they sometimes look just like you, and that's nice. Two Caesarians tamed the trick, yes, sir. Oh, my doctor said, Caesarians aren't necessary; you've got the, hips for it, everything's normal, but I insisted."

"Caesarians or not, children are ruinous; you're out of your mind," said Mrs. Phelps.

"I plunk the children in school nine days out of ten. I put up with them when they come home three days a month; it's not bad at all. You heave them into the 'parlour' and turn the switch. It's like washing clothes; stuff laundry in and slam the lid." Mrs. Bowles tittered. "They'd just as soon kick as kiss me. Thank God, I can kick back!"

— Как ваши дети, госпожа Фелпс? — спросил он.

— Вы же знаете, что у меня нет никаких детей! Господь свидетель, ни один человек, будучи в здравом уме, не станет обзаводиться потомством! — воскликнула госпожа Фелпс, не вполне понимая, почему этот мужчина так бесит ее.

— Я бы так не сказала, — заявила госпожа Боулз. — У меня двое детей, и мне оба раза делали кесарево сечение. Нет никакого смысла идти на родовые муки ради ребеночка. Но ведь, вы понимаете, мир должен воспроизводить себя, человеческая раса обязана продвигаться вперед. Помимо всего прочего, детки иногда выглядят совсем как вы сами, это просто прелестно. Да, сэр, два кесаревых — и вся недолга. О, конечно, мой врач говорил мне: «В кесаревых сечениях нет необходимости, у вас хорошие бедра, все в норме», — но я *настояла*.

— Кесарево там или не кесарево, но дети — это катастрофа. Вы просто не в своем уме, — сказала госпожа Фелпс.

— Я закидываю детей в школу на девять дней из десяти. Так что они остаются со мной всего три дня в месяц, когда приходят домой на побывку; не так уж это и плохо. Загоняешь их в гостиную и щелкаешь выключателем. Это как стирка: загружаешь белье в машину и хлопаешь крышкой, — хихикнула миссис Боулз. — Они могут поцеловать меня, а могут дать пинка. Сла-

The women showed their tongues, laughing.

Mildred sat a moment and then, seeing that Montag was still in the doorway, clapped her hands.

"Let's talk politics, to please Guy!"

"Sounds fine," said Mrs. Bowles. "I voted last election, same as everyone, and I laid it on the line for President Noble. I think he's one of the nicest-looking men who ever became president."

"Oh, but the man they ran against him!"

"He wasn't much, was he? Kind of small and homely and he didn't shave too close or comb his hair very well."

"What possessed the 'Outs' to run him? You just don't go running a little short man like that against a tall man. Besides -he mumbled. Half the time I couldn't hear a word he said. And the words I did hear I didn't understand!"

"Fat, too, and didn't dress to hide it. No wonder the landslide was for Winston Noble. Even their names helped. Compare Winston Noble to Hubert

ва богу, я могу ответить тем же, мой пинок не хуже.

Женщины расхохотались, вывалив языки.

Несколько секунд Милдред сидела молча, а затем, увидев, что муж все еще стоит в дверях, захлопала в ладоши.

— Давайте поговорим о политике, чтобы развлечь Гая!

— Звучит неплохо, — сказала госпожа Боулз. — На прошлых выборах я голосовала, так же как и все, и рискнула поставить на Президента Ноубла. Я думаю, он один из самых симпатичных мужчин, когда-либо становившихся президентами.

— Ох, а что вы скажете о мужчине, которого выставили против него?

— Не очень, правда? Маловат ростом, невзрачный, да еще и брился нечисто, и причесывался кое-как.

— Чего это оппозиции взбрело в голову его выдвигать? Так не годится — выставлять подобного коротышку против высокого мужчины! К тому же он мямлил! В половине случаев я не могла расслышать ни слова. А те слова, что я все-таки *расслышала*, были абсолютно непонятны!

— Он еще толстый и не умеет скрывать это одеждой. Неудивительно, что Уинстон Ноубл одержал такую сокрушительную победу! Даже

Hoag for ten seconds and you can almost figure the results."

"Damn it!" cried Montag. "What do you know about Hoag and Noble?"

"Why, they were right in that parlour wall, not six months ago. One was always picking his nose; it drove me wild."

"Well, Mr. Montag," said Mrs. Phelps, "do you want us to vote for a man like that?"

Mildred beamed.

"You just run away from the door, Guy, and don't make us nervous."

But Montag was gone and back in a moment with a book in his hand.

"Guy!"

"Damn it all, damn it all, damn it!"

"What've you got there; isn't that a book? I thought that all special training these days was done by film." Mrs. Phelps blinked. "You reading up on fireman theory?"

"Theory, hell," said Montag. "It's poetry."

фамилии сработали. Поставьте рядом хотя бы на десять секунд: Уинстон Ноубл и Хьюберт Хоуг[1], — результат становится ясен сразу.

— Черт возьми! — закричал Монтаг. — Да что вы знаете о Хоуге и Ноубле!

— Как это что? Мы же недавно видели их на стене в гостиной, еще и шести месяцев не прошло. Один все время ковырял в носу, я чуть не взбесилась!

— Ну же, господин Монтаг, — сказала госпожа Фелпс, — неужели вы хотите, чтобы мы голосовали за такого человека?

Милдред просияла:

— Знаешь, Гай, смойся куда подальше от двери и не нервируй нас больше.

Но Монтаг уже исчез, а через секунду вернулся с книгой в руке.

— Гай!

— Будь все проклято! Проклято! Проклято!

— Что это у вас там, уж не книга ли? А я думала, что в наше время всякие специальные знания даются с помощью фильмов. — Госпожа Фелпс заморгала. — Вы читаете по теории пожарного дела?

— Теория, черта с два! — буркнул Монтаг. — Это поэзия.

---

[1] Игра слов. Noble переводится с английского, как «благородный, знатный, титулованный; дворянин, аристократ»; фамилия Hoag не имеет точного значения, однако это слово близко к hog, «боров, свинья», а также может быть воспринято как редуцированное hoagy, гигантский («свинский») сэндвич.

"Montag." A whisper.

"Leave me alone!" Montag felt himself turning in a great circling roar and buzz and hum.

"Montag, hold on, don't..."

"Did you hear them, did you hear these monsters talking about monsters? Oh God, the way they jabber about people and their own children and themselves and the way they talk about their husbands and the way they talk about war, dammit, I stand here and I can't believe it!"

"I didn't say a single word about any war, I'll have you know," said Mrs. Phelps.

"As for poetry, I hate it," said Mrs. Bowles.

"Have you ever read any?"

"Montag," Faber's voice scraped away at him. "You'll ruin everything. Shut up, you fool!"

"All three women were on their feet.

"Sit down!"

They sat.

"I'm going home," quavered Mrs. Bowles.

"Montag, Montag, please, in the name of God, what are you up to?" pleaded Faber.

"Why don't you just read us one of those poems from your little book," Mrs. Phelps nodded. "I think that'd he very interesting."

— Монтаг! — Шепот.

— Оставьте меня в покое! — Монтагу казалось, будто он несется в гигантском круговороте рева, гула, гама...

— Монтаг, постойте, не надо...

— Вы *слышали*? Вы слышали, как эти чудовища толкуют про других чудовищ? Бог ты мой, это же надо так трещать о людях, о своих собственных детях, о самих себе! Так рассуждать о своих мужьях, нести такую чушь про войну! Черт подери, я стою здесь — и ушам не верю!

— Должна вам сказать, я и слова-то о *войне* не молвила, — возмутилась госпожа Фелпс.

— Что до поэзии, то я ее ненавижу, — заметила госпожа Боулз.

— А вы когда-нибудь стихи слышали?

— Монтаг! — Голос Фабера еле пробивался в его мозг. — Вы все погубите! Заткнитесь! Вот дурак!

Все три женщины поднялись с мест.

— Сядьте!

Они сели.

— Я ухожу домой, — с дрожью в голосе объявила госпожа Боулз.

— Монтаг, Монтаг, пожалуйста, ради бога! — умолял Фабер. — Что вы замыслили?

— Почему бы вам не прочитать вслух какое-нибудь стихотворение из вашей книжки? — Госпожа Фелпс кивнула на томик. — Я думаю, это было бы очень интересно.

"That's not right," wailed Mrs. Bowles. "We can't do that!"

"Well, look at Mr. Montag, he wants to, I know he does. And if we listen nice, Mr. Montag will be happy and then maybe we can go on and do something else." She glanced nervously at the long emptiness of the walls enclosing them.

"Montag, go through with this and I'll cut off, I'll leave." The beetle jabbed his ear. "What good is this, what'll you prove?"

"Scare hell out of them, that's what, scare the living daylights out!"

Mildred looked at the empty air.

"Now Guy, just who are you talking to?"

A silver needle pierced his brain.

"Montag, listen, only one way out, play it as a joke, cover up, pretend you aren't mad at all. Then-walk to your wall-incinerator, and throw the book in!"

Mildred had already anticipated this in a quavery voice. "Ladies, once a year, every fireman's allowed to bring one book home, from the old days, to show his family how silly it all was, how nervous that sort of thing can make you, how crazy. Guy's surprise tonight is to read you one sample

— Так не годится, — взвыла госпожа Боулз. — Этого нельзя делать!

— Но вы только посмотрите на господина Монтага! Ему же хочется почитать, я знаю, что хочется. А если мы будем хорошо слушать, господин Монтаг развеселится, и тогда мы, наверное, сможем остаться и сделать что-нибудь еще.

Госпожа Фелпс нервно обвела взглядом протяжную пустоту стен, окружавших их.

— Монтаг, еще немного в этом духе, и я отключусь, я брошу вас. — Маленький жучок уколол его в ухо. — Какая от этого польза? Что вы докажете?

— Напугаю их до смерти, вот что я сделаю! Напугаю так, что им белый свет не мил будет!

Милдред уставилась в воздушную пустоту.

— Интересно, Гай, с кем это ты разговариваешь?

Серебряная игла пронзила его мозг.

— Монтаг, послушайте, есть только один выход. Скажите, что вы пошутили, загладьте все, сделайте вид, что больше не сердитесь. А затем — подойдите к стенному мусоросжигателю и бросьте туда книгу!

Предчувствуя, что может произойти, Милдред сказала дрожащим голосом:

— Раз в год, милые дамы, каждому пожарному разрешается принести домой одну книгу, из тех, что описывают старые времена, и показать семье, как глупо тогда все было устроено,

to show how mixed-up things were, so none of us will ever have to bother our little old heads about that junk again, isn't that right, darling?"

He crushed the book in his fists.
"Say 'yes.'"
His mouth moved like Faber's.
"Yes."
Mildred snatched the book with a laugh.
"Here! Read this one. No, I take it back. Here's that real funny one you read out loud today. Ladies, you won't understand a word. It goes umpty-tumpty-ump. Go ahead, Guy, that page, dear."

He looked at the opened page.
A fly stirred its wings softly in his ear.
"Read."
"What's the title, dear?"
"Dover Beach."
His mouth was numb.
"Now read in a nice clear voice and go slow."

The room was blazing hot, he was all fire, he was all coldness; they sat in the middle of an empty desert with three chairs and him standing, swaying, and him waiting for Mrs. Phelps to stop straightening her dress hem and Mrs. Bowles to

как эти книжки заставляли людей нервничать, просто делали их психами. Сегодня вечером Гай приготовил сюрприз: он прочитает вам один образчик и продемонстрирует, какая тогда царила неразбериха, чтобы впредь мы никогда не забивали наши старенькие головки этим мусором, *не так ли*, дорогой?

Монтаг стиснул книгу в руках.

— Скажите «да».

Его губы повторили вслед за губами Фабера:

— Да.

Милдред со смехом выхватила книгу.

— Вот! Прочитай это стихотворение! Нет, дай-ка сюда, вот, это совсем смешное, ты сегодня уже читал его вслух. Дамы, вы не поймете ни слова! Там сплошь — турурум-пум-пум... Давай, Гай, читай на этой странице, дорогой!

Монтаг взглянул на раскрытую страницу.

Мушка в его ухе нежно затрепетала крыльями:

— Читайте!

— Как называется, дорогой?

— «Дуврский берег»[1].

Губы Монтага онемели.

— Только читай хорошеньким ясным голосом и *медленно*.

Комната была для Монтага огненным пеклом; он весь горел, он весь леденел; дамы сидели по-

---

[1] Стихотворение Мэтью Арнолда (1822–1888), английского поэта, педагога и критика; написано в 1867 г.

take her fingers away from her hair. Then he began to read in a low, stumbling voice that grew firmer as he progressed from line to line, and his voice went out across the desert, into the whiteness, and around the three sitting women there in the great hot emptiness:

> The Sea of Faith
> Was once, too, at the full, and round earth's shore
> Lay like the folds of a bright girdle furled.
> But now I only hear
> Its melancholy, long, withdrawing roar,
> Retreating, to the breath
> Of the night-wind, down the vast edges drear
> And naked shingles of the world."

The chairs creaked under the three women. Montag finished it out:

> "Ah, love, let us be true
> To one another! for the world, which seems
> To lie before us like a land of dreams,
> So various, so beautiful, so new,
> Hath really neither joy, nor love, nor light,

среди безвидной пустыни, где было три стула и он, Монтаг, который стоял, покачиваясь из стороны в сторону, он, Монтаг, который стоял и ждал, когда госпожа Фелпс кончит поправлять кромку платья, а госпожа Боулз уберет пальцы от своей прически. Затем он начал читать — низким прерывающимся голосом, который креп по мере того, как Монтаг переходил от строчки к строчке, и голос этот уносился в пустыню, летел через все пространство белизны и возвращался, чтобы обвиться вокруг трех женщин, сидевших там в великой жаркой пустоте:

> Давно ль прилив будил во мне мечты?
> Его с доверьем я
> Приветствовал: он сушу обвивал,
> Как пояс из узорчатой тафты.
> Увы, теперь вдали
> Я слышу словно зов небытия:
> Стеная, шлет прилив за валом вал,
> Захлестывая петлю вкруг земли.

Под тремя женщинами заскрипели стулья, и Монтаг закончил, возвысив голос:

> Пребудем же верны,
> Любимая, — верны любви своей!
> Ведь мир, что нам казался царством фей,
> Исполненным прекрасной новизны,
> Он въявь — угрюм, безрадостен, уныл,

Nor certitude, nor peace, nor help for pain;
And we are here as on a darkling plain
Swept with confused alarms of struggle and flight,
Where ignorant armies clash by night."

Mrs. Phelps was crying.
The others in the middle of the desert watched her crying grow very loud as her face squeezed itself out of shape. They sat, not touching her, bewildered by her display. She sobbed uncontrollably. Montag himself was stunned and shaken.

"Sh, sh," said Mildred. "You're all right, Clara, now, Clara, snap out of it! Clara, what's wrong?"

"I-I,", sobbed Mrs. Phelps, "don't know, don't know, I just don't know, oh oh..."
Mrs. Bowles stood up and glared at Montag.

"You see? I knew it, that's what I wanted to prove! I knew it would happen! I've always said, poetry and tears, poetry and suicide and crying and awful feelings, poetry and sickness; all that mush! Now I've had it proved to me. You're nasty, Mr. Montag, you're nasty!"

> В нем ни любви, ни жалости; и мы,
> Одни, среди надвинувшейся тьмы,
> Трепещем: рок суровый погрузил
> Нас в гущу схватки первозданных сил[1].

Госпожа Фелпс плакала.

Две другие дамы, оставаясь посреди пустыни, наблюдали за своей подругой, она плакала все громче и громче, а лицо ее исказилось до неузнаваемости. Они сидели, не касаясь ее, ошеломленные таким проявлением чувств. Госпожа Фелпс рыдала, не владея собой. Монтаг и сам был огорошен и потрясен.

— Ш-ш-ш, ш-ш-ш, — прошептала Милдред. — Все в порядке, Клара, ну же, Клара, перестань кукситься! Клара, что *произошло*?

— Я... я... — рыдала госпожа Фелпс, — я не знаю, не знаю, ох, я просто не знаю... Ох...

Госпожа Боулз встала и свирепо уставилась на Монтага.

— Видите? Я знала с самого начала, именно это я и хотела доказать! Я знала, что такое случится! Я всегда говорила: где поэзия, там и слезы, где поэзия, там и самоубийства, рыдания, жуткие ощущения, где поэзия, там и хворь, и вообще *всякая* дрянь! Теперь я в этом полностью убедилась. Вы гадкий человек, господин Монтаг, очень *гадкий*!

---

[1] Перевод М.А. Донского.

Faber said, "Now..."

Montag felt himself turn and walk to the wall-slot and drop the book in through the brass notch to the waiting flames.

"Silly words, silly words, silly awful hurting words," said Mrs. Bowles. "Why do people want to hurt people? Not enough hurt in the world, you've got to tease people with stuff like that!"

"Clara, now, Clara," begged Mildred, pulling her arm. "Come on, let's be cheery, you turn the 'family' on, now. Go ahead. Let's laugh and be happy, now, stop crying, we'll have a party!"

"No," said Mrs. Bowles. "I'm trotting right straight home. You want to visit my house and 'family,' well and good. But I won't come in this fireman's crazy house again in my lifetime!"

"Go home." Montag fixed his eyes upon her, quietly. "Go home and think of your first husband divorced and your second husband killed in a jet and your third husband blowing his brains out, go home and think of the dozen abortions you've had, go home and think of that and your damn Caesarian sections, too, and your children who hate your guts! Go home and think how it all happened and what did you ever do to stop it? Go home, go

— Пора... — сказал Фабер.

Монтаг почувствовал, что поворачивается, бредет к щели в стене и заталкивает книгу в прорезь, окантованную медью, — там, внутри, ее уже ждет пламя.

— Глупые слова, глупые слова, глупые ужасные вредоносные слова, — сказала госпожа Боулз. — Ну почему люди так *стремятся* навредить друг другу? Как будто в мире мало вреда, нет, им надо еще приставать к ближним с подобными вещами!

— Клара, ну же, Клара, — упрашивала Милдред, дергая госпожу Фелпс за руку. — Ну давай, веселей, ты сейчас сама включишь «семью», хочешь? Действуй! Будем смеяться и радоваться, перестань плакать, начинаем вечеринку!

— Нет, — сказала госпожа Боулз. — Я потопаю прямиком домой. Захотите навестить меня и мою «семью» — хорошо и даже отлично. Но здесь, в придурочном доме этого пожарного, вы меня в жизни больше не увидите!

— Вот и убирайтесь домой, — сказал Монтаг очень тихо, сверля ее взглядом. — Убирайтесь домой и подумайте там о вашем первом муже, с которым вы развелись, и о вашем втором муже, разбившемся в реактивной машине, и о вашем третьем муже, которому в этот момент вышибают мозги! Идите домой и подумайте о десятках абортов, которые вы сделали, идите, идите домой и подумайте обо всем этом, и еще о ваших

home!" he yelled. "Before I knock you down and kick you out of the door!"

Doors slammed and the house was empty. Montag stood alone in the winter weather, with the parlour walls the colour of dirty snow.

In the bathroom, water ran. He heard Mildred shake the sleeping tablets into her hand.

"Fool, Montag, fool, fool, oh God you silly fool..."

"Shut up!" He pulled the green bullet from his ear and jammed it into his pocket.

It sizzled faintly.

"...fool... fool..."

He searched the house and found the books where Mildred had stacked them behind the refrigerator. Some were missing and he knew that she had started on her own slow process of dispersing the dynamite in her house, stick by stick. But he was not angry now, only exhausted and bewildered with himself. He carried the books into the backyard and hid them in the bushes near the alley fence. For tonight only, he thought, in case she decides to do any more burning.

чертовых кесаревых сечениях, и о детях, которые ненавидят вас до глубины души! Убирайтесь домой и подумайте там, как все это могло случиться и что вы сделали когда-либо, чтобы это предотвратить. Убирайтесь! Убирайтесь домой! — Монтаг уже кричал. — Пока я не сбил вас с ног и пинком не вышвырнул на улицу!

Двери хлопнули, и дом опустел. Монтаг стоял один посреди зимней стужи, и стены гостиной были цвета грязного снега.

В ванной полилась вода. Он услышал, как Милдред вытряхивает на ладонь таблетки снотворного.

— Вы дурак, Монтаг, дурак, дурак, о Боже, какой же вы глупый дурак...

— Заткнитесь! — Монтаг вытащил из уха зеленую пульку и затолкал ее в карман.

Она продолжала тихонько шкворчать:

— ...дурак... дурак...

Монтаг обыскал дом и нашел книги — Милдред засунула их за холодильник. Некоторых не хватало, и он понял, что жена по собственной инициативе начала потихоньку убавлять количество динамита в доме — брикет за брикетом. Но Монтаг больше не сердился, он чувствовал только опустошение, а если и удивлялся чему-либо, то лишь самому себе. Он вынес книги на задний двор и спрятал их в кустах около забора. Только на одну ночь, думал он, на тот случай, если она решит еще что-нибудь сжечь.

He went back through the house.

"Mildred?" He called at the door of the darkened bedroom.

There was no sound.

Outside, crossing the lawn, on his way to work, he tried not to see how completely dark and deserted Clarisse McClellan's house was...

On the way downtown he was so completely alone with his terrible error that he felt the necessity for the strange warmness and goodness that came from a familiar and gentle voice speaking in the night. Already, in a few short hours, it seemed that he had known Faber a lifetime. Now he knew that he was two people, that he was above all Montag, who knew nothing, who did not even know himself a fool, but only suspected it. And he knew that he was also the old man who talked to him and talked to him as the train was sucked from one end of the night city to the other on one long sickening gasp of motion. In the days to follow, and in the nights when there was no moon and in the nights when there was a very bright moon shining on the earth, the old man would go on with this talking and this talking, drop by drop, stone by stone, flake by flake. His mind would well over at last and he would not be Montag any more, this the old man told him, assured him, promised him. He would be Montag-plus-Faber, fire plus water, and then, one day, after everything had mixed

Он вернулся и прошел по всему дому.

— Милдред? — позвал он у двери затемненной спальни.

В ответ не раздалось ни звука.

На улице, отправившись на работу, он постарался не заметить, пересекая газон, каким донельзя темным и опустевшим был дом Клариссы Макклеллан...

По пути в центр города Монтагу было настолько одиноко после жуткой ошибки, которую он недавно совершил, что ему остро захотелось снова ощутить странную теплоту и умиротворение, которыми был пронизан мягкий, ставший привычным голос, бестелесно звучавший в ночи. Хотя прошло всего несколько коротких часов, ему уже казалось, что он знает Фабера всю свою жизнь. Монтаг понимал теперь, что в нем умещаются два человека. Прежде всего это был он сам, Монтаг, который ничего не знал в этой жизни, который не знал даже, каким он был дураком, только смутно подозревал это. И одновременно он осознавал, что был еще и стариком, который разговаривал с ним, Монтагом, все разговаривал и разговаривал с ним, пока поезд, всосанный трубой на одной окраине ночного города, мчал его к другой окраине, подчиняя свое движение долгой, затяжной судороге перехваченного подземного горла. И все последующие дни, и все последующие ночи, лишенные луны, и все ночи, озаренные ярчайшей луной, смотря-

and simmered and worked away in silence, there would be neither fire nor water, but wine. Out of two separate and opposite things, a third. And one day he would look back upon the fool and know the fool. Even now he could feel the start of the long journey, the leave-taking, the going away from the self he had been.

It was good listening to the beetle hum, the sleepy mosquito buzz and delicate filigree murmur of the old man's voice at first scolding him and then consoling him in the late hour of night as he emerged from the steaming subway toward the firehouse world.

"Pity, Montag, pity. Don't haggle and nag them; you were so recently one o f them yourself. They are so confident that they will run on

щей с небес на землю, старик будет продолжать этот разговор, будет разговаривать и разговаривать, капля за каплей, камень за камнем, слой за слоем. Его мозг в конце концов переполнится, и он больше не будет Монтагом, уж это старик сказал ему твердо, уж в этом заверил его, уж это ему обещал. С того момента он будет — Монтаг-плюс-Фабер, огонь плюс вода, а затем, в один прекрасный день, когда все перемешается, прокипит и бесшумно переработается, не останется ни огня, ни воды, получится вино. Из двух совершенно разных и противоположных вещей возникнет третья. И однажды, оглянувшись назад, на дурака, оставшегося в прошлом, он поймет, что и на самом деле был круглым дураком. Даже сейчас он мог почувствовать, что уже пустился в этот долгий путь, что прощание с самим собой уже началось и он с каждым шагом удаляется от себя, от того себя, каким был раньше.

Приятно было идти и прислушиваться к басовитому гудению жука в своем ухе, к сонному комариному писку, к тончайшему филигранному журчанию стариковского голоса — сначала тот бранил его, а потом, уже поздно ночью, когда Монтаг вышел в клубах пара из подземки и снова очутился в мире пожарных станций, — принялся утешать.

— Сострадание, Монтаг, сострадание. Не заводите, не изводите этих людей, ведь совсем недавно вы были одним из них. Они так уверены,

for ever. But they won't run on. They don't know that this is all one huge big blazing meteor that makes a pretty fire in space, but that some day it'll have to hit. They see only the blaze, the pretty fire, as you saw it.

"Montag, old men who stay at home, afraid, tending their peanut-brittle bones, have no right to criticize. Yet you almost killed things at the start. Watch it! I'm with you, remember that. I understand how it happened. I must admit that your blind raging invigorated me. God, how young I felt! But now-I want you to feel old, I want a little of my cowardice to be distilled in you tonight. The next few hours, when you see Captain Beatty, tiptoe round him, let me hear him for you, let me feel the situation out. Survival is our ticket. Forget the poor, silly women..."

"I made them unhappier than they have been in years, I think," said Montag. "It shocked me to see Mrs. Phelps cry. Maybe they're right, maybe it's

что будут заниматься своим делом вечно. Но заниматься этим делом им осталось недолго. Они не знают, что вся их деятельность — это большой, гигантский сверкающий метеор, который, летя в пространстве, пылает восхитительным огнем, но рано или поздно нанесет удар. Они же, как и вы в прошлом, видят только яркий блеск и полыханье красочного пламени. Старики, которые сидят дома, Монтаг, перепуганные старики, нежащие свои кости, хрупкие, как арахисовая скорлупа, не имеют права на критику. И тем не менее я вам скажу: вы почти что загубили все в самом начале. Будьте осторожны! Я с вами, помните об этом. Я прекрасно понимаю, как все могло так получиться. Должен сознаться, ваша слепая ярость придала мне сил. Господи, как же молодо я себя почувствовал! Но сейчас... сейчас я хочу, чтобы вы почувствовали себя стариком, хочу, чтобы сегодня вечером в вас перелилась хоть капелька моей трусости. Ближайшие несколько часов, после того как вы встретитесь с Капитаном Битти, ходите вокруг него на цыпочках, пусть я буду слушать его вместо вас, дайте мне возможность оценить ситуацию. Выживание — это наш билет в будущее. Забудьте об этих несчастных глупых женщинах...

— Я сделал их еще более несчастными, — сказал Монтаг. — Думаю, они много лет не испытывали ничего подобного. Я был потрясен,

best not to face things, to run, have fun. I don't know. I feel guilty—"

"No, you mustn't! If there were no war, if there was peace in the world, I'd say fine, have fun! But, Montag, you mustn't go back to being just a fireman. All isn't well with the world."

Montag perspired.
"Montag, you listening?"
"My feet," said Montag. "I can't move them. I feel so damn silly. My feet won't move!"

"Listen. Easy now," said the old man gently. "I know, I know. You're afraid of making mistakes. Don't be. Mistakes can be profited by. Man, when I was young I shoved my ignorance in people's faces. They beat me with sticks. By the time I was forty my blunt instrument had been honed to a fine cutting point for me. If you hide your ignorance, no one will hit you and you'll never learn. Now, pick up your feet, into the firehouse with you! We're twins, we're not alone any more, we're not separated out in different parlours, with no contact between. If you need help when Beatty pries at you, I'll be sitting right here in your eardrum making notes!"

увидев, как госпожа Фелпс рыдает. Может быть, они правы, может быть, и впрямь лучше не смотреть в лицо реальности, а предаваться развлечениям. Не знаю. Я чувствую свою вину...

— Нет, вы не должны винить себя! Если бы не было войны, если бы на земле царил мир, я сам сказал бы вам — все прекрасно, развлекайтесь сколько угодно. Но, Монтаг, вы не должны снова становиться пожарным, просто пожарным. С этим миром все не очень-то ладно.

Монтаг внезапно вспотел.

— Вы слушаете меня, Монтаг?

— Мои ноги... — сказал Монтаг. — Я не могу даже шевельнуть ими. Глупейшее чувство, черт побери. Мои ноги не желают двигаться!

— Послушайте, Монтаг. Успокойтесь,— мягко сказал старик. — Я знаю, я знаю. Вы боитесь наделать ошибок. *Не бойтесь!* Ошибки можно обратить себе на пользу. Ох, парень, когда я был моложе, я просто *швырял* свое невежество людям в лицо. Меня били за это палками. К сорока годам я отточил свой интеллект, и он из тупого орудия превратился в тонкий режущий инструмент. Если вы будете скрывать свое невежество, никто вас пальцем не тронет, но вы ничему и не научитесь. А сейчас — берите ноги в руки, и вперед, к пожарной станции! Мы близнецы, мы больше не одиноки, мы не сидим порознь в своих гостиных, не имея никакого контакта друг с другом. Если вам потребуется

Montag felt his right foot, then his left foot, move.

"Old man," he said, "stay with me."

The Mechanical Hound was gone. Its kennel was empty and the firehouse stood all about in plaster silence and the orange Salamander slept with its kerosene in its belly and the firethrowers crossed upon its flanks and Montag came in through the silence and touched the brass pole and slid up in the dark air, looking back at the deserted kennel, his heart beating, pausing, beating. Faber was a grey moth asleep in his ear, for the moment.

Beatty stood near the drop-hole waiting, but with his back turned as if he were not waiting.

"Well," he said to the men playing cards, "here comes a very strange beast which in all tongues is called a fool."

He put his hand to one side, palm up, for a gift. Montag put the book in it. Without even glancing at the title, Beatty tossed the book into the trash-basket and lit a cigarette.

помощь, когда Битти начнет расспрашивать вас с особым пристрастием, знайте: я буду прямо здесь, в вашей барабанной перепонке, я все возьму на заметку!

Монтаг почувствовал, как шевельнулись его ноги — сначала правая, затем левая.

— Старина, — сказал он, — не покидайте меня.

Механической Гончей на месте не было. Ее конура оказалась пустой, и все здание пожарной станции было погружено в белую штукатурную тишину, и оранжевая «Саламандра» спала с полным брюхом керосина, а скрещенные огнеметы висели на ее боках... — Монтаг с бьющимся, замирающим, снова бьющимся сердцем прошел сквозь эту тишину и, коснувшись рукой медного шеста, скользнул в темном воздухе ввысь, то и дело оглядываясь на пустую конуру. Фабер в эти секунды был серой ночной бабочкой, спавшей у него в ухе.

Битти стоял возле люка в ожидании, но при этом повернувшись спиной, словно он вовсе никого и не ждал.

— Ну вот, — сказал он, обращаясь к пожарным, игравшим в карты, — к нам пожаловал престранный зверь, который на всех языках именуется словом дурак.

Не оборачиваясь, он протянул вбок руку, ладонью вверх, требуя подношения. Монтаг положил на ладонь книгу. Даже не взглянув на обложку, Битти швырнул книгу в мусорную корзину и закурил сигарету.

"'Who are a little wise, the best fools be.' Welcome back, Montag. I hope you'll be staying, with us, now that your fever is done and your sickness over. Sit in for a hand of poker?"

They sat and the cards were dealt. In Beatty's sight, Montag felt the guilt of his hands. His fingers were like ferrets that had done some evil and now never rested, always stirred and picked and hid in pockets, moving from under Beatty's alcohol-flame stare. If Beatty so much as breathed on them, Montag felt that his hands might wither, turn over on their sides, and never be shocked to life again; they would be buried the rest of his life in his coat-sleeves, forgotten. For these were the hands that had acted on their own, no part of him, here was where the conscience first manifested itself to snatch books, dart off with job and Ruth and Willie Shakespeare, and now, in the firehouse, these hands seemed gloved with blood.

Twice in half an hour, Montag had to rise from the game and go to the latrine to wash his hands. When he came back he hid his hands under the table.

— «И мудрецам порой нетрудно стать глупцами»[1]. С возвращением, Монтаг. Надеюсь, теперь, когда лихорадка у тебя прошла и болезнь отступила, ты останешься с нами. Присаживайся. Сыграем в покер?

Они сели за стол. Раздали карты. Находясь в поле зрения Битти, Монтаг остро ощущал вину своих рук. Его пальцы были словно хорьки, которые натворили бед и теперь никак не могли успокоиться: они все время шевелились, перебирали что-то и прятались в карманы, пытаясь скрыться от бесцветного, как спиртовое пламя, взгляда Битти. Монтагу казалось: стоит Битти только дохнуть на них, как руки тут же иссохнут, свернутся по краям, и их никогда уже не удастся оживить; до конца его дней они останутся похороненными в рукавах куртки, забытые навсегда. Потому что это были те самые руки, которые начали действовать самостоятельно, руки, которые перестали быть его частью, именно в них совесть впервые проявила себя, заставив его схватить книги и умчаться, унося с собой Книгу Иова, и Книгу Руфь, и Вилли Шекспира, а сейчас, в пожарной станции, ему мерещилось, что эти руки покрыты кровью, словно обтянуты красными перчатками.

Дважды на протяжении получаса Монтаг вынужден был отрываться от игры и уходить

---

[1] Заключительная строка стихотворения английского поэта Джона Донна (1572–1631) «Тройной глупец». Перевод Б.В. Томашевского.

Beatty laughed.

"Let's have your hands in sight, Montag. Not that we don't trust you, understand, but—"

They all laughed.

"Well," said Beatty, "the crisis is past and all is well, the sheep returns to the fold. We're all sheep who have strayed at times. Truth is truth, to the end of reckoning, we've cried. They are never alone that are accompanied with noble thoughts, we've shouted to ourselves. 'Sweet food of sweetly uttered knowledge,' Sir Philip Sidney said. But on the other hand: 'Words are like leaves and where they most abound, Much fruit of sense beneath is rarely found.' Alexander Pope. What do you think of that?"

"I don't know."

"Careful," whispered Faber, living in another world, far away.

"Or this? 'A little learning is a dangerous thing. Drink deep, or taste not the Pierian spring; There shallow draughts intoxicate the brain, and drinking largely sobers us again.' Pope. Same Essay. Where does that put you?"

в уборную, чтобы вымыть руки. А когда возвращался, он прятал руки под стол.

Битти смеялся:

— Держи свои руки на виду, Монтаг. Понимаешь, не то чтобы мы тебе не доверяли, но...

Все дружно хохотали.

— Ладно, — сказал Битти. — Кризис позади, и все опять хорошо, овца возвращается в овчарню. Все мы овцы, которые иногда отрывались от стада. Правда есть правда, стенали мы, и она останется таковой до Судного дня. Тот, кто наполнен благородными мыслями, никогда не будет одинок, кричали мы самим себе. «Сладкоречивой мудрости нам сладостны плоды»[1], — сказал сэр Филип Сидни. Но с другой стороны: «Слова как листья; где обилье слов, там зрелых мыслей не найдешь плодов»[2]. Александр Поуп. Что ты об этом думаешь, Монтаг?

— Не знаю.

— Осторожнее, — шепнул Фабер; его жилье сейчас было очень далеко отсюда, в другом мире.

— А вот об этом? «И полузнайство ложь в себе таит; Струею упивайся пиерид: Один глоток пьянит рассудок твой, Пьешь много — сно-

---

[1] Строка из стихотворения английского поэта сэра Филипа Сидни (1554—1586) «В защиту поэзии» (ок. 1580). Перевод В.Т. Бабенко.

[2] Строки из поэмы английского поэта Александра Поупа (1688—1744) «Опыт о критике» (1711). Перевод А. Субботина.

Montag bit his lip.

"I'll tell you," said Beatty, smiling at his cards. "That made you for a little while a drunkard. Read a few lines and off you go over the cliff. Bang, you're ready to blow up the world, chop off heads, knock down women and children, destroy authority. I know, I've been through it all."

"I'm all right," said Montag, nervously.

"Stop blushing. I'm not needling, really I'm not. Do you know, I had a dream an hour ago. I lay down for a cat-nap and in this dream you and I, Montag, got into a furious debate on books. You towered with rage, yelled quotes at me. I calmly parried every thrust. Power, I said, And you, quoting Dr. Johnson, said 'Knowledge is more than equivalent to force!' And I said, 'Well, Dr. Johnson also said, dear boy, that "He is no wise man that will quit a certainty for an uncertainty."' Stick with the fireman, Montag. All else is dreary chaos!"

ва с трезвой головой». Поуп, все тот же «Опыт о критике». И что из этого следует?

Монтаг прикусил губу.

— А я скажу тебе, что следует, — сказал Битти, с улыбкой разглядывая свои карты. — Ты действительно на какое-то время стал пьяницей. Прочитал несколько строк — и тут же полез на скалу: сейчас, мол, прыгну. Бух! — и ты уже готов взорвать весь мир, рубить головы, сбивать с ног женщин и детей, крушить власть. Я знаю, я через это прошел.

— Да нет, я в порядке, — нервно сказал Монтаг.

— Не красней. У меня и в мыслях нет тебя подковыривать, честное слово, нет. Знаешь, час назад я видел сон. Прилег на несколько минут вздремнуть, и вот во сне между нами, между мной и тобой, Монтаг, разгорелся бешеный спор о книгах. Ты был вне себя от ярости, выкрикивал разные цитаты, а я спокойно парировал все твои выпады. *Власть,*» — говорил я, а ты, цитируя доктора Джонсона, возражал: «Знание не равно силе, оно больше!» Тогда я говорил: «Ну-ну, мой мальчик, ведь доктор Джонсон утверждал и другое: «Не умен тот, кто готов поменять определенность на неопределенность»[1]. Держись пожарных, Монтаг. Все остальное — жуткий хаос!

---

[1] Это высказывание английского писателя и лексикографа Сэмюэла Джонсона (1709–1784) было опубликовано в издававшемся им журнале «Рассеянный» (1758–1760), № 57.

"Don't listen," whispered Faber. "He's trying to confuse. He's slippery. Watch out!"

Beatty chuckled.

"And you said, quoting, 'Truth will come to light, murder will not be hid long!' And I cried in good humour, 'Oh God, he speaks only of his horse!' And 'The Devil can cite Scripture for his purpose.' And you yelled, 'This age thinks better of a gilded fool, than of a threadbare saint in wisdom's school!' And I whispered gently, 'The dignity of truth is lost with much protesting.' And you screamed, 'Carcasses bleed at the sight of the murderer!' And I said, patting your hand, 'What, do I give you trench mouth?' And you shrieked, 'Knowledge is power!' and 'A dwarf on a giant's shoulders of the furthest of the two!' and I summed my side up with rare serenity in, 'The folly of mistaking a metaphor for a proof, a torrent of verbiage for a spring of capital truths, and oneself as an oracle, is inborn in us, Mr. Valery once said.'"

— Не слушайте его, — шептал Фабер. — Он хочет сбить вас с толку. Это скользкий человек. Будьте начеку!

Битти самодовольно захихикал:

— Ты снова привел цитату: «Правда должна выйти на свет: убийства долго скрывать нельзя!»[1] А я добродушно воскликнул: «О Боже, он говорит только о своем коне!» И добавил: «В нужде и черт Священный текст приводит»[2]. Тут ты как заорешь: «Наш век скорей признает золоченого глупца, чем в рубище одетого святого мудреца»[3]. А я тихо шепчу: «Теряет истина достоинство свое, когда ее мы защищаем рьяно»[4]. Ты вопишь: «И трупы стали вновь сочиться кровью, едва завидев гнусного убийцу!» А я говорю, похлопывая тебя по руке: «Что, неужто язвы у тебя во рту тоже из-за меня?» Ты уже просто визжишь: «Знание — сила!»[5], «Карлик на пле-

---

[1] Слова Ланчелота из комедии У. Шекспира (1564–1616), «Венецианский купец» (1596), действие 2, сцена 2. Перевод Т.Л. Щепкиной-Куперник.

[2] Слова Антонио из комедии У. Шекспира «Венецианский купец», действие 1, сцена 3. Перевод Т.Л. Щепкиной-Куперник.

[3] Строки из пьесы английского драматурга Томаса Деккера (1572?–1632) «Приятная комедия о старом Фортунате» (1600). Перевод В.Т. Бабенко.

[4] Строка из трагедии английского драматурга Бена Джонсона (1573–1637) «Заговор Катилины» (1611), действие 3, сцена 2. Перевод В.Т. Бабенко.

[5] Слова английского философа Фрэнсиса Бэкона (1561–1626) из его работы «Meditationes Sacrae» (1597), эссе «О ересях».

Montag's head whirled sickeningly. He felt beaten unmercifully on brow, eyes, nose, lips, chin, on shoulders, on upflailing arms. He wanted to yell, "No! shut up, you're confusing things, stop it!"

Beatty's graceful fingers thrust out to seize his wrist.

"God, what a pulse! I've got you going, have I, Montag. Jesus God, your pulse sounds like the day after the war. Everything but sirens and bells! Shall I talk some more? I like your look of panic. Swahili, Indian, English Lit., I speak them all. A kind of excellent dumb discourse, Willie!"

чах великана видит дальше, чем каждый из них порознь!»[1] И тогда я с редкостной безмятежностью подвожу итог своей части беседы: «Ошибочно принимать метафору за доказательство, поток многословия за источник истин с большой буквы, а себя за оракула — это недомыслие, присущее нам от рожденья»[2], — так однажды выразился господин Валери.

Голова у Монтага кружилась до тошноты. Ему казалось, что его безжалостно бьют — по лбу, глазам, носу, губам, подбородку, по плечам, по рукам, которыми он размахивал, отбиваясь от ударов. Ему хотелось крикнуть: «Нет! Заткнитесь! Вы смешали все в кучу! Прекратите!»

Тонкие пальцы Битти потянулись к руке Монтага и обхватили запястье.

— Боже, какой пульс! Похоже, я тебя достал, а, Монтаг? Господи Иисусе, твой пульс бухает,

---

[1] Парафраз выражения английского религиозного писателя Роберта Бертона (1577–1640) из его произведения «Анатомия меланхолии» (1621–1651): «Карлик, стоящий на плечах великана, может видеть дальше, чем сам гигант». Выражение восходит к строкам римского поэта Марка Аннея Лукана (39–65) из поэмы «Фарсалия, или О гражданской войне»: «Пигмеи, помещенные на плечи гигантов, видят больше, чем сами гиганты».

[2] Немного сокращенная фраза из эссе французского поэта и писателя Поля Валери (1871–1945) «Введение в систему Леонардо да Винчи» (1895). В полном виде высказывание звучит так: «Ошибочно принимать парадокс за открытие, метафору за доказательство, поток многословия за источник истин с большой буквы, а себя за оракула — это недомыслие, присущее нам от рождения».

"Montag, hold on!" The moth brushed Montag's ear. "He's muddying the waters!"

"Oh, you were scared silly," said Beatty, "for I was doing a terrible thing in using the very books you clung to, to rebut you on every hand, on every point! What traitors books can be! You think they're backing you up, and they turn on you. Others can use them, too, and there you are, lost in the middle of the moor, in a great welter of nouns and verbs and adjectives. And at the very end of my dream, along I came with the Salamander and said, Going my way? And you got in and we drove back to the firehouse in beatific silence, all -dwindled away to peace."

Beatty let Montag's wrist go, let the hand slump limply on the table.

словно вчера кончилась война. Не хватает только сирен и колоколов! Ну что, побеседуем еще немного? Мне нравится, что ты паникуешь. Я говорю на всех языках — суахили, индийский, английский литературный... Мои движенья красноречивей, чем потоки слов[1], не так ли, Вилли?

— Не поддавайтесь, Монтаг! — В его ухе щекотно зашевелилась ночная бабочка. — Он мутит воду!

— О, ты напугался до чертиков, — сказал Битти, — потому что я сделал ужасную вещь: я использовал те самые книги, к которым ты так привязался, и напал на тебя со всех сторон сразу, побил по всем пунктам! Что за предатели эти книги! Ты считаешь, что они защитники, а они поворачиваются против тебя. Другие тоже могут их использовать, и вот ты уже пропал, затерялся посреди великого болота, тонешь в трясине существительных, глаголов, прилагательных... А в самом конце моего сна подъезжаю я к тебе на «Саламандре» и говорю: «Едешь со мной?» Ты залезаешь в машину, и мы в блаженном молчании едем назад, к пожарной станции, — все отошло на задний план, между нами снова мир.

Битти отпустил запястье Монтага, и его рука вяло шлепнулась на стол.

---

[1] Битти перефразирует слова Алонзо из драмы У. Шекспира «Буря» (1611–1612): «Их музыка, их жесты, их движенья красноречивей, чем потоки слов» (действие 3, сцена 3). Перевод М.А. Донского.

"All's well that is well in the end."

Silence. Montag sat like a carved white stone. The echo of the final hammer on his skull died slowly away into the black cavern where Faber waited for the echoes to subside. And then when the startled dust had settled down about Montag's mind, Faber began, softly,

"All right, he's had his say. You must take it in. I'll say my say, too, in the next few hours. And you'll take it in. And you'll try to judge them and make your decision as to which way to jump, or fall. But I want it to be your decision, not mine, and not the Captain's. But remember that the Captain belongs to the most dangerous enemy of truth and freedom, the solid unmoving cattle of the majority. Oh, God, the terrible tyranny of the majority. We all have our harps to play. And it's up to you now to know with which ear you'll listen."

Montag opened his mouth to answer Faber and was saved this error in the presence of others when the station bell rang. The alarm-voice in the ceiling chanted. There was a tacking-tacking sound as the alarm-report telephone typed out the address across the room. Captain Beatty, his poker cards in one pink hand, walked with exaggerated slowness to the phone and ripped out the address when the report was finished. He glanced perfunctorily at

— Все хорошо, что хорошо кончается[1], — заключил Битти.

Тишина. Монтаг сидел, словно резной белый камень. Эхо последнего удара молота по его черепу медленно стихло, умерши по пути в черную пещеру, где скрывался Фабер, дожидаясь, пока улягутся все остальные отголоски. И наконец, когда потревоженная пыль осела в мозгу Монтага, Фабер начал тихим голосом:

— Хорошо, он выговорился. Вы должны во все это вникнуть. В ближайшие несколько часов я тоже скажу свое слово. Вам придется вникнуть и в это. А затем попытаться взвесить то и другое и решить, в каком направлении прыгать или куда падать. Но я хочу, чтобы это было ваше решение, не мое, не Капитана, а ваше. И помните, что Капитан принадлежит к числу самых опасных врагов истины и свободы, к сплоченному и недвижному стаду большинства. О Господи, эта ужасная тирания большинства! Каждый из нас заводит свою волынку. И вы сами должны будете определить, каким ухом вам слушать эту музыку.

Монтаг открыл было рот, чтобы ответить Фаберу, но тут зазвонил станционный колокол и спас его от этой непростительной в присутствии других пожарных ошибки. Голос с потолка нараспев объявил тревогу. В другом конце комнаты — так-так-так — дробно застучал тре-

---

[1] Слова из пьесы У. Шекспира «Конец — делу венец» (1603), действие 4, сцена 4.

it, and shoved it in his pocket. He came back and sat down. The others looked at him.

"It can wait exactly forty seconds while I take all the money away from you," said Beatty, happily.

Montag put his cards down.

"Tired, Montag? Going out of this game?"

"Yes."

"Hold on. Well, come to think of it, we can finish this hand later. Just leave your cards face down and hustle the equipment. On the double now."

And Beatty rose up again.

"Montag, you don't look well? I'd hate to think you were coming down with another fever..."

"I'll be all right."

"You'll be fine. This is a special case. Come on, jump for it!"

They leaped into the air and clutched the brass pole as if it were the last vantage point above a tidal wave passing below, and then the brass pole, to their dismay slid them down into darkness, into

вожный телефон, печатая адрес вызова. Держа карты в розовой руке, Капитан Битти нарочито медленным шагом подошел к телефону и, дождавшись, когда рапорт будет допечатан до конца, оторвал кусок бумажного листа с адресом. Небрежно взглянув на него, он сунул клочок в карман, затем вернулся и сел за стол. Остальные пожарные глядели на него.

— Дело может обождать секунд сорок, ровно столько мне нужно, чтобы все ваши денежки перетекли ко мне, — сказал он с радостным видом.

Монтаг положил карты на стол.

— Что, Монтаг, устал? Выходишь из игры?

— Да.

— Ну продержись еще немного! А впрочем, если подумать, можно закончить партию и потом. Оставьте свои карты на столе лицом вниз — и живо собирать оборудование. Бегом марш!

Битти снова поднялся.

— Ты не очень хорошо выглядишь, Монтаг. Мне даже думать не хочется, что у тебя снова начинается лихорадка...

— Я чуть-чуть не в форме.

— Ты должен быть в отличной форме. Это особый случай. Ну, пошли, прыгаем!

Они взвились в воздух и ухватились за медный шест, словно то была последняя возможность избежать катившейся под их ногами приливной волны, но, ко всеобщему ужасу, медный

the blast and cough and suction of the gaseous dragon roaring to life!

"Hey!"

They rounded a corner in thunder and siren, with concussion of tyres, with scream of rubber, with a shift of kerosene bulk in the glittery brass tank, like the food in the stomach of a giant; with Montag's fingers jolting off the silver rail, swinging into cold space, with the wind tearing his hair back from his head, with the wind whistling in his teeth, and him all the while thinking of the women, the chaff women in his parlour tonight, with the kernels blown out from under them by a neon wind, and his silly damned reading of a book to them. How like trying to put out fires with water-pistols, how senseless and insane. One rage turned in for another. One anger displacing another. When would he stop being entirely mad and be quiet, be very quiet indeed?

"Here we go!"

Montag looked up. Beatty never drove, but he was driving tonight, slamming the Salamander around corners, leaning forward high on the driver's throne, his massive black slicker flapping out behind so that he seemed a great black bat flying above the engine, over the brass numbers, taking the full wind.

шест тут же унес их вниз, в темноту, в раскаты, кашель и всхлипы бензопакостного дракона, с ревом пробуждавшегося к жизни!

— Э-ге-гей!

В громе и вое сирены они свернули за угол, сотрясались шины, визжала резина, тяжкое бремя керосина грузно ворочалось в блестящем медном баке, словно еда в животе великана, тряска срывала пальцы Монтага с серебряных поручней, руки болтались в холодной пустоте, ветер драл его волосы, пытаясь сорвать их с черепа и унести назад, ветер свистел в зубах, а он все думал и думал о женщинах, которые были этим вечером у него в гостиной, о пустых, как мякина, женщинах, из которых неоновый ветер выдул последние зернышки, и том, как он, чертов глупец, вздумал читать им книгу. Все равно что тушить пожар из водяных пистолетов, так же бессмысленно и так же бредово! Одна вспышка ярости уступила место другой. Старый гнев сменился новым гневом. Полное помешательство, когда же он покончит с ним и успокоится, когда он в самом деле по-настоящему успокоится?

— Вот они мы, вперед!

Монтаг поднял голову. Битти никогда не водил машину, но сегодня он был за рулем, он гнал «Саламандру», круто срезая повороты; подавшись вперед, он сидел на высоком водительском троне, и полы тяжелого черного непромокаемого плаща хлопали за его спиной, отчего он

"Here we go to keep the world happy, Montag!"

Beatty's pink, phosphorescent cheeks glimmered in the high darkness, and he was smiling furiously.
"Here we are!"
The Salamander boomed to a halt, throwing men off in slips and clumsy hops. Montag stood fixing his raw eyes to the cold bright rail under his clenched fingers.

I can't do it, he thought. How can I go at this new assignment, how can I go on burning things? I can't go in this place.

Beatty, smelling of the wind through which he had rushed, was at Montag's elbow.
"All right, Montag?"
The men ran like cripples in their clumsy boots, as quietly as spiders.

At last Montag raised his eyes and turned. Beatty was watching his face.
"Something the matter, Montag?"
"Why," said Montag slowly, "we've stopped in front of my house."

казался огромной черной летучей мышью, которая неслась над машиной, над медными цифрами по ее бокам, принимая на себя ветер.

— Вот они мы, Монтаг, мы сделаем мир счастливым!

Розовые, фосфоресцирующие щеки Битти поблескивали в темной вышине, он яростно скалился, улыбаясь.

— Приехали!

«Саламандра» гулко стала, как вкопанная, стряхнув с себя людей, — они соскальзывали с боков и неуклюже прыгали на землю. Монтаг стоял, не отрывая воспаленных глаз от холодного блестящего поручня, в который вцепились его пальцы.

«Я не могу больше этого делать, — думал он. — Как я могу выполнить это новое задание? Как я могу продолжать жечь? Нет, я не могу орудовать в этом месте».

Битти, пахнущий ветром, сквозь который он только что мчался, был уже рядом с Монтагом.

— Все в порядке, Монтаг!

Пожарные, в своих громоздких сапогах подобные безногим инвалидам на протезах, бегали бесшумно, как пауки.

Монтаг наконец поднял взгляд и обернулся. Битти наблюдал за его лицом.

— Что-нибудь не так, Монтаг?

— Не пойму, — медленно произнес Монтаг, — мы же остановились перед моим домом...

Part III

BURNING BRIGHT

LIGHTS flicked on and house-doors opened all down the street, to watch the carnival set up. Montag and Beatty stared, one with dry satisfaction, the other with disbelief, at the house before them, this main ring in which torches would be juggled and fire eaten.

"Well," said Beatty, "now you did it. Old Montag wanted to fly near the sun and now that he's burnt his damn wings, he wonders why. Didn't I hint enough when I sent the Hound around your place?"

Montag's face was entirely numb and featureless; he felt his head turn like a stone carving to the dark place next door, set in its bright borders of flowers.

Часть III

СВЕТЛО ГОРЯЩИЙ[1]

По всей улице вспыхивали, мерцая, огни и открывались двери: готовился карнавал. Монтаг и Битти глядели во все глаза, один — отказываясь верить увиденному, другой — с бесстрастным удовлетворением, на стоящий перед ними дом, главную арену, где вот-вот начнут жонглировать факелами и глотать пламя.

— Что ж, — произнес Битти, — ты *допрыгался*. Старина Монтаг хотел пролететь рядышком с Солнцем, и вот он сжег свои чертовы крылья, а теперь никак не поймет, в чем тут дело. Неужели мало было намека, когда я подослал Гончую к твоему дому?

Лицо Монтага совершенно онемело и утратило всякое выражение; он почувствовал, как его голова, словно каменное изваяние, повернулась в сторону темного соседского дома, окруженного ярким бордюром цветов.

Битти фыркнул:

---

[1] Название части заимствовано из начальной строфы стихотворения английского поэта Уильяма Блейка (1757–1827) «Тигр» (1794): «Тигр, о тигр, светло горящий / В глубине полночной чащи, / Кем задуман огневой / Соразмерный образ твой?» Перевод С.Я. Маршака.

Beatty snorted.

"Oh, no! You weren't fooled by that little idiot's routine, now, were you? Flowers, butterflies, leaves, sunsets, oh, hell! It's all in her file. I'll be damned. I've hit the bullseye. Look at the sick look on your face. A few grass-blades and the quarters of the moon. What trash. What good did she ever do with all that?"

Montag sat on the cold fender of the Dragon, moving his head half an inch to the left, half an inch to the right, left, right, left right, left...

"She saw everything. She didn't do anything to anyone. She just let them alone."

"Alone, hell! She chewed around you, didn't she? One of those damn do-gooders with their shocked, holier-than-thou silences, their one talent making others feel guilty. God damn, they rise like the midnight sun to sweat you in your bed!"

The front door opened; Mildred came down the steps, running, one suitcase held with a dreamlike clenching rigidity in her fist, as a beetle-taxi hissed to the curb.

"Mildred!"

— О, нет! Неужели ты и впрямь одурачен пошлым комплектом фраз той маленькой идиотки, так или нет? Цветочки, бабочки, листики, закаты, о дьявол!.. Все это есть в ее досье. Будь я проклят! Я попал в самое яблочко. Стоит только взглянуть на твой бледный вид. Несколько травинок и фазы Луны. Какой хлам! И чего хорошего она со всем этим сделала?

Монтаг присел на холодное крыло «Дракона» и повел головой на полдюйма влево, затем на полдюйма вправо, влево, вправо, влево, вправо, влево...

— Она все видела. Она никому ничего не сделала. Никому не докучала.

— Не докучала, черт побери! А вокруг тебя она не вилась, а? Она ведь из этих, из проклятущих доброхотов, которые только и умеют что потрясенно молчать, всем своим видом говоря: «А я все равно святее тебя!» Их единственный талант — заставлять других чувствовать себя виноватыми. Проклятье, они возвышаются над тобой, как полночное солнце, от которого тебя и в постели прошибает холодный пот!

Парадная дверь отворилась, и по ступенькам сошла, нет, сбежала Милдред; ее окаменевшая, словно в сонной одури, рука сжимала один-единственный чемодан. К обочине тротуара с шипением подбежал «жучок» такси.

— Милдред!

She ran past with her body stiff, her face floured with powder, her mouth gone, without lipstick.

"Mildred, you didn't put in the alarm!"
She shoved the valise in the waiting beetle, climbed in, and sat mumbling,
"Poor family, poor family, oh everything gone, everything, everything gone now..."
Beatty grabbed Montag's shoulder as the beetle blasted away and hit seventy miles an hour, far down the street, gone.

There was a crash like the falling parts of a dream fashioned out of warped glass, mirrors, and crystal prisms. Montag drifted about as if still another incomprehensible storm had turned him, to see Stoneman and Black wielding axes, shattering window-panes to provide cross-ventilation.

The brush of a death's-head moth against a cold black screen.
"Montag, this is Faber. Do you hear me? What is happening?
"This is happening to me," said Montag.

"What a dreadful surprise," said Beatty. "For everyone nowadays knows, absolutely is certain, that nothing will ever happen to me. Others die, I go on. There are no consequences and no responsibilities. Except that there are. But let's not talk

Она пробежала мимо: негнущееся тело, мучное от пудры лицо; рта, без следа помады, как и не было.

— Милдред, это же *не ты* подняла тревогу?

Она сунула чемодан в поджидавший ее «жучок», забралась внутрь и уселась, бормоча:

— Бедная «семья», бедная «семья», ох все пропало, все, теперь все пропало...

Битти схватил Монтага за плечо, «жучок» тут же рванул с места, мигом набрал скорость семьдесят миль в час, и вот он уже в конце улицы, вот его уже нет.

Раздался звон, словно вдребезги разбилась мечта, собранная из витого стекла, зеркал и хрустальных призм. Монтаг покачнулся, его развернуло, будто неизвестно откуда налетел еще один шквал, и он увидел, как Стоунмен и Блэк, работая топорами, крушат оконные рамы, чтобы устроить перекрестную вентиляцию.

Шорох бабочки «мертвая голова», тычущейся в холодный черный экран:

— Монтаг, это Фабер. Вы слышите меня? Что там происходит?

— То, что происходит, происходит *со мной*, — сказал Монтаг.

— Какой ужасный сюрприз! — воскликнул Битти. — Ведь в наши дни каждый полагает, каждый *абсолютно* уверен: «*Со мной-то* уж никогда ничего не произойдет». Это другие умирают, а я буду жить и жить. Нет последствий,

about them, eh? By the time the consequences catch up with you, it's too late, isn't it, Montag?"

"Montag, can you get away, run?" asked Faber.

Montag walked but did not feel his feet touch the cement and then the night grasses. Beatty flicked his igniter nearby and the small orange flame drew his fascinated gaze.

"What is there about fire that's so lovely? No matter what age we are, what draws us to it?" Beatty blew out the flame and lit it again. "It's perpetual motion; the thing man wanted to invent but never did. Or almost perpetual motion. If you let it go on, it'd burn our lifetimes out. What is fire? It's a mystery. Scientists give us gobbledegook about friction and molecules. But they don't really know. Its real beauty is that it destroys responsibility and consequences. A problem gets too burdensome, then into the furnace with it. Now, Montag, you're a burden. And fire will lift you off my shoulders, clean, quick, sure; nothing to rot later. Antibiotic, aesthetic, practical."

нет и ответственности. Кроме разве того, что они все-таки *есть*. Впрочем, не будем сейчас о них говорить, ладно? К тому времени как последствия тебя настигают, уже ничего не поделаешь, не так ли, Монтаг?

— Монтаг, вы можете убраться оттуда, убежать? — спросил Фабер.

Монтаг шел, но не чувствовал, как его ноги касаются цемента, а затем и ночной травы. Рядом с ним Битти щелкнул зажигателем и завороженно уставился на оранжевый язычок пламени.

— Что в огне такое, что делает его столь привлекательным? Сколько бы ни было нам лет, мы всегда тянемся к нему, в чем тут причина? — Битти задул огонек и снова зажег его. — В вечном движении. Человек всегда хотел изобрести эту штуку, но так и не изобрел. Огонь — это почти вечное движение. Если ему только позволить, он выжжет дотла всю нашу жизнь, от рождения до смерти. Что есть огонь? Это тайна. Ученые кулдыкают что-то такое о трении и молекулах, а на самом деле они ничего не знают. Главная прелесть огня в том, что он убирает последствия и уничтожает ответственность. Проблема стала чересчур обременительной? В печку ее! Вот и ты, Монтаг, стал таким бременем. И огонь снимет тебя с моей шеи — быстро, чисто, наверняка потом даже гнить будет нечему. Эстетично, антибиотично, практично.

Montag stood looking in now at this queer house, made strange by the hour of the night, by murmuring neighbour voices, by littered glass, and there on the floor, their covers torn off and spilled out like swan-feathers, the incredible books that looked so silly and really not worth bothering with, for these were nothing but black type and yellowed paper, and ravelled binding.

Mildred, of course. She must have watched him hide the books in the garden and brought them back in. Mildred. Mildred.

"I want you to do this job all by your lonesome, Montag. Not with kerosene and a match, but piecework, with a flamethrower. Your house, your clean-up."

"Montag, can't you run, get away!"

"No!" cried Montag helplessly. "The Hound! Because of the Hound!"

Faber heard, and Beatty, thinking it was meant for him, heard.

"Yes, the Hound's somewhere about the neighbourhood, so don't try anything. Ready?"

"Ready." Montag snapped the safety-catch on the flamethrower.

"Fire!"

Монтаг стоял и глядел, и вглядывался в этот престранный дом, ставший совсем чужим из-за позднего часа, бормотанья соседских голосов и битого стекла вокруг; а вон там на полу, меж сорванных обложек, рассыпавшихся, как лебединые перья, лежат эти непостижимые книги, которые сейчас выглядят так нелепо и никчемно, будто и впрямь не стоят они того, чтобы из-за них переживать, раз нет в них ничего, кроме черного шрифта, пожелтевшей бумаги и обтрепавшихся переплетов.

Да, это, конечно, Милдред. Она, должно быть, подглядела, как он прятал книги в саду, и снова принесла их в дом. Милдред. Милдред.

— Я хочу, Монтаг, чтобы ты проделал эту работу один-одинешенек. И не с керосином и спичками, а поштучно, с огнеметом в руках. Твой дом, тебе и чистить.

— Монтаг, вы что, не можете бежать? Убирайтесь оттуда!

— Нет! — беспомощно крикнул Монтаг. — Гончая! Все из-за Гончей!

Фабер услышал, но и Битти, решивший, что это предназначалось ему, услышал тоже.

— Да, Гончая где-то здесь поблизости, так что ничего такого и не думай. Ну, готов?

— Да. — Монтаг щелкнул предохранителем огнемета.

— Огонь!

A great nuzzling gout of flame leapt out to lap at the books and knock them against the wall. He stepped into the bedroom and fired twice and the twin beds went up in a great simmering whisper, with more heat and passion and light than he would have supposed them to contain. He burnt the bedroom walls and the cosmetics chest because he wanted to change everything, the chairs, the tables, and in the dining-room the silverware and plastic dishes, everything that showed that he had lived here in this empty house with a strange woman who would forget him tomorrow, who had gone and quite forgotten him already, listening to her Seashell radio pour in on her and in on her as she rode across town, alone. And as before, it was good to burn, he felt himself gush out in the fire, snatch, rend, rip in half with flame, and put away the senseless problem. If there was no solution, well then now there was no problem, either. Fire was best for everything!

"The books, Montag!"
The books leapt and danced like roasted birds, their wings ablaze with red and yellow feathers.

And then he came to the parlour where the great idiot monsters lay asleep with their white

Огромная чуткая лапа огня выметнулась наружу и накрыла книги, отшвырнула их, вбила в стену. Он вошел в спальню, выстрелил дважды, и кровати-двойняшки с громокипящим шепотом взвились в воздух. Монтаг и не подозревал, что в них могло содержаться столько света, страсти и тепла. Он сжег стены спальни и комодик с косметикой, потому что хотел все здесь изменить, и стулья, и столы, и серебряные приборы в столовой, и пластиковую посуду, — все, что кричало о том, как он жил здесь, в этом пустом доме, с чужой женщиной, которая завтра забудет его, она уже вполне забыла его, едва покинув дом, потому что в ушах у нее «ракушки», и она едет сейчас через весь город, одна, совсем одна, и слушает радио, которое вливается, и вливается, и обливает ее. И, как и раньше, жечь было наслаждением. Монтагу казалось, что вместе с огнем из сопла вырывается он сам, хватает все, рвет языками пламени, раздирает пополам и избавляется от бессмысленной проблемы. Не получается решение? Ну что же, теперь не будет и самой проблемы. Огонь — лучшее средство от всего на свете!

— Монтаг, книги!

Книги прыгали и плясали, как зажариваемые живьем птицы, на крыльях которых полыхали красные и желтые перья.

А затем он перешел в гостиную, где, незримо улегшись, спали огромные чудовища-идиоты

thoughts and their snowy dreams. And he shot a bolt at each of the three blank walls and the vacuum hissed out at him. The emptiness made an even emptier whistle, a senseless scream. He tried to think about the vacuum upon which the nothingness had performed, but he could not. He held his breath so the vacuum could not get into his lungs. He cut off its terrible emptiness, drew back, and gave the entire room a gift of one huge bright yellow flower of burning. The fire-proof plastic sheath on everything was cut wide and the house began to shudder with flame.

"When you're quite finished," said Beatty behind him. "You're under arrest."

The house fell in red coals and black ash. It bedded itself down in sleepy pink-grey cinders and a smoke plume blew over it, rising and waving slowly back and forth in the sky. It was three-thirty in the morning. The crowd drew back into the houses; the great tents of the circus had slumped into charcoal and rubble and the show was well over.

Montag stood with the flame-thrower in his limp hands, great islands of perspiration drenching his armpits, his face smeared with soot. The other firemen waited behind him, in the darkness,

с их белыми думами и снежными грезами. Он пустил по стреле огня в каждую из трех глухих стен, и оттуда на него зашипел вакуум. Пустота и свист испускала пустой, еще более пустой, чем она сама, бессмысленный вопль. Монтаг попытался вообразить себе этот вакуум, на поверхности которого пустое небытие разыгрывало свои спектакли, но у него ничего не получилось. Он задержал дыхание, чтобы вакуум не проник ему в легкие. Одним движением он отсек от себя его жуткую пустоту и, отпрянув, подарил всей комнате огромный и яркий желтый цветок всесожжения. Огнеупорный пластик, облекавший все вокруг, вскрылся, как от удара ножа, и весь дом начал содрогаться от пламени.

— Когда полностью закончишь, — сказал за его спиной Битти, — пойдешь под арест.

Дом упал в облаке красных углей и черного пепла. Он улегся на ложе из сонной розово-серой золы, и над ним поднялся, поплыл к небу, медленно колеблясь из стороны в сторону, султан дыма. Было три тридцать утра. Толпа рассосалась по домам: огромные цирковые шатры тяжело осели грудами углей и мусора, представление давно закончилось.

Монтаг стоял с огнеметом в безвольных руках, под мышками мокли огромные острова пота, лицо было измазано сажей. Остальные пожарные спокойно ждали за его спиной, оста-

their faces illuminated faintly by the smouldering foundation.

Montag started to speak twice and then finally managed to put his thought together.

"Was it my wife turned in the alarm?"

Beatty nodded.

"But her friends turned in an alarm earlier, that I let ride. One way or the other, you'd have got it. It was pretty silly, quoting poetry around free and easy like that. It was the act of a silly damn snob. Give a man a few lines of verse and he thinks he's the Lord of all Creation. You think you can walk on water with your books. Well, the world can get by just fine without them. Look where they got you, in slime up to your lip. If I stir the slime with my little finger, you'll drown!"

Montag could not move. A great earthquake had come with fire and levelled the house and Mildred was under there somewhere and his entire life under there and he could not move. The earthquake was still shaking and falling and shivering inside him and he stood there, his knees half-bent under the great load of tiredness and bewilderment and outrage, letting Beatty hit him without raising a hand.

ваясь в тени, лишь только их лица были слабо освещены тлеющим фундаментом.

Монтаг дважды начинал говорить и, наконец, ему удалось собраться с мыслями:

— Так это моя жена подняла тревогу?

Битти кивнул.

— Но ее подруги подняли тревогу еще раньше, задолго до того, как я дал команду выезжать. Так или иначе, но ты бы все равно попался. Это было весьма глупо — цитировать стихи направо и налево, не считаясь ни с чем. Так мог поступить только чертовски глупый сноб. Дайте человеку несколько строчек стихов, и он тут же начинает мнить себя Создателем. Ты решил, что с этими книгами способен ходить по воде, словно посуху, между тем мир может прекрасно обходиться без них. Погляди, куда они тебя завели, ты сидишь в зловонной жиже по самые губы. Стоит мне всколыхнуть эту жижу мизинцем, и ты захлебнешься!

Монтаг не мог двигаться. Грянуло великое землетрясение, в дыму и пламени, и сровняло его дом с землей, и где-то там, под развалинами, была Милдред, и где-то там была вся его жизнь, поэтому он не мог двигаться. Землетрясение все еще продолжалось, внутри его что-то качалось, и падало, и содрогалось, а он стоял на полусогнутых ногах, едва сдерживая тяжкий груз усталости, недоумения и позора, и позво-

"Montag, you idiot, Montag, you damn fool; why did you really do it?"

Montag did not hear, he was far away, he was running with his mind, he was gone, leaving this dead soot-covered body to sway in front of another raving fool.

"Montag, get out of there!" said Faber.

Montag listened.
Beatty struck him a blow on the head that sent him reeling back. The green bullet in which Faber's voice whispered and cried, fell to the sidewalk. Beatty snatched it up, grinning. He held it half in, half out of his ear.

Montag heard the distant voice calling,
"Montag, you all right?"
Beatty switched the green bullet off and thrust it in his pocket.
"Well—so there's more here than I thought. I saw you tilt your head, listening. First I thought you had a Seashell. But when you turned clever later, I wondered. We'll trace this and drop it on your friend."

лял Битти избивать его, не прикладая при этом рук.

— Ты идиот, Монтаг. Ты, Монтаг, полный дурак. Ну скажи, идиот проклятый, зачем ты *в самом деле* сотворил такое?

Монтаг не слышал, он был далеко отсюда, в мыслях он убегал прочь, его уже вовсе не было здесь, осталось лишь мертвое, покрытое сажей тело, которое раскачивалось перед другим безумствующим дураком.

— Монтаг, выбирайтесь оттуда! — сказал Фабер.

Монтаг прислушался.

Битти с такой силой ударил его по голове, что Монтага отбросило на несколько шагов. Зеленая пуля, в которой продолжал шептать и кричать голос Фабера, упала на тротуар. Ухмыляясь, Битти схватил ее и наполовину вставил себе в ухо.

До Монтага донесся далекий голос:

— Монтаг, вы в порядке?

Битти выключил зеленую пулю и сунул ее в карман.

— Ну-ну... Значит, здесь кроется нечто большее, чем я думал. Я видел, как ты наклонял голову, прислушиваясь к чему-то. Поначалу я решил, что у тебя там «ракушка», но потом, когда ты внезапно поумнел, я призадумался. Мы еще проследим, куда ведет эта ниточка, и примерно накажем твоего дружка.

"No!" said Montag.

He twitched the safety catch on the flame-thrower. Beatty glanced instantly at Montag's fingers and his eyes widened the faintest bit. Montag saw the surprise there and himself glanced to his hands to see what new thing they had done. Thinking back later he could never decide whether the hands or Beatty's reaction to the hands gave him the final push toward murder. The last rolling thunder of the avalanche stoned down about his ears, not touching him.

Beatty grinned his most charming grin.

"Well, that's one way to get an audience. Hold a gun on a man and force him to listen to your speech. Speech away. What'll it be this time? Why don't you belch Shakespeare at me, you fumbling snob? 'There is no terror, Cassius, in your threats, for I am arm'd so strong in honesty that they pass by me as an idle wind, which I respect not!' How's that? Go ahead now, you second-hand litterateur, pull the trigger."

He took one step toward Montag.

— Нет! — выкрикнул Монтаг.

Он крутанул предохранитель огнемета. Битти мгновенно перевел взгляд на пальцы Монтага, и глаза его слегка расширились. Монтаг увидел в них удивление и сам взглянул на свои руки, пытаясь разобрать, что же еще они выкинули на этот раз. Позднее, обдумывая случившееся, он так и не смог понять, что именно — то ли сами руки, то ли реакция на них Битти — дало тот последний толчок, который привел к убийству. Последний рокочущий гром лавины обрушился на него, камни ударили по ушам, но больше ничего не задели.

Битти улыбнулся самой своей очаровательной улыбкой.

— Ну что же, это один из способов овладеть аудиторией. Если нацелить на человека ствол, можно заставить его выслушать любую речь. Ладно, давай сюда свою речь. Что у нас на этот раз? Почему бы тебе не изрыгнуть на меня Шекспира, сноб недотепистый? «Мне не страшны твои угрозы, Кассий. Вооружен я доблестью так крепко, что все они, как легкий ветер, мимо проносятся»[1]. Ну как? Смелее, ты, беллетрист второсортный, спускай наконец курок!

И Битти сделал один шажок по направлению к Монтагу.

---

[1] Слова Брута из трагедии У. Шекспира «Юлий Цезарь», действие 4, сцена 3. Перевод М.А. Зенкевича.

Montag only said, "We never burned right..."

"Hand it over, Guy," said Beatty with a fixed smile.

And then he was a shrieking blaze, a jumping, sprawling, gibbering mannikin, no longer human or known, all writhing flame on the lawn as Montag shot one continuous pulse of liquid fire on him. There was a hiss like a great mouthful of spittle banging a redhot stove, a bubbling and frothing as if salt had been poured over a monstrous black snail to cause a terrible liquefaction and a boiling over of yellow foam. Montag shut his eyes, shouted, shouted, and fought to get his hands at his ears to clamp and to cut away the sound. Beatty flopped over and over and over, and at last twisted in on himself like a charred wax doll and lay silent.

The other two firemen did not move.

Montag kept his sickness down long enough to aim the flame-thrower.

"Turn around!"

They turned, their faces like blanched meat, streaming sweat; he beat their heads, knocking off

— Мы никогда не жгли *по справедливости*... — только и произнес Монтаг.

— Дай эту штуку сюда, Гай, — сказал Битти с застывшей улыбкой. И стал вопящей вспышкой, скачущим врастопырку, что-то тараторящим манекеном, в котором не осталось ничего человеческого, ничего узнаваемого, только корчащееся пламя на газоне, в том месте, куда Монтаг выпалил долгую пульсирующую струю жидкого огня. И было шипение, словно кто-то, набрав полный рот слюны, плюнул на раскаленную докрасна плиту, и было бульканье, и пошла пена, как если бы чудовищную черную улитку обсыпали солью, отчего началось ужасное разжижение и кипение желтых пузырей. Монтаг зажмурился, он кричал, кричал, кричал и все силился дотянуться руками до ушей, чтобы, заткнув их, отсечь страшный звук, а Битти бился и перекидывался, и переворачивался, и перекручивался на траве, пока наконец не свернулся, словно обугленная восковая кукла, и не затих.

Двое других пожарных стояли совершенно недвижно.

Монтаг уже давно сдерживал в себе дурноту, поэтому у него хватило сил нацелить на них огнемет.

— Повернитесь!

Они повернулись; на лицах струи пота, цвет серый, как у мяса, припущенного на огне. Мон-

their helmets and bringing them down on themselves. They fell and lay without moving.

The blowing of a single autumn leaf.
He turned and the Mechanical Hound was there.

It was half across the lawn, coming from the shadows, moving with such drifting ease that it was like a single solid cloud of black-grey smoke blown at him in silence.

It made a single last leap into the air, coming down at Montag from a good three feet over his head, its spidered legs reaching, the procaine needle snapping out its single angry tooth. Montag caught it with a bloom of fire, a single wondrous blossom that curled in petals of yellow and blue and orange about the metal dog, clad it in a new covering as it slammed into Montag and threw him ten feet back against the bole of a tree, taking the flame-gun with him. He felt it scrabble and seize his leg and stab the needle in for a moment before the fire snapped the Hound up in the air, burst its metal bones at the joints, and blew out its interior in the single flushing of red colour like a skyrocket fastened to the street. Montag lay watching the dead-alive thing fiddle the air and die. Even now it seemed to want to get back at him and finish the injection which was now working through the flesh of his leg. He felt all of the mingled relief

таг ударил их по головам, сшиб каски, пожарные повалились друг на друга и, упав, больше не шевелились.

Как будто лист слетел, осенний, одинокий.

Монтаг обернулся, пред ним была Механическая Гончая.

Явившись из мрака, она успела одолеть полгазона, двигаясь с такой плавучей легкостью, что казалась цельным и твердым облаком черно-серого дыма, в полнейшей тишине несущимся на Монтага ветром.

Она сделала один-единственный последний прыжок, взвилась в воздух на добрых три фута выше головы Монтага и стала падать, протягивая к нему паучьи лапы и лязгая прокаиновой иглой, своим единственным озленным зубом. Монтаг ударил ее влет цветком огня, тем чудодейственным бутоном, что может распуститься только раз, цветок обвил металлического пса своими желтыми, синими, оранжевыми лепестками, тем самым одев его в новый наряд, и тут зверь врезался в Монтага, отшвырнув его футов на десять назад, к древесному стволу дерева, но огнемета тот не выпустил. Монтаг услышал царапанье, а потом почувствовал, как Гончая хватает его за ногу и вонзает в нее иглу, но длилось это доли секунды, потому что в следующий миг огонь взметнул зверя в воздух, переломал в суставах металлические кости и выплеснул наружу его внутренности мощной струей ярко-крас-

and horror at having pulled back only in time to have just his knee slammed by the fender of a car hurtling by at ninety miles an hour. He was afraid to get up, afraid he might not be able to gain his feet at all, with an anaesthetized leg. A numbness in a numbness hollowed into a numbness...

And now...?

The street empty, the house burnt like an ancient bit of stage-scenery, the other homes dark, the Hound here, Beatty there, the three other firemen another place, and the Salamander...? He gazed at the immense engine. That would have to go, too.

Well, he thought, let's see how badly off you are. On your feet now. Easy, easy... there.

He stood and he had only one leg. The other was like a chunk of burnt pine-log he was carrying along as a penance for some obscure sin. When he put his weight on it, a shower of silver needles

ного цвета, словно вдруг пустили сигнальную ракету, надежно прикрепив ее к земле. Монтаг лежал и смотрел, как эта мертво-живая тварь, умирая, сучит лапами в воздухе. Даже теперь, казалось, зверь все еще хотел добраться до него и довести инъекцию до конца, хотя яд уже начал свою разрушительную работу в ноге Монтага. Его охватило смешанное чувство облегчения и ужаса, как у человека, который успел отскочить от машины, пронесшейся мимо со скоростью девяносто миль в час, но при этом бампер все же разбил ему колено. Он боялся подняться, боялся, что с анестезированной голенью вообще не сумеет удержаться на ногах. Онемение онемелости онемевшей пустотелости...

И что дальше?..

Улица безлюдна, дом выгорел, как ветхий клок театральной декорации, все прочие дома темны, Гончая здесь, Битти там, двое других пожарных где-то еще, а «Саламандра»?.. Он взглянул на огромную машину. Ей тоже надо бы исчезнуть.

«Ну, — подумал он, — давай посмотрим, сможешь ли ты обойтись без посторонней помощи. Становись на ноги! Легче, легче... *Вот!*»

Он стоял, и у него была только одна нога. Вторая была обгоревшим сосновым чурбаком, который он таскал с собой в наказание за какой-то неясный грех. Стоило ему перенести на нее

gushed up the length of the calf and went off in the knee. He wept. Come on! Come on, you, you can't stay here!

A few house-lights were going on again down the street, whether from the incidents just passed, or because of the abnormal silence following the fight, Montag did not know. He hobbled around the ruins, seizing at his bad leg when it lagged, talking and whimpering and shouting directions at it and cursing it and pleading with it to work for him now when it was vital. He heard a number of people crying out in the darkness and shouting. He reached the back yard and the alley. Beatty, he thought, you're not a problem now. You always said, don't face a problem, bum it. Well, now I've done both. Good-bye, Captain.

And he stumbled along the alley in the dark.

A shotgun blast went off in his leg every time he put it down and he thought, you're a fool, a damn fool, an awful fool, an idiot, an awful idiot, a damn idiot, and a fool, a damn fool; look at the mess and where's the mop, look at the mess, and what do you do? Pride, damn it, and temper, and

тяжесть, как в икру вонзался сноп серебряных игл, и боль волной поднималась к колену. Монтаг заплакал.

«Ну пошли! Слышишь, ты?! Пошли! Тебе нельзя здесь оставаться!» Дальше по улице в нескольких домах снова зажглись огни — то ли недавние события были тому причиной, то ли противоестественная тишина, наступившая после сражения, Монтаг так и не понял. Он ковылял среди развалин, то и дело хватаясь за больную ногу, когда она начинала отставать; он и разговаривал с ней, и хныкал, и выкрикивал команды, указывая, куда идти, и проклинал ее, и умолял поработать как следует, ведь от этого сейчас зависела вся его жизнь. Он слышал, как несколько человек, окликнув друг друга, перекрикивались в темноте. Наконец Монтаг добрался до заднего двора, выходившего в переулок. «Ну что же, Битти, — подумал он, — вот вы больше и не проблема. Вы сами всегда говорили: «Не решай проблему, сожги ее». Вот я и сделал оба дела сразу — и не решил, и сжег. Прощайте, Капитан!»

И он заковылял в темноте по переулку.

Ружейный выстрел гремел в ноге всякий раз, когда он на нее наступал, и Монтаг думал: «Дурак, проклятый дурак, ужасный дурак, идиот, ужасный идиот, проклятый идиот, и еще раз дурак, проклятый дурак; ты посмотри, какая каша, а ведь швабры-то нет, не вымоешь, ты

you've junked it all, at the very start you vomit on everyone and on yourself. But everything at once, but everything one on top of another; Beatty, the women, Mildred, Clarisse, everything. No excuse, though, no excuse. A fool, a damn fool, go give yourself up!

No, we'll save what we can, we'll do what there is left to do. If we have to burn, let's take a few more with us. Here!

He remembered the books and turned back. Just on the off chance.

He found a few books where he had left them, near the garden fence. Mildred, God bless her, had missed a few. Four books still lay hidden where he had put them. Voices were wailing in the night and flashbeams swirled about. Other Salamanders were roaring their engines far away, and police sirens were cutting their way across town with their sirens.

Montag took the four remaining books and hopped, jolted, hopped his way down the alley and suddenly fell as if his head had been cut off and only his body lay there. Something inside had

только посмотри, какую кашу ты заварил и расплескал всюду, и что теперь будешь делать? Гордыня, черт побери, и дурацкий нрав, все искромсал, все испортил, с первых шагов блюешь на всех и вся, а в первую очередь на себя. Но ведь все навалилось разом, одно за другим — Битти, эти женщины, Милдред, Кларисса, все подряд... Впрочем, это не оправдание, нет, не оправдание. Дурак, проклятый дурак, ну что, идем сдаваться?»

«Нет, мы все-таки спасем то, что можем спасти, сделаем то немногое, что еще осталось сделать. И если нам суждено гореть, давай-ка прихватим с собой кое-кого еще!»

Он вспомнил о книгах и повернул обратно. Ничтожный шанс, но он все-таки есть.

Он действительно нашел несколько книг там, где их оставил, — возле садовой изгороди. Милдред, благослови ее Господь, упустила несколько книг. Четыре книги по-прежнему лежали в том самом месте, где он их спрятал. В темноте завывали голоса, вокруг шарили лучи карманных фонариков. А вдали уже ревели другие «Саламандры», грохот их двигателей далеко разносился в ночи, и полицейские машины тоже прорезали себе путь сквозь город воем своих сирен.

Монтаг забрал четыре оставшиеся книги и запрыгал, подскакивая на каждом шагу, запрыгал по переулку — и вдруг упал, словно ему отсекли голову, а туловище бросили лежать на тро-

jerked him to a halt and flopped him down. He lay where he had fallen and sobbed, his legs folded, his face pressed blindly to the gravel.

Beatty wanted to die.
In the middle of the crying Montag knew it for the truth. Beatty had wanted to die. He had just stood there, not really trying to save himself, just stood there, joking, needling, thought Montag, and the thought was enough to stifle his sobbing and let him pause for air. How strange, strange, to want to die so much that you let a man walk around armed and then instead of shutting up and staying alive, you go on yelling at people and making fun of them until you get them mad, and then...

At a distance, running feet.
Montag sat up. Let's get out of here. Come on, get up, get up, you just can't sit! But he was still crying and that had to be finished. It was going away now. He hadn't wanted to kill anyone, not even Beatty. His flesh gripped him and shrank as if it had been plunged in acid. He gagged. He saw Beatty, a torch, not moving, fluttering out on the grass. He bit at his knuckles. I'm sorry, I'm sorry, oh God, sorry...

туаре. Что-то внутри его рывком остановило его тело и швырнуло на землю. Он лежал, где упал, и рыдал, подобрав под себя ноги и вжавшись незрячим лицом в гравий.

«Битти хотел умереть».

Только разрыдавшись, Монтаг понял, что это было именно так. Битти хотел умереть. Ведь он просто стоял там и ничего не делал, чтобы спастись, даже не пытался спастись, просто стоял и вышучивал его, подковыривал по-всякому, думал Монтаг, и этой мысли хватило, чтобы он подавил в себе рыдания и дал передышку легким, жаждавшим воздуха. Как странно, странно — столь сильно хотеть смерти, что ты разрешаешь человеку ходить вокруг тебя с оружием и вместо того, чтобы заткнуться и тем самым спасти себе жизнь, продолжаешь орать на окружающих людей, и высмеивать их, пока они совсем не взбесятся, и тогда...

Неподалеку — топот бегущих ног.

Монтаг сел. Давай выбираться отсюда. Пошли, вставай, вставай, ты что, так и будешь здесь сидеть? Но он все еще плакал, и с этим нужно было покончить. Рыдания понемногу стихали. Ведь он никого не хотел убивать, никого, даже Битти. Его собственная плоть стиснула его, съежившись, словно тело погрузили в кислоту. Монтаг скорчился, давясь. Он снова увидел Битти — живой недвижный факел, трепещущий, угасая, на траве. Он впился зубами в костяшки

He tried to piece it all together, to go back to the normal pattern of life a few short days ago before the sieve and the sand, Denham's Dentifrice, moth-voices, fireflies, the alarms and excursions, too much for a few short days, too much, indeed, for a lifetime.

Feet ran in the far end of the alley.
"Get up!" he told himself.
"Damn it, get up!" he said to the leg, and stood. The pains were spikes driven in the kneecap and then only darning needles and then only common, ordinary safety pins, and after he had dragged along fifty more hops and jumps, filling his hand with slivers from the board fence, the prickling was like someone blowing a spray of scalding water on that leg. And the leg was at last his own leg again. He had been afraid that running might break the loose ankle. Now, sucking all the night into his open mouth, and blowing it out pale, with all the blackness left heavily inside himself, he set out in a steady jogging pace. He carried the books in his hands.

пальцев. Простите меня, простите меня, о Боже, как же я виноват...

Он пытался собрать все кусочки воедино, вернуться к нормальному рисунку жизни, каким он был всего несколько коротких дней назад, до того как в него вошли сито, песок, зубная паста «Денем», голоса ночных бабочек, огненные светляки, сигналы тревоги, прогулки по ночному городу, слишком много всего для нескольких коротких дней, да, в сущности, для целой жизни тоже много.

Топот ног в дальнем конце переулка.

«Вставай! — приказал он себе.

«Вставай, черт тебя побери!» — крикнул он ноге.

И встал.

Боль была такая, словно в коленные чашечки ему вонзали спицы, а потом это были уже штопальные иглы, а потом заурядные, обыкновеннейшие английские булавки, а затем, после того как он в немыслимом танце, сделав еще пятьдесят прыжков и скачков, миновал деревянный забор, нашпиговав себе руку занозами, боль от уколов стала походить на то, как если бы кто-то время от времени обдавал его ногу кипятком из пульверизатора. И наконец эта нога снова стала его собственной ногой. Он боялся, что если побежит, то может сломать ослабевшую лодыжку, но спустя какое-то время, втягивая широко открытым ртом всю черную ночь и выдыхая ее уже по-

He thought of Faber.

Faber was back there in the steaming lump of tar that had no name or identity now. He had burnt Faber, too. He felt so suddenly shocked by this that he felt Faber was really dead, baked like a roach in that small green capsule shoved and lost in the pocket of a man who was now nothing but a frame skeleton strung with asphalt tendons.

You must remember, burn them or they'll burn you, he thought. Right now it's as simple as that.

He searched his pockets, the money was there, and in his other pocket he found the usual Seashell upon which the city was talking to itself in the cold black morning.

"Police Alert. Wanted: Fugitive in city. Has committed murder and crimes against the State. Name: Guy Montag. Occupation: Fireman. Last seen..."

He ran steadily for six blocks, in the alley, and then the alley opened out on to a wide empty thoroughfare ten lanes wide. It seemed like a boatless

бледневшей, так что вся темнота тяжело оседала в нем самом, он все же пустился дальше ровной мерной трусцой. Книги он держал в руках.

Он думал о Фабере.

Фабер остался там, в дымящейся глыбе вара, не имевшей теперь ни имени, ни сущности. Он сжег и Фабера тоже. Эта мысль внезапно так потрясла его, что ему привиделось, будто Фабер на самом деле умер, изжарившись, как таракан, в той крошечной, засунутой в карман зеленой капсуле. Капсуле, затерявшейся в одежде человека, от которого не осталось уже ничего, кроме голого скелета, стянутого асфальтовыми жилами.

«Ты должен помнить: сожги их, или они сожгут тебя!» — вспомнилось ему. Ну что же, сейчас все свелось именно к этому.

Он порылся в карманах, деньги были там, и еще он нашел в одном из карманов привычную «ракушку», по которой город разговаривал сам с собой в это холодное черное утро.

— Полицейская тревога. Объявлен розыск: беглец в черте города. Совершил убийство и преступления против государства. Имя: Гай Монтаг. Род занятий: пожарный. В последний раз замечен...

Он пробежал, не останавливаясь, шесть кварталов, а затем переулок выскочил на широкий, в десять полос, безлюдный проспект. Он казал-

river frozen there in the raw light of the high white arc-lamps; you could drown trying to cross it, he felt; it was too wide, it was too open. It was a vast stage without scenery, inviting him to run across, easily seen in the blazing illumination, easily caught, easily shot dow.

The Seashell hummed in his ear.
"...watch for a man running...watch for the running man... watch for a man alone, on foot... watch..."

Montag pulled back into the shadows. Directly ahead lay a gas station, a great chunk of porcelain snow shining there, and two silver beetles pulling in to fill up. Now he must be clean and presentable if he wished, to walk, not run, stroll calmly across that wide boulevard. It would give him an extra margin of safety if he washed up and combed his hair before he went on his way to get where...?

Yes, he thought, where am I running?
Nowhere. There was nowhere to go, no friend to turn to, really. Except Faber. And then he realized that he was indeed, running toward Faber's

ся пустынной — ни единой лодки — рекой, застывшей в резком белом свете высоких дуговых ламп; если попытаться пересечь ее, можно утонуть, подумал Монтаг, слишком широкой была эта река, слишком открытой. И еще это была огромная сцена без декораций, которая приглашала Монтага перебежать через нее — чтобы любой мог легко заметить его в ярких лучах иллюминации, легко поймать, легко застрелить.

«Ракушка» гудела в его ухе:

— ...наблюдайте, не появится ли бегущий мужчина... бегущий мужчина... наблюдайте, не появится ли одинокий мужчина... пеший... наблюдайте...

Монтаг отпрянул в тень. Прямо перед ним была бензозаправочная станция — огромная сверкающая глыба фарфорового снега; к ней подъезжали для заправки два серебряных «жука». Если хочешь пересечь этот широкий бульвар, сказал он себе, ты должен быть чистым и презентабельным, ты должен не бежать, а идти, спокойно идти, как бы прогуливаясь. А если ты умоешься и причешешь волосы, это лишь добавит безопасности, и тогда ты сможешь продолжить свой путь и добраться до... *чего*?

Да, подумал он, куда, собственно, *я бегу*?

Никуда. Ему и в самом деле некуда идти, у него нет ни единого друга, к которому можно было бы обратиться. Кроме разве что Фабера.

house, instinctively. But Faber couldn't hide him; it would be suicide even to try. But he knew that he would go to see Faber anyway, for a few short minutes. Faber's would be the place where he might refuel his fast draining belief in his own ability to survive. He just wanted to know that there was a man like Faber in the world. He wanted to see the man alive and not burned back there like a body shelled in another body. And some of the money must be left with Faber, of course, to be spent after Montag ran on his way. Perhaps he could make the open country and live on or near the rivers and near the highways, in the fields and hills.

A great whirling whisper made him look to the sky.

The police helicopters were rising so far away that it seemed someone had blown the grey head off a dry dandelion flower. Two dozen of them flurried, wavering, indecisive, three miles off, like butterflies puzzled by autumn, and then they were plummeting down to land, one by one, here, there, softly kneading the streets where, turned back to beetles, they shrieked along the boulevards or, as

И тут он осознал, что и впрямь бежит, совершенно инстинктивно, по направлению к дому Фабера. Но Фабер не может его укрыть, такая попытка была бы самоубийством. И в то же время Монтаг понимал, что он все равно заглянет к Фаберу, хотя бы на несколько коротких минут. Дом Фабера — то самое место, где он сможет подзарядить свою быстро садящуюся веру в собственную способность к выживанию. Ему просто надо знать, что на свете живет такой человек, как Фабер. Ему необходимо убедиться, что этот человек жив, а не испепелился там, на газоне, не сгорел, как тело внутри другого тела. И конечно же, надо еще оставить Фаберу часть денег, чтобы он мог их тратить, когда Монтаг побежит дальше. Возможно, он все-таки сумеет выбраться из города и тогда сможет начать жить где-нибудь на реке, или поблизости от реки, или рядом со скоростным шоссе, в полях или на холмах.

Могучий вихревой шелест заставил его поднять глаза.

В небо поднимались полицейские вертолеты, пока еще так далеко, что казалось, будто кто-то сдунул серую головку сухого одуванчика. Два десятка машин реяли над городом в трех милях от Монтага, нерешительно тычась в воздухе, словно бабочки, озадаченные осенью, а затем они начали отвесно падать на землю, то одна, то другая, то здесь, то там, чтобы, мягко взбив те-

suddenly, leapt back into the sir, continuing their search.

And here was the gas station, its attendants busy now with customers. Approaching from the rear, Montag entered the men's washroom. Through the aluminium wall he heard a radio voice saying, "War has been declared." The gas was being pumped outside. The men in the beetles were talking and the attendants were talking about the engines, the gas, the money owed. Montag stood trying to make himself feel the shock of the quiet statement from the radio, but nothing would happen. The war would have to wait for him to come to it in his personal file, an hour, two hours from now.

He washed his hands and face and towelled himself dry, making little sound. He came out of the washroom and shut the door carefully and walked into the darkness and at last stood again on the edge of the empty boulevard.

There it lay, a game for him to win, a vast bowling alley in the cool morning. The boulevard was as clean as the surface of an arena two minutes before the appearance of certain unnamed victims and certain unknown killers. The air over and

сто улиц, неожиданно обратиться в полицейских жуков, которые принимались с визгом носиться по бульварам или же, так же внезапно, снова взмывали в воздух, продолжая свои поиски.

А здесь перед ним была заправочная станция, служители которой как раз сейчас занимались обслуживанием клиентов. Подойдя к зданию сзади, Монтаг вошел в мужской туалет. Сквозь алюминиевую стену он услышал, как голос по радио сказал: «Объявлена война». На улице в баки машин закачивался бензин. Мужчины в «жуках» говорили что-то, и служители станции тоже говорили — о двигателях, бензине, о том, сколько им должны за заправку. Монтаг стоял, пытаясь заставить себя почувствовать весь ужас спокойного заявления, сделанного по радио, но у него ничего не получалось. Чтобы войти в его личную жизнь, войне надо будет подождать — час, может быть, два часа.

Не издавая лишних звуков, он вымыл руки и лицо и вытерся насухо полотенцем. Вышел из туалета, осторожно закрыл за собой дверь, шагнул в темноту, и вот, наконец, он снова стоит на краешке пустынного бульвара.

Проспект лежал перед ним в утренней прохладе, как игра, в которой необходимо выиграть, как гигантский желоб кегельбана. Бульвар был чист, словно поверхность арены за две минуты до того как на ней появятся некие безымянные

above the vast concrete river trembled with the warmth of Montag's body alone; it was incredible how he felt his temperature could cause the whole immediate world to vibrate. He was a phosphorescent target; he knew it, he felt it. And now he must begin his little walk.

Three blocks away a few headlights glared. Montag drew a deep breath. His lungs were like burning brooms in his chest. His mouth was sucked dry from running. His throat tasted of bloody iron and there was rusted steel in his feet.

What about those lights there? Once you started walking you'd have to gauge how fast those beetles could make it down here. Well, how far was it to the other curb? It seemed like a hundred yards. Probably not a hundred, but figure for that anyway, figure that with him going very slowly, at a nice stroll, it might take as much as thirty seconds, forty seconds to walk all the way. The beetles? Once started, they could leave three blocks behind them in about fifteen seconds. So, even if halfway across he started to run...?

He put his right foot out and then his left foot and then his right. He walked on the empty avenue.

жертвы и некие безвестные убийцы. Воздух поверх бетона, воздух над широкой бетонной рекой дрожал от тепла всего лишь одного тела, тела Монтага; непостижимо, но он чувствовал, как его собственная температура заставляет вибрировать весь ближайший мир. Монтаг был фосфоресцирующей мишенью, он знал это, ощущал всей кожей. И теперь ему предстояло сделать первые шаги коротенькой прогулки.

В трех квартала от него вспыхнуло несколько автомобильных фар. Монтаг глубоко втянул воздух. Легкие в его груди были словно два горящих веника. Рот иссох от бега. В горле чувствовался вкус кровавого железа, в ногах была ржавая сталь.

Ну и что это там за фары? Лишь только ты начнешь двигаться, тебе нужно будет все время оценивать, как скоро те «жуки» могут оказаться здесь. Так, а сколько от меня до той обочины? Похоже, ярдов сто. Может быть, и меньше, но лучше полагать, что сто, лучше полагать, что если идти очень медленно, эдакая приятная прогулочка, то переход займет не меньше тридцати секунд, даже сорок секунд на все про все. А «жуки»? Тронув с места, они пролетят эти три квартала секунд за пятнадцать. Значит, даже если на полпути он пустится бежать, то?..

Он поставил на мостовую правую ногу, затем левую, затем снова правую. Все, он уже шел по пустынному проспекту.

Even if the street were entirely empty, of course, you couldn't be sure of a safe crossing, for a car could appear suddenly over the rise four blocks further on and be on and past you before you had taken a dozen breaths.

He decided not to count his steps. He looked neither to left nor right. The light from the overhead lamps seemed as bright and revealing as the midday sun and just as hot.

He listened to the sound of the car picking up speed two blocks away on his right. Its movable headlights jerked back and forth suddenly, and caught at Montag.
Keep going.
Montag faltered, got a grip on the books, and forced himself not to freeze. Instinctively he took a few quick, running steps then talked out loud to himself and pulled up to stroll again. He was now half across the street, but the roar from the beetle's engines whined higher as it put on speed.

The police, of course. They see me. But slow now; slow, quiet, don't turn, don't look, don't seem concerned. Walk, that's it, walls, walk.

Конечно, даже если бы улица была совершенно пуста, все равно нельзя быть уверенным в безопасности перехода: машина может внезапно вылететь из-за подъема в четырех кварталах отсюда, ты и десяти вдохов не сделаешь, как она уже перед тобой, и на тебе, и поверх тебя, и вот ее уже и след простыл.

Монтаг решил больше не считать шагов. Он не смотрел ни вправо, ни влево. Свет ламп над головой казался таким же ярким и обнажающим, как лучи полуденного солнца, — и столь же горячим.

Он прислушался к шуму машины, которая набирала скорость в двух кварталах справа от него. Огни подвижных фар внезапно метнулись туда-сюда и поймали Монтага.

Продолжай идти.

Монтаг споткнулся, еще крепче вцепился в книги и приказал себе не застывать на месте. Инстинктивно он сделал несколько быстрых шагов, но тут же громко заговорил с собой, собрался с силами и снова перешел на прогулочный шаг. Он был уже на середине улицы, когда «жук», судя по реву двигателя, который, взвыв, взял более высокую ноту, прибавил скорости.

Полиция, конечно же. Они меня видят. Ну, так еще медленнее, медленнее, совсем медленно, спокойно, не поворачивайся, не оглядывайся, никакой озабоченности. Иди, вот и все, иди и иди...

The beetle was rushing. The beetle was roaring. The beetle raised its speed. The beetle was whining. The beetle was in high thunder. The beetle came skimming. The beetle came in a single whistling trajectory, fired from an invisible rifle. It was up to 120 m. p. h. It was up to 130 at least. Montag clamped his jaws. The heat of the racing headlights burnt his cheeks, it seemed, and jittered his eye-lids and flushed the sour sweat out all over his body.

He began to shuffle idiotically and talk to himself and then he broke and just ran. He put out his legs as far as they would go and down and then far out again and down and back and out and down and back. God! God! He dropped a book, broke pace, almost turned, changed his mind, plunged on, yelling in concrete emptiness, the beetle scuttling after its running food, two hundred, one hundred feet away, ninety, eighty, seventy, Montag gasping, flailing his hands, legs up down out, up down out, closer, closer, hooting, calling, his eyes burnt white now as his head jerked about to confront the flashing glare, now the beetle was swallowed in its own light, now it was nothing but a torch hurtling upon him; all sound, all blare. Now-almost on top of him!

He stumbled and fell.
I'm done! It's over!

«Жук» мчался. «Жук» ревел. «Жук» увеличивал скорость. «Жук» завывал. «Жук» был тонкоголосым громом. «Жук» стелился над улицей. «Жук» шел по точной свистящей траектории, выстреленный из невидимого ружья. Он достиг скорости сто двадцать миль в час. Он перевалил уже за сто тридцать. Монтаг сжал челюсти. Казалось, от жара мчащихся огней у него горят щеки, дрожат веки, а все тело обливается кислым потом.

Он начал идиотски шаркать, начал разговаривать с собой, а затем не выдержал и просто побежал. Он выбрасывал ноги так далеко, как только можно, и вниз, под себя, и снова как можно дальше, и под себя, и назад, вперед, под себя, назад. Боже! Боже! Он уронил книгу, сбил шаг, чуть было не повернул назад, передумал, рванулся вперед, крича в бетонную пустоту, «жук» суетливо нагонял свою бегущую еду, двести футов, осталось сто футов, девяносто, восемьдесят, семьдесят, Монтаг задыхался, молотил руками воздух, ноги вверх вниз назад, вверх вниз назад, «жук» ближе, ближе, воет, зовет, голова Монтага вывернута в сторону, навстречу слепящему сиянию, глаза выжжены добела, вот «жук» уже проглочен светом собственных фар, вот его уже нет, только факел, летящий в Монтага, весь — звук, весь — рев. И вот — он уже почти накрыл его!

Монтаг споткнулся и упал.

Вот и все! Конец!

But the falling made a difference. An instant before reaching him the wild beetle cut and swerved out. It was gone. Montag lay flat, his head down. Wisps of laughter trailed back to him with the blue exhaust from the beetle.

His right hand was extended above him, flat. Across the extreme tip of his middle finger, he saw now as he lifted that hand, a faint sixteenth of an inch of black tread where tyre had touched in passing. He looked at that black line with disbelief, getting to his feet.

That wasn't the police, he thought.
He looked down the boulevard. It was clear now. A carful of children, all ages, God knew, from twelve to sixteen, out whistling, yelling, hurrahing, had seen a man, a very extraordinary sight, a man strolling, a rarity, and simply said, "Let's get him," not knowing he was the fugitive Mr. Montag, simply a number of children out for a long night of roaring five or six hundred miles in a few moonlit hours, their faces icy with wind, and coming home or not coming at dawn, alive or not alive, that made the adventure.

Но как раз в падении и был единственный смысл. За мгновение до того, как налететь на Монтага, бешеный «жук» косо пошел в сторону, вильнул и исчез. Монтаг лежал ничком, вдавив голову в бетон. Над ним, вместе с синим хвостом выхлопа, плавали завитки смеха.

Он падал, подняв правую руку над головой. Теперь рука плоско лежала на бетоне. Подтянув ее к себе, он обнаружил на самом кончике среднего пальца тончайшую, в одну шестнадцатую дюйма, черную метку от протектора в том месте, где чиркнуло проносящееся колесо. Монтаг поднялся на ноги, с недоумением глядя на эту черную черточку.

Это была не полиция, подумал он.

Монтаг оглядел бульвар. Он был свободен. Машина, полная детей, всех возрастов. Бог знает, от двенадцати до шестнадцати, наверное, носятся, свистят, орут, кричат «ура», увидели человека, зрелище необыкновеннейшее, гуляющий чуловек, редкость, кто-то просто сказал: «Достанем его», не зная, что это беглец, господин Монтаг, просто компания детей, выехавшая покататься в эту долгую ночь, чтобы с ревом и воем покрыть пятьсот или шестьсот миль за несколько лунных часов, от ветра леденеют лица, и не важно, вернутся они домой на рассвете или не вернутся, будут живы или не будут, — главное, приключение.

They would have killed me, thought Montag, swaying, the air still torn and stirring about him in dust, touching his bruised cheek. For no reason at all in the world they would have killed me.

He walked toward the far kerb telling each foot to go and keep going. Somehow he had picked up the spilled books; he didn't remember bending or touching them. He kept moving them from hand to hand as if they were a poker hand he could not figure.

I wonder if they were the ones who killed Clarisse?
He stopped and his mind said it again, very loud.
I wonder if they were the ones who killed Clarisse!
He wanted to run after them yelling.
His eyes watered.
The thing that had saved him was falling flat. The driver of that car, seeing Montag down, instinctively considered the probability that running over a body at that speed might turn the car upside down and spill them out. If Montag had remained an upright target...?

Montag gasped.

Они убили бы меня, подумал Монтаг. Он стоял шатаясь, разорванный воздух все еще шевелил пыль вокруг него, дотрагивался до ссадины на щеке. Просто так, ни за что ни про что, они убили бы меня.

Монтаг побрел к дальней обочине, приказывая каждой ноге по отдельности — шагай, продолжай двигаться. Каким-то образом он собрал разлетевшиеся книги, хотя не помнил, чтобы наклонялся и дотрагивался до них. Он то и дело перекладывал их из руки в руку, словно это была сдача в покере и он никак не мог разобрать комбинацию.

Хотел бы я знать, а не они ли убили Клариссу?

Он остановился, и его мозг очень громко повторил эту фразу:

— *Хотел бы я знать, а не они ли убили Клариссу!*

Ему захотелось с криком побежать за ними.

Глаза наполнились влагой.

Его спасло то, что он упал ничком. Увидев лежащего Монтага, водитель «жука» инстинктивно просчитал высокую вероятность того, что, переезжая тело на такой большой скорости, машина наверняка перевернется и выбросит всех вон. А если бы Монтаг остался *стоячей* мишенью?..

У Монтага перехватило дыхание.

Far down the boulevard, four blocks away, the beetle had slowed, spun about on two wheels, and was now racing back, slanting over on the wrong side of the street, picking up speed.

But Montag was gone, hidden in the safety of the dark alley for which he had set out on a long journey, an hour or was it a minute, ago? He stood shivering in the night, looking back out as the beetle ran by and skidded back to the centre of the avenue, whirling laughter in the air all about it, gone.

Further on, as Montag moved in darkness, he could see the helicopters falling, falling, like the first flakes of snow in the long winter. to come...

The house was silent.

Montag approached from the rear, creeping through a thick night-moistened scent of daffodils and roses and wet grass. He touched the screen door in back, found it open, slipped in, moved across the porch, listening.

Mrs. Black, are you asleep in there? he thought. This isn't good, but your husband did it to others and never asked and never wondered and never worried. And now since you're a fireman's wife, it's your house and your turn, for all the houses your husband burned and the people he hurt without thinking..

В конце бульвара, в четырех кварталах от него, «жук» замедлил ход, развернулся на двух колесах и теперь, набирая скорость, мчался назад, косо переходя на встречную полосу.

Но Монтага уже не было на проспекте, он укрылся в спасительной темноте того самого переулка, ради которого он и пустился в этот долгий путь час — или, может, минуту? — назад. Он стоял, дрожа от ночного холода, и смотрел через плечо, как «жук» проносится мимо, вот его занесло на центральную часть проспекта, в воздухе взвихрился смех, машина исчезла.

Спустя несколько мгновений, шагая в темноте, Монтаг увидел, как с неба падают, падают, падают вертолеты, словно хлопья первого снега грядущей долгой зимы...

Дом был тих.

Монтаг подошел к нему сзади, прокравшись сквозь густой, спрыснутый ночной сыростью аромат желтых нарциссов, роз и влажной травы. Он дотронулся до сетчатой двери черного хода, обнаружил, что она открыта, скользнул внутрь и, прислушиваясь, прошел через крылечко.

«Госпожа Блэк, как вы там, спите? — подумал он. — Да, я знаю, это нехорошо, но ведь ваш муж поступал так с другими и никогда не задавал лишних вопросов, никогда не сомневался, никогда не беспокоился. А сейчас, коль скоро вы жена пожарного, настал черед и вашего дома, настал ваш черед — за все дома, которые сжег

The house did not reply.

He hid the books in the kitchen and moved from the house again to the alley and looked back and the house was still dark and quiet, sleeping.

On his way across town, with the helicopters fluttering like torn bits of paper in the sky, he phoned the alarm at a lonely phone booth outside a store that was closed for the night. Then he stood in the cold night air, waiting and at a distance he heard the fire sirens start up and run, and the Salamanders coming, coming to bum Mr. Black's house while he was away at work, to make his wife stand shivering in the morning air while the roof let go and dropped in upon the fire. But now, she was still asleep.

Good night, Mrs. Black, he thought.—

"Faber!"

Another rap, a whisper, and a long waiting. Then, after a minute, a small light flickered inside Faber's small house. After another pause, the back door opened.

They stood looking at each other in the half-light, Faber and Montag, as if each did not believe in the other's existence. Then Faber moved and

ваш муж, за всех людей, которым он, не задумываясь, причинил вред».

Дом не ответил.

Монтаг спрятал книги на кухне и переместился из дома опять в переулок, и там обернулся: дом был по-прежнему темен и тих, он спал.

По пути назад через весь город, над которым, как клочки бумаги в небе, порхали вертолеты, он поднял пожарную тревогу, позвонив из одинокой телефонной будки возле закрытого на ночь магазина. А потом долго стоял в холодном ночном воздухе, стоял и ждал, и наконец услышал, как вдалеке подали голос сирены, и тут же завыли в полную силу, и «Саламандры» помчались, помчались, помчались, чтобы сжечь дом господина Блэка, пока он был на работе, чтобы поутру его жена, дрожа от рассветной прохлады, стояла и смотрела, как проседает и рушится в огонь крыша ее дома. Но сейчас она все еще спала.

«Спокойной ночи, госпожа Блэк», — пожелал он.

— Фабер!

Новый стук в дверь, шепот, долгое ожидание. Затем, через минуту, внутри маленького дома Фабера замерцал огонек. Снова пауза, и задняя дверь открылась.

Они стояли и разглядывали друг друга в полумраке — Фабер и Монтаг, стояли и разглядывали, словно каждый не верил в существование

put out his hand and grabbed Montag and moved him in and sat him down and went back and stood in the door, listening. The sirens were wailing off in the morning distance. He came in and shut the door.

Montag said, "I've been a fool all down the line. I can't stay long. I'm on my way God knows where."

"At least you were a fool about the right things," said Faber. "I thought you were dead. The audio-capsule I gave you—"

"Burnt."

"I heard the captain talking to you and suddenly there was nothing. I almost came out looking for you."

"The captain's dead. He found the audio-capsule, he heard your voice, he was going to trace it. I killed him with the flamethrower."

Faber sat down and did not speak for a time.

"My God, how did this happen?" said Montag. "It was only the other night everything was fine and the next thing I know I'm drowning. How many times can a man go down and still be alive? I can't breathe. There's Beatty dead, and he was my friend once, and there's Millie gone, I thought she was my wife, but now I don't know. And the house all burnt. And my job gone and myself on the run, and I planted a book in a fireman's house

другого. Затем Фабер шевельнулся, и протянул руку, и схватил Монтага, и втянул его внутрь, и усадил, и вернулся к двери, и некоторое время стоял там в проеме, прислушиваясь. В утренней дали завывали сирены. Фабер вошел в комнату и прикрыл за собой дверь.

— Я был дураком, все время, с самого начала, — сказал Монтаг. — Мне нельзя долго оставаться у вас. Краткая остановка на пути Бог знает куда.

— По крайней мере, вы были дураком что надо, — ответил Фабер. — Я думал, вы уже мертвы. Аудиокапсула, которую я вам дал...

— ...сгорела.

— Я слышал, как Капитан разговаривал с вами, — и вдруг тишина. Я чуть было не бросился вас разыскивать.

— Капитан мертв. Он обнаружил аудиокапсулу, он услышал ваш голос, и он собирался выследить вас. Я убил его из огнемета.

Фабер сел и долго ничего не говорил.

— Боже мой, как это могло случиться? — спросил Монтаг. — Еще вчера вечером все было прекрасно, и вдруг я понимаю, что тону. Сколько раз человек может тонуть и при этом оставаться в живых? Я не могу дышать. Битти мертв, а когда-то он был моим другом, и Милли нет, я думал, она мне жена, а сейчас уже просто не знаю. И дом сгорел дотла. И нет больше работы, я в бегах, а по дороге сюда я подбросил в дом по-

on the way. Good Christ, the things I've done in a single week!"

"You did what you had to do. It was coming on for a long time."

"Yes, I believe that, if there's nothing else I believe. It saved itself up to happen. I could feel it for a long time, I was saving something up, I went around doing one thing and feeling another. God, it was all there. It's a wonder it didn't show on me, like fat. And now here I am, messing up your life. They might follow me here."

"I feel alive for the first time in years," said Faber. "I feel I'm doing what I should have done a lifetime ago. For a little while I'm not afraid. Maybe it's because I'm doing the right thing at last. Maybe it's because I've done a rash thing and don't want to look the coward to you. I suppose I'll have to do even more violent things, exposing myself so I won't fall down on the job and turn scared again. What are your plans?"

"To keep running."
"You know the war's on?"
"I heard."

жарного книгу. Господи Иисусе, и все это я натворил за одну-единственную неделю!

— Вы сделали то, что должны были сделать. К этому шло уже давно.

— Да, я верю, что так оно и есть, если я вообще во что-то верю. Накапливалось, накапливалось, а потом произошло. Я давно чувствую это, во мне что-то копилось, я делал одно, а чувствовал совсем другое. Боже, ведь все это было внутри меня. Удивительно, как оно не проявилось внешне, подобно жировым отложениям. И вот я теперь у вас, чтобы ваша жизнь тоже превратилась в кашу. Они же могут прийти за мной сюда.

— Впервые за много лет я чувствую, что живу, — сказал Фабер. — Чувствую, что делаю то, что должен был сделать целую жизнь тому назад. Пока еще я не испытываю страха. Может быть, потому, что я наконец делаю то, что положено. А может, потому, что я совершил неосторожный поступок и теперь не хочу выглядеть в ваших глазах трусом. Полагаю, впредь мне придется совершать куда более отчаянные поступки и подвергнуть себя серьезному риску, дабы не загубить все дело и снова не впасть в страх. А каковы ваши планы?

— Бежать дальше.

— Вы знаете, что объявлена война?

— Да, слышал.

"God, isn't it funny?" said the old man. "It seems so remote because we have our own troubles."

"I haven't had time to think." Montag drew out a hundred dollars. "I want this to stay with you, use it any way that'll help when I'm gone."

"But—"
"I might be dead by noon; use this."

Faber nodded.
"You'd better head for the river if you can, follow along it, and if you can hit the old railroad lines going out into the country, follow them. Even though practically everything's airborne these days and most of the tracks are abandoned, the rails are still there, rusting. I've heard there are still hobo camps all across the country, here and there; walking camps they call them, and if you keep walking far enough and keep an eye peeled, they say there's lots of old Harvard degrees on the tracks between here and Los Angeles. Most of them are wanted and hunted in the cities. They survive, I guess. There aren't many of them, and I guess the Government's never considered them a great enough danger to go in and track them down. You might hole up with them for a time and get in touch with me in St. Louis, I'm leaving on the five a. m. bus this morning, to see a

— Боже, ну не забавно ли это? — сказал старик. — У нас теперь полно своих забот, и потому война кажется такой далекой-далекой.

— У меня просто не было времени подумать об этом. — Монтаг вытащил стодолларовую бумажку. — Хочу, чтобы это осталось у вас. Когда я уйду, используйте их как угодно, лишь бы помогло.

— Но...

— Может, к полудню я буду уже мертв. Используйте их.

Фабер кивнул.

— Если сможете, лучше направляйтесь к реке, идите берегом, пока не наткнетесь на старую железнодорожную ветку, ведущую за город, и дальше идите по ней. Хотя в наши дни практически все летают самолетами и большая часть железных дорог заброшена, но рельсы-то остались, хотя и ржавеют. Я слышал, что по всей стране, там и сям, все еще есть лагеря бродяг, их называют «ходячими лагерями», и если уйти подальше и держать глаза открытыми, то, говорят, вдоль колеи, на всем пути от нас до Лос-Анджелеса, можно встретить немало старых выпускников Гарварда. Большинство из них находится в розыске, в городах за ними охотятся, тем не менее, думается, они выживают. Их не так-то много, и я полагаю, правительство никогда не видело в них столь большую опасность, чтобы затеять большую игру и переловить их

retired printer there, I'm getting out into the open myself, at last. The money will be put to good use. Thanks and God bless you. Do you want to sleep a few minutes?"

"I'd better run."
"Let's check."
He took Montag quickly into the bedroom and lifted a picture frame aside, revealing a television screen the size of a postal card.

"I always wanted something very small, something I could talk to, something I could blot out with the palm of my hand, if necessary, nothing that could shout me down, nothing monstrous big. So, you see."

He snapped it on.
"Montag," the TV set said, and lit up. "M-O-N-T-A-G." The name was spelled out by the voice. "Guy Montag. Still running. Police helicopters are up. A new Mechanical Hound has been brought from another district..."
Montag and Faber looked at each other.
"...Mechanical Hound never fails. Never since its first use in tracking quarry has this incredible invention made a mistake. Tonight, this network

всех. Можете на какое-то время укрыться у этих бродяг, а потом свяжетесь со мной в Сент-Луисе. Я уезжаю туда сегодня утром пятичасовым автобусом, хочу повидать того отставного печатника. Так что я тоже наконец выхожу на свет. Вашим деньгам найдется хорошее применение. Спасибо, и да благословит вас Господь. Может, хотите поспать несколько минут?

— Нет, лучше побегу.
— Давайте выясним, что к чему.

Он быстро провел Монтага в спальню, снял и отложил в сторону картину в раме, и на стене обнаружился телевизионный экран размером с почтовую открытку.

— Мне всегда хотелось иметь что-нибудь очень маленькое, нечто такое, к чему я мог бы подойти, нечто такое, что можно было бы, если нужно, заткнуть ладонью. Не терплю ничего, что могло бы орать на меня, ничего чудовищно большого. И вот — вы видите...

Он щелкнул выключателем.

— Монтаг, — сказал телевизор и зажегся. — М-О-Н-Т-А-Г. — Голос произнес имя по буквам. — Гай Монтаг. Все еще в бегах. Подняты полицейские вертолеты. Из другого района доставлена новая Механическая Гончая...

Монтаг и Фабер переглянулись.

— ...Механическая Гончая *никогда* не подводит. Ни разу, с того самого момента, как это невероятное изобретение было впервые использо-

is proud to have the opportunity to follow the Hound by camera helicopter as it starts on its way to the target..."

Faber poured two glasses of whisky.
"We'll need these." They drank.
"...nose so sensitive the Mechanical Hound can remember and identify ten thousand odour-indexes on ten thousand men without re-setting!"

Faber trembled the least bit and looked about at his house, at the walls, the door, the doorknob, and the chair where Montag now sat. Montag saw the look. They both looked quickly about the house and Montag felt his nostrils dilate and he knew that he was trying to track himself and his nose was suddenly good enough to sense the path he had made in the air of the room and the sweat of his hand hung from the doorknob, invisible, but as numerous as the jewels of a small chandelier, he was everywhere, in and on and about everything, he was a luminous cloud, a ghost that made breathing once more impossible. He saw Faber stop up his own breath for fear of drawing that ghost into his own body, perhaps, being contaminated with the phantom exhalations and odours of a running man.

вано для розыска добычи, она не совершила ни единой ошибки. Наша телекомпания горда тем, что сегодня вечером имеет возможность последовать за Гончей на вертолете, оборудованном камерой, лишь только она возьмет курс на мишень...

Фабер наполнил два стакана виски.

— Нам это понадобится.

— ...нос, настолько чувствительный, что Механическая Гончая может запомнить и идентифицировать десять тысяч запаховых показателей десяти тысяч мужчин без дополнительной переустановки!

Фабер легонько вздрогнул и обвел взглядом дом, стены, дверь, дверную ручку и стул, на котором сидел Монтаг. Монтаг понял, что означает этот взгляд. Они оба быстро оглядели дом, и Монтаг ощутил, как расширились его ноздри, и понял, что сам пытается взять свой собственный след, и неожиданно оказалось, что у него очень чуткий нос, который без труда распознает путь, который Монтаг проделал в воздухе комнаты, и след пота его пальцев, свисающий с дверной ручки, — след невидимый и даже не единственный, их было много, как драгоценных камней на маленьком канделябре; он стал светящимся облаком, привидением, и от этого стало невозможно дышать. Он увидел, как Фабер задерживает собственное дыхание, боясь втянуть это привидение в свое тело, возможно, уже и без

"The Mechanical Hound is now landing by helicopter at the site of the Burning!"

And there on the small screen was the burnt house, and the crowd, and something with a sheet over it and out of the sky, fluttering, came the helicopter like a grotesque flower.

So they must have their game out, thought Montag. The circus must go on, even with war beginning within the hour...

He watched the scene, fascinated, not wanting to move. It seemed so remote and no part of him; it was a play apart and separate, wondrous to watch, not without its strange pleasure. That's all for me, you thought, that's all taking place just for me, by God.

If he wished, he could linger here, in comfort, and follow the entire hunt on through its swift. phases, down alleys across streets, over empty running avenues, crossing lots and playgrounds, with pauses here or there for the necessary commercials, up other alleys to the burning house of Mr. and Mrs. Black, and so on finally to this house with Faber and himself seated, drinking, while the Electric Hound snuffed down the last trail, silent as a drift of death itself, skidded to a halt outside

того зараженное испарениями фантома и запахами беглеца.

— А сейчас вертолет опускает Механическую Гончую на место Пожара!

И тут на маленьком экране возникли сгоревший дом, и толпа, и что-то, накрытое простыней, а с неба, порхая, спускался вертолет, похожий на гротескный цветок.

Итак, они должны довести игру до конца, подумал Монтаг. Цирк будет продолжаться, хотя не пройдет и часа, как начнется война...

Зачарованный, не пытаясь пошевелиться, он следил за происходящим на экране. Все казалось таким далеким, не имеющим к нему никакого отношения; это была пьеса, поставленная отдельно и отдаленно, смотреть ее было удивительно, в ней заключалась даже какая-то странная прелесть. И ведь это все для меня, подумал он, Боже ты мой, все это делается только для *меня*.

Если бы он захотел, то мог бы устроиться здесь с комфортом и наблюдать за всей охотой, за всеми ее быстро сменяющимися фазами, — промчаться вниз по переулкам, вверх по улицам, перепрыгнуть через пустые плавные проспекты, пересечь автомобильные стоянки и игровые площадки, делая тут или там паузы для рекламных объявлений, и вверх по другим переулкам, к горящему дому господина и госпожи Блэк, и дальше, дальше, и вот наконец этот дом, где Фабер и он сам сидят, попивая виски, а Электрическая

that window there. Then, if he wished, Montag might rise, walk to the window, keep one eye on the TV screen, open the window, lean out, look back, and see himself dramatized, described, made over, standing there, limned in the bright small television screen from outside, a drama to be watched objectively, knowing that in other parlours he was large as life, in full colour, dimensionally perfect! And if he kept his eye peeled quickly he would see himself, an instant before oblivion, being punctured for the benefit of how many civilian parlour-sitters who had been wakened from sleep a few minutes ago by the frantic sirening of their living-room walls to come watch the big game, the hunt, the one-man carnival.

Would he have time for a speech? As the Hound seized him, in view of ten or twenty or thirty million people, mightn't he sum up his entire life in the last week in one single phrase or a word that would stay with them long after the. Hound had

Гончая уже принюхивается к последнему следу, беззвучная, как на движение самой смерти, прежде чем резко затормозить вот у этого окна. И тогда, если бы он захотел, Монтаг мог бы встать, подойти к окну, поглядывая одним глазком на телевизионный экран, открыть его, высунуться наружу, оглянуться и увидеть себя — как он стоит там, инсценированный, объясненный, подгримированный, живописно подсвеченный ярким сиянием маленького телевизионного экрана, герой драмы, которую полагается смотреть совершенно беспристрастно, стоит и знает, что в других гостиных он виден в натуральную величину, во весь рост, в полном цвете, во всем совершенстве пропорций! — а если он будет очень внимателен и постарается ничего не пропустить, то сумеет увидеть, как в него, за мгновение до проваливания в небытие, вопьется игла — во благо бесчисленных граждан, сидящих в гостиных, которые несколько минут назад пробудились ото сна, потому что стены их телевизионных комнат, неистово воя сиренами, пригласили их посмотреть большую игру, охоту, карнавал одного человека.

Хватит ли ему времени, чтобы сказать последнее слово? Когда на глазах у десяти, или двадцати, или тридцати миллионов человек Гончая схватит его, разве не должен он будет одной фразой или хотя бы одним словом подытожить всю свою жизнь за последнюю неделю, причем

turned, clenching him in its metal-plier jaws, and trotted off in darkness, while the camera remained stationary, watching the creature dwindle in the distance—a splendid fade-out! What could he say in a single word, a few words, that would sear all their faces and wake them up?

"There," whispered Faber.

Out of a helicopter glided something that was not machine, not animal, not dead, not alive, glowing with a pale green luminosity. It stood near the smoking ruins of Montag's house and the men brought his discarded flame-thrower to it and put it down under the muzzle of the Hound. There was a whirring, clicking, humming.

Montag shook his head and got up and drank the rest of his drink.

"It's time. I'm sorry about this."

"About what? Me? My house? I deserve everything. Run, for God's sake. Perhaps I can delay them here—"

"Wait. There's no use your being discovered. When I leave, burn the spread of this bed, that I touched. Burn the chair in the living room, in your wall incinerator. Wipe down the furniture with

так, чтобы эта фраза, это слово оставались в их душах еще долго после того, как Гончая, зажав его в металлических тисках своих челюстей, повернется и затрусит прочь в темноту, а телекамера, оставаясь неподвижной, будет следить, как эта тварь все уменьшается и уменьшается, удаляясь, — потрясающее затемнение! Но что же может он сказать одним словом, или несколькими словами, чтобы опалить все эти лица и разбудить их?

— Вот она, — шепнул Фабер.

Вылетев из вертолета, на землю плавно опускалось нечто, что не было ни машиной, ни зверем, ни мертвым, ни живым, яркая бледно-зеленая светимость. Оно приземлилось возле дымящихся развалин дома Монтага, и полицейские, принеся брошенный Монтагом огнемет, положили его перед рылом Гончей. Послышались жужжание, пощелкивание, гудение.

Монтаг потряс головой, встал и допил остаток своего виски:

— Пора. Мне жаль, что все так получилось.

— О чем это вы? Обо мне? О моем доме? Я все это заслужил. Ради Бога, бегите. Может быть, мне удастся задержать их здесь...

— Стойте. Пользы не будет, если они обнаружат еще и вас. Когда я уйду, сожгите покрывало с этой кровати, до которого я дотрагивался. Стул из гостиной, на котором я сидел, сожгите в вашей комнате в мусоросжигателе. Оботрите спир-

alcohol, wipe the door-knobs. Burn the throwrug in the parlour. Turn the air-conditioning on full in all the rooms and spray with moth-spray if you have it. Then, turn on your lawn sprinklers as high as they'll go and hose off the sidewalks. With any luck at all, we can kill the trail in here, anyway..'

Faber shook his hand.
"I'll tend to it. Good luck. If we're both in good health, next week, the week after, get in touch. General Delivery, St. Louis. I'm sorry there's no way I can go with you this time, by ear-phone. That was good for both of us. But my equipment was limited. You see, I never thought I would use it. What a silly old man. No thought there. Stupid, stupid. So I haven't another green bullet, the right kind, to put in your head. Go now!"

"One last thing. Quick. A suitcase, get it, fill it with your dirtiest clothes, an old suit, the dirtier the better, a shirt, some old sneakers and socks..."

том мебель, протрите дверные ручки. Сожгите коврик из прихожей. Включите на полную мощность кондиционеры во всех комнатах, распылите повсюду средство от насекомых, если оно у вас есть. Потом включите поливальную установку, пусть разбрызгиватели бьют как можно выше, обдайте из шланга дорожку и тротуар. Если нам хоть чуть-чуть повезет, может быть, удастся уничтожить здесь всякие следы моего присутствия.

Фабер пожал ему руку.

— Я об этом позабочусь. Удачи вам. Если нам обоим удастся сохранить доброе здоровье, то на следующей неделе, или еще через неделю, напишите мне в Сент-Луис, до востребования. Жаль, что никак не получится поддерживать с вами связь через наушник. Эта штука хорошо поработала на нас. Однако запасы моего оборудования ограничены. Видите ли, я никогда не думал, что смогу использовать ее. Вот глупый старик! Совсем ума нет. Глупый, глупый. В общем, у меня нет еще одной зеленой пули нужной конструкции, такой, чтобы можно было вставить вам в голову. Ну а сейчас бегите!

— И последнее. Только быстро. Достаньте любой чемодан и набейте его самой грязной вашей одеждой — старый костюм, чем грязнее, тем лучше, рубаха, какие-нибудь старые кроссовки, носки...

Faber was gone and back in a minute. They sealed the cardboard valise with clear tape.

"To keep the ancient odour of Mr. Faber in, of course," said Faber sweating at the job.

Montag doused the exterior of the valise with whisky.
"I don't want that Hound picking up two odours at once. May I take this whisky. I'll need it later. Christ I hope this works!"

They shook hands again and, going out of the door, they glanced at the TV. The Hound was on its way, followed by hovering helicopter cameras, silently, silently, sniffing the great night wind. It was running down the first alley.

"Good-bye!"
And Montag was out the back door lightly, running with the half-empty valise. Behind him he heard the lawn-sprinkling system jump up, filling the dark air with rain that fell gently and then with a steady pour all about, washing on the sidewalks, and draining into the alley. He carried a few drops of this rain with him on his face. He thought he heard the old man call good-bye, but he wasn't certain.

Фабер вышел и вернулся через минуту. Они обклеили картонный чемодан прозрачной липкой лентой.

— Ясное дело, чтобы сохранить внутри древний запах господина Фабера, — заметил Фабер, вспотевший от усилий.

Монтаг обрызгал чемодан снаружи небольшим количеством виски.

— Не хочу, чтобы Гончая учуяла оба запаха сразу. Могу я взять с собой остаток виски? Оно мне потом понадобится. Господи Иисусе, хоть бы все удалось!

Они еще раз пожали друг другу руки и, выходя, бросили взгляд на телевизор. Гончая, сопровождаемая нависшими над ней вертолетами с камерами, шла по следу, шла тихо-тихо, совсем бесшумно, внюхиваясь в сильный ночной ветер. Она уже вбежала в первый переулок.

— До свидания!

Монтаг легко выскочил из задней двери и пустился бежать с полупустым чемоданом в руке. Он услышал, как сзади вскинулась поливальная установка и наполнила темный воздух дождем, который сначала падал мягко, а затем превратился в ровный ливень; вода омывала тротуар и стекала на мостовую. Вместе с собой Монтаг унес несколько капель этого дождя, попавших на лицо. Ему показалось, что он услышал, как старик крикнул вслед «До свидания!», но уверенности в этом не было.

He ran very fast away from the house, down toward the river.

Montag ran.

He could feel the Hound, like autumn, come cold and dry and swift, like a wind that didn't stir grass, that didn't jar windows or disturb leaf-shadows on the white sidewalks as it passed. The Hound did not touch the world. It carried its silence with it, so you could feel the silence building up a pressure behind you all across town. Montag felt the pressure rising, and ran.

He stopped for breath, on his way to the river, to peer through dimly lit windows of wakened houses, and saw the silhouettes of people inside watching their parlour walls and there on the walls the Mechanical Hound, a breath of neon vapour, spidered along, here and gone, here and gone! Now at Elm Terrace, Lincoln, Oak, Park, and up the alley toward Faber's house.

Go past, thought Montag, don't stop, go on, don't turn in!

On the parlour wall, Faber's house, with its sprinkler system pulsing in the night air.

Очень быстро он побежал прочь от дома, вниз по улице, направляясь к реке.

Монтаг бежал.

Он чувствовал Гончую, как чувствуют приход осени, холодной, сухой и скорой, как чувствуют ветер, который, пролетая, не колышет траву, не дребезжит в окнах, не шевелит тенями листьев на белых тротуарах. Гончая не касалась окружающего мира. Свое молчание она несла с собой, и это молчание можно было ощутить, потому что оно, следуя за тобой через весь город, все время наращивало давление за твоей спиной. Монтаг чувствовал, что давление растет, и бежал дальше.

На пути к реке он остановился, чтобы перевести дыхание, и заодно заглянул в тускло освещенные окна проснувшихся домов; внутри он увидел силуэты людей, смотревших стены своих гостиных, а там, на стенах, Механическая Гончая, выдох неонового пара, паучьими перебежками мчалась вперед: вот она здесь, а вот ее уже нет, опять здесь, и снова ищи ветра в поле! Только что была на террасе Вязов, а уже бежит по улице Линкольна, по Дубовой, по Парковой, вот и переулок, ведущий к дому Фабера!

«Пробеги мимо, — подумал Монтаг. — Не останавливайся, беги дальше, не сворачивай!»

На стене гостиной — дом Фабера, в ночном воздухе пульсируют струи поливальной установки.

The Hound paused, quivering.

No! Montag held to the window sill. This way! Here!

The procaine needle flicked out and in, out and in. A single clear drop of the stuff of dreams fell from the needle as it vanished in the Hound's muzzle.

Montag held his breath, like a doubled fist, in his chest.

The Mechanical Hound turned and plunged away from Faber's house down the alley again.

Montag snapped his gaze to the sky. The helicopters were closer, a great blowing of insects to a single light source.

With an effort, Montag reminded himself again that this was no fictional episode to be watched on his run to the river; it was in actuality his own chess-game he was witnessing, move by move.

He shouted to give himself the necessary push away from this last house window, and the fascinating seance going on in there! Hell! and he was away and gone! The alley, a street, the alley, a street, and the smell of the river. Leg out, leg down, leg out and down. Twenty million Montags running, soon, if the cameras caught him. Twenty

в одиночку бежит по ночному городу, единственный, кто испытывает крепость своих ног!

— А теперь — на счет десять. *Один! Два!*

Он почувствовал, как весь город встал.

— Три!

Он почувствовал, как весь город повернулся к тысячам своих дверей.

Быстрей! Нога вперед, толчок, нога назад!..

— Четыре!

Люди, как лунатики, бредут по коридорам.

— Пять!

Он ощутил их пальцы на дверных ручках!

Запах реки был прохладным, пахло так, будто идешь под крепким дождем. Горло Монтага было забито перекаленной ржавчиной, от бега в глазах стояли сухие слезы. Он закричал, словно этот крик мог подхлестнуть его, перебросить через последние сто ярдов, остававшиеся до реки.

— Шесть, семь, восемь!

На пяти тысячах дверей повернулись ручки.

— Девять!

Он рванулся, оставив за собой последний ряд домов, и побежал вниз по склону, ведущему к плотной движущейся черноте.

— Десять!

Двери распахнулись.

Он представил себе тысячи и тысячи лиц, всматривающихся во дворы, переулки и небо; тысячи лиц, скрытых занавесками; тысячи блед-

faces hid by curtains, pale, night-frightened faces, like grey animals peering from electric caves, faces with grey colourless eyes, grey tongues and grey thoughts looking out through the numb flesh of the face.

But he was at the river.

He touched it, just to be sure it was real. He waded in and stripped in darkness to the skin, splashed his body, arms, legs, and head with raw liquor; drank it and snuffed some up his nose. Then he dressed in Faber's old clothes and shoes. He tossed his own clothing into the river and watched it swept away. Then, holding the suitcase, he walked out in the river until there was no bottom and he was swept away in the dark.

He was three hundred yards downstream when the Hound reached the river. Overhead the great racketing fans of the helicopters hovered. A storm of light fell upon the river and Montag dived under the great illumination as if the sun had broken the clouds. He felt the river pull him further on its way, into darkness. Then the lights switched back to the land, the helicopters swerved over the city again, as if they had picked up another trail. They were gone. The Hound was gone. Now there

ных лиц, испуганных ночной темнотой, словно рыльца серых зверьков, выглянувших из своих электрических нор; тысячи лиц с серыми бесцветными глазами, серыми языками и серыми мыслями, проглядывающими сквозь оцепенелую плоть лиц.

Но он был уже у реки.

Монтаг коснулся ее, просто чтобы увериться в ее реальности. Он вошел в воду, разделся в темноте догола и стал брызгать на тело, ноги, руки, голову неразбавленный спирт воды; он пил ее и не мог напиться, и даже носом втянул в себя малую толику. Затем надел старую одежду и башмаки Фабера, а свои вещи швырнул в реку и долго смотрел, как их сносит течением. Потом, не выпуская из руки чемодан, он зашел в реку еще дальше, туда, где уже не чувствовалось дна, и течение унесло в темноту его самого.

Он был уже в трехстах ярдах ниже по течению, когда Механическая Гончая достигла реки. В вышине парили огромные грохочущие круги вертолетных винтов. Буря света обрушилась на реку, и Монтаг нырнул, уходя от этой мощной иллюминации, сравнимой лишь с солнцем, пробившимся сквозь облака. Он чувствовал, что река увлекает его все дальше и дальше в темноту. Затем лучи метнулись назад, на берег, и вертолеты снова начали кружить над городом, словно наткнулись на новый след. Они исчезли.

was only the cold river and Montag floating in a sudden peacefulness, away from the city and the lights and the chase, away from everything.

He felt as if he had left a stage behind and many actors. He felt as if he had left the great seance and all the murmuring ghosts. He was moving from an unreality that was frightening into a reality that was unreal because it was new.

The black land slid by and he was going into the country among the hills: For the first time in a dozen years the stars were coming out above him, in great processions of wheeling fire. He saw a great juggernaut of stars form in the sky and threaten to roll over and crush him.

He floated on his back when the valise filled and sank; the river was mild and leisurely, going away from the people who ate shadows for breakfast and steam for lunch and vapours for supper. The river was very real; it held him comfortably and gave him the time at last, the leisure, to consider this month, this year, and a lifetime of years. He listened to his heart slow. His thoughts stopped rushing with his blood.

Исчезла Гончая. И теперь была только холодная река, и был Монтаг, плывший по ней в нечаянном покое — прочь от города, огней, погони, прочь от всего.

Ему казалось, будто бы он сошел со сцены, где осталось много актеров. Ему казалось, будто бы он покинул спиритический сеанс, где осталась целая туча бормочущих духов. Из нереальности, которая страшила его, он перемещался в реальность, которая тоже была нереальной — в силу своей новизны.

Мимо скользила черная земля, он плыл теперь за пределами города среди холмов. Впервые за добрый десяток лет над ним высыпали звезды и начали свой ход по небу — великое круговращение огня. Он видел, как в небе собираются великие силы звезд, грозящие скатиться вниз и сокрушить его.

Он плыл на спине, когда чемодан набрал воды и затонул; река была кротка и нетороплива, она все дальше и дальше уходила от людей, которые ели тени на завтрак, пар на обед и морось на ужин. Река была очень реальна; она мягко несла Монтага, давая ему время и досуг наконец-то обдумать и прошедший месяц, и минувший год, и все годы его жизни. Он прислушался к своему сердцу — его ритм замедлился. И мысли перестали метаться, вторя толчкам крови.

He saw the moon low in the sky now. The moon there, and the light of the moon caused by what? By the sun, of course. And what lights the sun? Its own fire. And the sun goes on, day after day, burning and burning. The sun and time. The sun and time and burning. Burning. The river bobbled him along gently. Burning. The sun and every clock on the earth. It all came together and became a single thing in his mind. After a long time of floating on the land and a short time of floating in the river he knew why he must never burn again in his life.

The sun burned every day. It burned Time. The world rushed in a circle and turned on its axis and time was busy burning the years and the people anyway, without any help from him. So if he burnt things with the firemen, and the sun burnt Time, that meant. that everything burned!

One of them had to stop burning. The sun wouldn't, certainly. So it looked as if it had to be Montag and the people he had worked with until a few short hours ago. Somewhere the saving and putting away had to begin again and someone had to do the saving and keeping, one way or another, in books, in records, in people's heads, any way at all so long as it was safe, free from moths, silver-

Он увидел, что луна в небе теперь была заметно ниже. Вот сама луна там, а что служит причиной лунному свету? Конечно, солнце. А что дает свет солнцу? Его собственный огонь. День за днем солнце горит и горит, не переставая. Солнце и время. Солнце, время и горение. Горение. Река тихо несла его, легонько поигрывая, как мячиком. Горение. Солнце и все часовые механизмы Земли. Все это сошлось вместе и стало единым целым в его мозгу. После долгого плавания по земле и короткого плавания по реке он наконец понял, почему никогда в жизни он больше не должен жечь.

Солнце горит каждый день. Оно сжигает Время. Планета несется по кругу и вертится вокруг собственной оси, а Время только и делает, что сжигает годы и в любом случае сжигает людей, не прибегая к его, Монтага, помощи. И если он вместе с другими пожарными будет сжигать разные вещи, а солнце будет сжигать Время, то это значит, что сгорит *все*!

Кто-то из них должен перестать жечь. Солнце, конечно, не перестанет. И получается, что это должен сделать он, Монтаг, и те люди, с кем он работал бок о бок еще несколько коротких часов назад. Где-то опять должно начаться сбережение и накопление, и кому-то придется взять на себя эту роль: сберегать и так или иначе копить, копить и так или иначе сберегать все заслужива́ю-

fish, rust and dry-rot, and men with matches. The world was full of burning of all types and sizes. Now the guild of the asbestos-weaver must open shop very soon.

He felt his heel bump land, touch pebbles and rocks, scrape sand. The river had moved him toward shore.

He looked in at the great black creature without eyes or light, without shape, with only a size that went a thousand miles without wanting to stop, with its grass hills and forests that were waiting for him.

He hesitated to leave the comforting flow of the water. He expected the Hound there. Suddenly the trees might blow under a great wind of helicopters.

But there was only the normal autumn wind high up, going by like another river. Why wasn't the Hound running? Why had the search veered inland? Montag listened. Nothing. Nothing.

Millie, he thought. All this country here. Listen to it! Nothing and nothing. So much silence, Millie, I wonder how you'd take it? Would you

щее внимания — в книгах, в записях, в людских головах, в любом виде, лишь бы все это оставалось не тронутым — ни молью, ни чешуйницей, ни ржавчиной, ни гнилью, ни людьми со спичками. В мире полно горения — всех видов и форм. Скоро, очень скоро должна будет начать свою деятельность новая гильдия — гильдия асбестоткачей.

Он почувствовал, как его пятки ударились о твердь, коснулись гальки, пробороздили песок. Река принесла его к берегу.

Он вгляделся в огромное черное создание, лишенное глаз и света, лишенное формы и имеющее только размер, который тянется на тысячи миль, никак не желая остановиться; создание, раскинувшее свои травяные холмы и леса, которые сейчас ожидали его.

Монтаг медлил, не решаясь покинуть уютный поток воды. На суше его ждала встреча с Гончей. В кронах деревьев мог неожиданно засвистеть могучий вертолетный ветер.

Но пока здесь был лишь обычный осенний ветер, он тек высоко вверху, как еще одна река. Почему Гончая больше не бежит за ним? Почему погоня отвернула от реки? Монтаг внимательно *вслушивался*. Ничего. Ничего.

Милли, подумал он. Вот передо мной лежит весь этот край. Прислушайся к нему! Ничего, совсем ничего. Так много тишины, Милли, я все

shout Shut up, shut up! Millie, Millie. And he was sad.

Millie was not here and the Hound was not here, but the dry smell of hay blowing from some distant field put Montag on the land. He remembered a farm he had visited when he was very young, one of the rare times he had discovered that somewhere behind the seven veils of unreality, beyond the walls of parlours and beyond the tin moat of the city, cows chewed grass and pigs sat in warm ponds at noon and dogs barked after white sheep on a hill.

Now, the dry smell of hay, the motion of the waters, made him think of sleeping in fresh hay in a lonely barn away from the loud highways, behind a quiet farmhouse, and under an ancient windmill that whirred like the sound of the passing years overhead. He lay in the high barn loft all night, listening to distant animals and insects and trees, the little motions and stirrings.

During the night, he thought, below the loft, he would hear a sound like feet moving, perhaps. He would tense and sit up. The sound would move

думаю, как бы ты ее восприняла? Стала бы кричать мне — «Заткнись! Заткнись!», так или нет? Милли, Милли... Ему стало грустно.

Но Милли здесь не было, и Гончей здесь не было; сухой запах сена, доносившийся с какого-то дальнего поля, вернул его на землю. Он вспомнил одну ферму, на которой побывал очень давно, еще ребенком; то был один из редчайших случаев в его жизни, когда он обнаружил, что где-то там, за семью завесами нереальности, за стенами гостиных, за пустяшным рвом, окружавшим город, существовали коровы, которые жевали траву, свиньи, которые валялись в полдень в теплых лужах, и собаки, которые облаивали белых овец на холме.

И вот теперь сухой запах сена и движение речных вод побудили его вспомнить, как он спал на свежем сене в одиноком амбаре на задах тихого фермерского домика, вдали от шумных скоростных трасс, под древней ветряной мельницей, крылья которой издавали такое жужжание, словно годы жизни проносились над головой. Тогда он всю ночь пролежал на высоком сеновале, прислушиваясь к звукам далеких животных и насекомых, к деревьям, ко всем малым движениям и шевелениям.

А посреди ночи, думал тогда Монтаг, он, возможно, услышит под сеновалом звуки, словно поступь легких шагов. Встрепенувшись, он

away, He would lie back and look out of the loft window, very late in the night, and see the lights go out in the farmhouse itself, until a very young and beautiful woman would sit in an unlit window, braiding her hair. It would be hard to see her, but her face would be like the face of the girl so long ago in his past now, so very long ago, the girl who had known the weather and never been burned by the fire-flies, the girl who had known what dandelions meant rubbed off on your chin. Then, she would be gone from the warm window and appear again upstairs in her moon-whitened room. And then, to the sound of death, the sound of the jets cutting the sky into two black pieces beyond the horizon, he would lie in the loft, hidden and safe, watching those strange new stars over the rim of the earth, fleeing from the soft colour of dawn.

In the morning he would not have needed sleep, for all the warm odours and sights of a complete country night would have rested and slept him while his eyes were wide and his mouth, when he thought to test it, was half a smile.

приподнимется и сядет. Звуки шагов, удаляясь, стихнут. Будет уже поздняя ночь, он снова ляжет и, выглянув в оконце сеновала, увидит, как в фермерском домике гаснут огни, а затем очень молодая и очень красивая женщина сядет у неосвещенного окна и станет завязывать лентой свои волосы. Ее будет очень трудно разглядеть, но лицо этой женщины будет похожим на лицо девушки, которая стала уже далеким прошлым, очень-очень далеким прошлым, девушки, которая понимала погоду, у которой никогда не было ожогов от огненных светляков и которая знала, что будет, если провести одуванчиком по подбородку. Затем женщина исчезнет из теплого окна и снова появится уже этажом выше, в своей выбеленной луной комнате. А он, под звуки смерти, под звуки реактивных истребителей, разрезавших небо на два черных куска так, что линия разреза уходила за горизонт, будет лежать на сеновале, надежно укрытый от любых опасностей, и следить, как эти странные новые звезды над ободом земли бегут от мягких красок зари.

Утром он не будет испытывать необходимости во сне, потому что теплые запахи и чарующие картины этой во всех смыслах сельской ночи уже дали ему хороший отдых и подарили крепкий сон, хотя глаза его были всю ночь широко открыты, а на устах как была, так и осталась

And there at the bottom of the hayloft stair, waiting for him, would be the incredible thing. He would step carefully down, in the pink light of early morning, so fully aware of the world that he would be afraid, and stand over the small miracle and at last bend to touch it.

A cool glass of fresh milk, and a few apples and pears laid at the foot of the steps.

This was all he wanted now. Some sign that the immense world would accept him and give him the long time needed to think all the things that must be thought.

A glass of milk, an apple, a pear.
He stepped from the river.
The land rushed at him, a tidal wave. He was crushed by darkness and the look of the country and the million odours on a wind that iced his body. He fell back under the breaking curve of darkness and sound and smell, his ears roaring. He whirled. The stars poured over his sight like flaming meteors. He wanted to plunge in the river again and let it idle him safely on down somewhere. This dark land rising was like that day in his childhood, swimming, when from nowhere the largest wave

полуулыбка — он понял это, когда ему пришло в голову подвигать лицом.

А внизу, у лестницы сеновала, его будет ожидать совсем уже невероятная вещь. В розовом свете раннего утра он осторожно сойдет с последней ступеньки, неся в себе такое полное осознание окружающего мира, что ему будет даже немного страшно, и остановится над маленьким чудом, и наконец нагнется, чтобы дотронуться до него.

До прохладного стакана свежего молока, нескольких яблок и груш, выставленных у подножия лестницы.

Это было все, чего он сейчас хотел. Несколько признаков того, что огромный мир примет его и даст то немалое время, которое требовалось для того, чтобы обдумать все, что следовало обдумать.

Стакан молока, яблоко, груша.

Он вышел из реки.

Берег обрушился на него, как прилив. Монтаг был сокрушен темнотой, и всем видом этой местности, и миллионами запахов, прилетавших с ветром, который леденил его тело. Он повалился на спину, над ним загибался гребень огромного вала темноты, звука и запаха, в ушах у него стоял рев. Волна закружила его. Звезды посыпались перед глазами, словно пылающие метеоры. Ему захотелось снова нырнуть в реку, с тем чтобы она лениво понесла его, целого и невреди-

in the history of remembering slammed him down in salt mud and green darkness, water burning mouth and nose, retching his stomach, screaming! Too much water!

Too much land!
Out of the black wall before him, a whisper. A shape. In the shape, two eyes. The night looking at him. The forest, seeing him.
The Hound!
After all the running and rushing and sweating it out and half-drowning, to come this far, work this hard, and think yourself safe and sigh with relief and come out on the land at last only to find...

The Hound!
Montag gave one last agonized shout as if this were too much for any man.

The shape exploded away. The eyes vanished. The leafpiles flew up in a dry shower.

Montag was alone in the wilderness.
A deer. He smelled the heavy musk-like perfume mingled with blood and the gummed exhalation of

мого, куда-нибудь дальше. Темная земля, вздымающаяся над ним... — как в тот день, в детстве, когда он купался в море и вдруг, откуда ни возьмись, самая большая волна за всю историю его воспоминаний вмяла его в соленую грязь и зеленую тьму, вода обожгла ему рот и нос, из желудка поднялась рвота, как он тогда кричал! Слишком много воды!

Слишком много земли.

Шепот из черной стены, стоявшей перед ним. Силуэт. У силуэта два глаза. Ночь смотрела на него. Лес его видел.

Гончая!

Ты бежишь, мчишься, вымаливаешь себе избавление, едва не тонешь, заплываешь в такую даль, затрачиваешь столько сил, и вот, решив, что ты в безопасности, облегченно вздыхаешь и, наконец, выходишь на берег — и после этого видишь...

Гончую!

В агонии Монтаг издал последний крик, один-единственный, словно все это было уже чересчур для одного человека.

Силуэт взорвался, и нет его. Глаза исчезли. Кучи листьев взметнулись и осыпались сухим дождем.

Монтаг был один в диком безмолвии.

Олень. Он ощутил тяжелую мускусную струю — словно запах духов, смешанный с кро-

the animal's breath, all cardamon and moss and ragweed odour in this huge night where the trees ran at him, pulled away, ran, pulled away, to the pulse of the heart behind his eyes.

There must have been a billion leaves on the land; he waded in them, a dry river smelling of hot cloves and warm dust. And the other smells! There was a smell like a cut potato from all the land, raw and cold and white from having the moon on it most of the night. There was a smell like pickles from a bottle and a smell like parsley on the table at home. There was a faint yellow odour like mustard from a jar. There was a smell like carnations from the yard next door. He put down his hand and felt a weed rise up like a child brushing him. His fingers smelled of liquorice.

He stood breathing, and the more he breathed the land in, the more he was filled up with all the details of the land. He was not empty. There was more than enough here to fill him. There would always be more than enough.

He walked in the shallow tide of leaves, stumbling.
And in the middle of the strangeness, a familiarity.

вью и камедным паром звериного дыхания, а еще кардамон, еще мох и амброзия, вот чем пахла эта необъятная ночь, где деревья бежали на Монтага и расступались, бежали и расступались, в ритме крови, пульсировавшей на дне его глаз.

На земле лежал, наверное, миллиард листьев; он шел по ним вброд, шел вброд по этой сухой реке, пахнувшей горячими бутончиками гвоздики и теплой пылью. А прочие запахи! От земли пахло так, будто взрезали сырую картофелину, и запах был тоже сырой, прохладный и белый, оттого что большую часть ночи светила луна. И еще был запах маринада из свежеоткрытой бутылки, и запах петрушки, выложенной на столе. И тонкий желтый запах горчицы из баночки. И запах гвоздики из соседского сада. Он опустил руку и почувствовал, как к ней потянулся стебелек травы — словно ребенок погладил его ладонь. Теперь его пальцы пахли лакрицей.

Он остановился и долго дышал, и чем больше вбирал в себя запахов этого края, тем больше наполнялся подробностями земли, расстилавшейся вокруг. Он уже не был пуст. Подробностей было более чем достаточно, чтобы наполнить его до краев. Теперь их всегда будет более чем достаточно.

Он брел, спотыкаясь, по мелководью листьев.

Вдруг посреди этой чужести — нечто знакомое.

His foot hit something that rang dully.

He moved his hand on the ground, a yard this way, a yard that.

The railroad track.

The track that came out of the city and rusted across the land, through forests and woods, deserted now, by the river.

Here was the path to wherever he was going. Here was the single familiar thing, the magic charm he might need a little while, to touch, to feel beneath his feet, as he moved on into the bramble bushes and the lakes of smelling and feeling and touching, among the whispers and the blowing down of leaves.

He walked on the track.

And he was surprised to learn how certain he suddenly was of a single fact he could not prove.

Once, long ago, Clarisse had walked here, where he was walking now.

Half an hour later, cold, and moving carefully on the tracks, fully aware of his entire body, his face, his mouth, his eyes stuffed with blackness, his ears stuffed with sound, his legs prickled with burrs and nettles, he saw the fire ahead.

Нога ударилась о какой-то предмет, отозвавшийся глухим звоном. Он пошарил рукой по земле — ярд в одну сторону, ярд в другую. Железнодорожная колея.

Колея, которая выходила из города и, ржавея по пути, пересекала всю страну, шла через леса и рощи, ныне совсем обезлюдевшие, бежала все дальше и дальше вдоль берега реки.

Это была тропа, которая вела Монтага к цели, куда бы он ни направлялся. Колея была единственной знакомой здесь вещью, волшебным талисманом, который, возможно, будет вести его какое-то время, талисманом, которого можно коснуться рукой, который можно ощущать под ногами, пока он будет пробираться сквозь заросли ежевики, брести озерами запахов, ощупи и касаний, среди шепота и веяния листьев.

Он зашагал по колее.

И очень удивился, поняв, что вдруг абсолютно уверился в одном факте, доказать который не было никакой возможности.

Когда-то, уже довольно давно, тем же путем, которым шел он сейчас, прошла Кларисса.

Весь замерзший, Монтаг осторожно продвигался по колее, его ноги были исколоты колючками и исхлестаны крапивой, он четко представлял себе, что все его тело, лицо, глаза и рот забиты темнотой, а уши забиты зву-

The fire was gone, then back again, like a winking eye. He stopped, afraid he might blow the fire out with a single breath. But the fire was there and he approached warily, from a long way off. It took the better part of fifteen minutes before he drew very close indeed to it, and then he stood looking at it from cover. That small motion, the white and red colour, a strange fire because it meant a different thing to him.

It was not burning; it was warming!

He saw many hands held to its warmth, hands without arms, hidden in darkness. Above the hands, motionless faces that were only moved and tossed and flickered with firelight. He hadn't known fire could look this way. He had never thought in his life that it could give as well as take. Even its smell was different.

How long he stood he did not know, but there was a foolish and yet delicious sense of knowing himself as an animal come from the forest, drawn by the fire. He was a thing of brush and liquid eye,

ками, и вот спустя полчаса он увидел впереди огонь.

Огонь исчез, затем возник снова, словно подмигнул чей-то глаз. Монтаг остановился, боясь, что одним своим выдохом может загасить этот огонь. Но тот остался на прежнем месте, и Монтаг стал осторожно приближаться, стараясь ничем себя не выдать, хотя до огня было еще далеко. Прошло добрых пятнадцать минут, прежде чем он подошел к нему почти вплотную, тогда Монтаг остановился и, оставаясь в укрытии, начал рассматривать его. Легкое трепетание, белый и красный цвета... — это был странный огонь, поскольку теперь он означал для Монтага нечто совсем иное, не то, что раньше.

Он ничего не жег. Он *согревал*.

Монтаг увидел множество ладоней, протянутых к его теплу, ладоней без рук, ибо руки были скрыты темнотой. Над ладонями — неподвижные лица, все движение на них было от игры и мерцания пламени. Монтаг не подозревал, что огонь может так хорошо смотреться. За всю жизнь ему и в голову не приходило, что огонь может не только брать, но и давать. Даже запах его был иным.

Он не знал, сколько он так простоял, в нем сидело глупое и в то же время очень приятное ощущение: он воображал себя зверем, который вышел из леса, привлеченный светом костра.

of fur and muzzle and hoof, he was a thing of horn and blood that would smell like autumn if you bled it out on the ground. He stood a long long time, listening to the warm crackle of the flames.

There was a silence gathered all about that fire and the silence was in the men's faces, and time was there, time enough to sit by this rusting track under the trees, and look at the world and turn it over with the eyes, as if it were held to the centre of the bonfire, a piece of steel these men were all shaping. It was not only the fire that was different. It was the silence. Montag moved toward this special silence that was concerned with all of the world.

And then the voices began and they were talking, and he could hear nothing of what the voices said, but the sound rose and fell quietly and the voices were turning the world over and looking at it; the voices knew the land and the trees and the city which lay down the track by the river. The voices talked of everything, there was nothing they could not talk about, he knew from the very cadence and motion and continual stir of curiosity and wonder in them.

Он был тварью с пушистым хвостом и живыми, быстрыми глазами, он был тварью, покрытой шерстью, с вытянутой мордой, копытами и рогами, он был тварью, кровь которой, если бы пролилась на землю, пахла бы осенью. Он стоял так долго-долго, вслушиваясь в теплое потрескивание пламени.

Огонь собрал вокруг себя большую тишину, и тишина была в лицах мужчин, и еще там скопилось само время, и этого времени было достаточно, чтобы сидеть под деревьями у заржавленной колеи и смотреть на мир, и поворачивать его так и эдак глазами, словно он был куском стали, помещенным в самый центр этого костра, и мужчины придавали ему форму. Не только огонь был здесь иным. Иной была и тишина. Монтаг еще ближе придвинулся к этой особой тишине, озабоченной делами всего мира.

Затем раздались голоса, они начали переговариваться, и Монтаг не мог разобрать ни слова из того, о чем голоса вели речь; звук нарастал и стихал, и голоса тоже поворачивали мир так и эдак, рассматривая его со всех сторон; голоса все понимали и о земле, и о деревьях, и о городе, лежавшем у реки на другом конце колеи. Голоса говорили обо всем, и Монтаг понял, что не было ничего, о чем они не могли бы говорить, он вывел это из самого ритма разговора, из его течения, из любопытства и удивления, плескавшихся в голосах людей.

And then one of the men looked up and saw him, for the first or perhaps the seventh time, and a voice called to Montag:

"All right, you can come out now!"
Montag stepped back into the shadows.
"It's all right," the voice said. "You're welcome here."
Montag walked slowly toward the fire and the five old men sitting there dressed in dark blue denim pants and jackets and dark blue suits. He did not know what to say to them.

"Sit down," said the man who seemed to be the leader of the small group. "Have some coffee?"

He watched the dark steaming mixture pour into a collapsible tin cup, which was handed him straight off. He sipped it gingerly and felt them looking at him with curiosity. His lips were scalded, but that was good. The faces around him were bearded, but the beards were clean, neat, and their hands were clean. They had stood up as if to welcome a guest, and now they sat down again.

Montag sipped.
"Thanks," he said. "Thanks very much."
"You're welcome, Montag. My name's Granger." He held out a small bottle of colourless fluid.

А затем один из мужчин поднял глаза и увидел Монтага — в первый, а может быть, в седьмой раз, — и чей-то голос сказал, обращаясь к нему:

— Ладно, можете выходить!

Монтаг отступил в тень.

— Все в порядке, — сказал голос. — Вы здесь желанный гость.

Монтаг медленно подошел к костру и пятерым сидевшим вокруг него старым мужчинам, одетым в темно-синие джинсы и джинсовые куртки и темно-синие рубашки. Он не знал, что им сказать.

— Садитесь, — сказал человек, который, по-видимому, был вожаком этой маленькой группы. — Хотите кофе?

Монтаг наблюдал, как темная дымящаяся смесь льется в складную жестяную кружку, которую ему немедленно подали. Он осторожно отхлебнул и почувствовал, что люди у костра с любопытством разглядывают его. Кофе обжигал губы, но это было хорошо. Окружавшие его лица были бородатыми, однако сами бороды — чистыми и опрятными, и руки тоже чистыми. Все встали, как бы приветствуя гостя, и снова сели.

Монтаг отхлебывал из кружки.

— Спасибо, — сказал он. — Большое спасибо.

— Добро пожаловать, Монтаг. Меня зовут Грейнджер. — Мужчина протянул ему бутылоч-

"Drink this, too. It'll change the chemical index of your perspiration. Half an hour from now you'll smell like two other people. With the Hound after you, the best thing is Bottoms up."

Montag drank the bitter fluid.

"You'll stink like a bobcat, but that's all right," said Granger.

"You know my name;" said Montag.

Granger nodded to a portable battery TV set by the fire.

"We've watched the chase. Figured you'd wind up south along the river. When we heard you plunging around out in the forest like a drunken elk, we didn't hide as we usually do. We figured you were in the river, when the helicopter cameras swung back in over the city. Something funny there. The chase is still running. The other way, though."

"The other way?"

"Let's have a look."

Granger snapped the portable viewer on. The picture was a nightmare, condensed, easily passed from hand to hand, in the forest, all whirring colour and flight. A voice cried:

ку с бесцветной жидкостью. — Выпейте и это тоже. Это изменит химический состав пота. Через полчаса вы будете пахнуть сразу как два совершенно посторонних человека. Коль скоро по вашему следу идет Гончая, лучше всего осушить бутылочку до дна.

Монтаг выпил горькую жидкость.

— Вы будете вонять, как рыжая рысь, но это нормально, — добавил Грейнджер.

— Вам известно мое имя, — сказал Монтаг.

Грейнджер кивнул на портативный батарейный телевизор, стоявший возле костра:

— Мы следили за погоней. И догадались, что в конце концов вы свернете на юг и пойдете вдоль реки. Когда мы услышали, как вы ломитесь сквозь лес, словно пьяный лось, то не спрятались, как мы это обычно делаем. Мы поняли, что вы в реке, камеры на вертолетах повернули к городу. А там сейчас весьма занятно. Погоня продолжается. Впрочем, уже в другом направлении.

— В другом направлении?

— Давайте посмотрим.

Грейнджер щелкнул выключателем портативного телевизора.

Картинка была сущим кошмаром — концентрированный ужас, вихрь красок, стремительный полет, — и здесь, в лесу, этот кошмар можно было легко передавать из рук в руки. Голос кричал:

"The chase continues north in the city! Police helicopters are converging on Avenue 87 and Elm Grove Park!"

Granger nodded.

"They're faking. You threw them off at the river. They can't admit it. They know they can hold their audience only so long. The show's got to have a snap ending, quick! If they started searching the whole damn river it might take all night. So they're sniffing for a scape-goat to end things with a bang. Watch. They'll catch Montag in the next five minutes!"

"But how—"
"Watch."

The camera, hovering in the belly of a helicopter, now swung down at an empty street.

"See that?" whispered Granger. "It'll be you; right up at the end of that street is our victim. See how our camera is coming in? Building the scene. Suspense. Long shot. Right now, some poor fellow is out for a walk. A rarity. An odd one. Don't think the police don't know the habits of queer ducks like that, men who walk mornings for the hell of it, or for reasons of insomnia Anyway, the police have had him charted for months, years. Never know when that sort of information might

— Погоня продолжается в северной части города! Полицейские вертолеты слетаются к Восемьдесят седьмой авеню и парку «Вязовая роща»!

Грейнджер кивнул:

— Это все подделка. У реки вы сбили их со следа. Но признать это они не могут. Они понимают, что нельзя так долго удерживать внимание аудитории. У шоу должна быть резкая концовка — раз и все! Если бы они начали обыскивать всю эту чертову реку, то и к утру не управились бы. Вот они и выискивают козла отпущения, чтобы завершить все шоу каким-нибудь прибабахом. Смотрите, смотрите. Не пройдет и пяти минут, как Монтаг будет пойман.

— Но каким образом...

— Смотрите.

Камера в брюхе вертолета, парящая над городом, метнулась и показала пустую улицу.

— Видите? — шепнул Грейнджер. — Сейчас в самом конце улицы покажется жертва, это и будете вы. Видите, как наезжает камера? Выстраивает картинку. Наращивает напряжение. Общий план. В эти секунды какой-нибудь бедняга уже вышел на прогулку. Какой-нибудь чудак. Редкость в наше время. Не думайте, что полиция не знает привычек таких вот чудил, людей, которые любят гулять на рассвете черт знает почему или же по причине бессонницы. Во всяком слу-

be handy. And today, it turns out, it's very usable indeed. It saves face. Oh, God, look there!"

The men at the fire bent forward.

On the screen, a man turned a corner. The Mechanical Hound rushed forward into the viewer, suddenly. The helicopter light shot down a dozen brilliant pillars that built a cage all about the man.

A voice cried, "There's Montag! The search is done!"

The innocent man stood bewildered, a cigarette burning in his hand. He stared at the Hound, not knowing what it was. He probably never knew. He glanced up at the sky and the wailing sirens. The cameras rushed down. The Hound leapt up into the air with a rhythm and a sense of timing that was incredibly beautiful. Its needle shot out. It was suspended for a moment in their gaze, as if to give the vast audience time to appreciate everything, the raw look of the victim's face, the empty street, the steel animal a bullet nosing the target.

чае, полиция месяцами, годами следит за ними, составляет карты, графики. Никогда ведь не знаешь, когда такого рода информация может понадобиться. А сегодня, получается, она как раз и к месту! Позволяет сохранить лицо. О боже, вы только взгляните!

Мужчины, сидевшие у костра, подались вперед.

На экране из-за угла дома вывернул человек. И тут же в картинку ворвалась Механическая Гончая. Прожекторы вертолетов ударили вниз лучами — дюжина сверкающих столбов выстроились вокруг человека, заключив его в клетку.

Голос закричал:

— Это Монтаг! Погоня закончена.

Безвинный человек с дымящейся сигаретой в руке остановился в полнейшем недоумении. Он уставился на Гончую, не представляя себе, что это такое. Возможно, он никогда не представлял ничего подобного. Он взглянул на небо, в сторону воющих сирен. Камера нырнула вниз. Гончая взвилась в воздух, ритм ее движения и чувство времени были невероятно прекрасны. Выскочила игла. На мгновение она зависла в воздухе перед их глазами, словно бы давая широкой аудитории возможность оценить всю картину: животный ужас на лице жертвы, пустую улицу, стального зверя, подобного пуле, несущейся к мишени.

"Montag, don't move!" said a voice from the sky.

The camera fell upon the victim, even as did the Hound. Both reached him simultaneously. The victim was seized by Hound and camera in a great spidering, clenching grip. He screamed. He screamed. He screamed!

Blackout.

Silence.

Darkness.

Montag cried out in the silence and turned away.

Silence.

And then, after a time of the men sitting around the fire, their faces expressionless, an announcer on the dark screen said, "The search is over, Montag is dead; a crime against society has been avenged."

Darkness.

"We now take you to the Sky Room of the Hotel Lux for a half-hour of Just-Before-Dawn, a programme of-"

Granger turned it off.

"They didn't show the man's face in focus. Did you notice?

Even your best friends couldn't tell if it was you. They scrambled it just enough to let the imagination take over. Hell," he whispered. "Hell."

— Монтаг, не двигайтесь! — сказал голос с неба.

И камера обрушилась на жертву, и Гончая сделала то же самое. Обе настигли ее синхронно. Гончая и камера вцепились в жертву мощной, удушающей паучьей хваткой. Человек завизжал. Он завизжал. Он завизжал!

Затемнение.

Тишина.

Безмолвие.

В полной тишине Монтаг вскрикнул и отвернулся от экрана.

Безмолвие.

Какое-то время люди сидели вокруг костра с ничего не выражающими лицами, а потом диктор за кадром темного экрана сказал:

— Поиски закончены, Монтаг мертв; преступление против общества отомщено.

Темнота.

— А теперь мы на полчаса перенесемся в Небесную комнату гостиницы «Люкс», в программе «За секунду до рассвета» участвуют...

Грейнджер выключил телевизор.

— Они так и не показали лицо этого человека в фокусе. Вы обратили внимание? Даже самые близкие ваши друзья и те не смогли бы сказать, вы это были или нет. Они смазали картинку ровно настолько, чтобы заработало воображение. Дьявольщина, — прошептал он. — Дьявольщина...

Montag said nothing but now, looking back, sat with his eyes fixed to the blank screen, trembling.

Granger touched Montag's arm.
"Welcome back from the dead."
Montag nodded. Granger went on.
"You might as well know all of us, now. This is Fred Clement, former occupant of the Thomas Hardy chair at Cambridge in the years before it became an Atomic Engineering School. This other is Dr. Simmons from U. C. L. A., a specialist in Ortega Gasset; Professor West here did quite a bit for ethics, an ancient study now, for Columbia University quite some years ago. Reverend Padover here gave a few lectures thirty years ago and lost his flock between one Sunday and the next for his views. He's been bumming with us some time now. Myself: I wrote a book called The Fingers in the Glove; the Proper Relationship between the Individual and Society, and here I am! Welcome, Montag!"

Монтаг ничего не сказал в ответ; весь дрожа, он сидел, снова повернувшись к телевизору, и не сводил глаз с пустого экрана.

Грейнджер коснулся его руки:

— С возвращением из загробного мира.

Монтаг кивнул.

— Теперь, пожалуй, можно познакомиться и с остальными, — продолжил Грейнджер. — Это Фред Клемент, когда-то он возглавлял кафедру по Томасу Харди в Кембридже[1], пока этот университет не стал Школой атомной инженерии. А это доктор Симмонс из Калифорнийского университета в Лос-Анджелесе, специалист по Ортеге-и-Гассету. Профессор Уэст, присутствующий здесь, внес немалый вклад в этику, науку уже забытую, он преподавал в Колумбийском университете, но это было много лет назад. Преподобный Падовер тридцать лет назад выступил с несколькими проповедями и в итоге за одну неделю, с воскресенья по воскресенье, лишился, по причине своих взглядов, сразу всех прихожан. Он уже давно бродяжничает с нами. Теперь обо мне. Я написал книгу «Пальцы в перчатке, или Подобающие взаимоотношения между личностью и обществом». И вот я здесь! Добро пожаловать, Монтаг!

---

[1] Имеется в виду г. Кембридж (штат Массачусетс), где расположен Гарвардский университет.

"I don't belong with you," said Montag, at last, slowly. "I've been an idiot all the way."

"We're used to that. We all made the right kind of mistakes, or we wouldn't be here. When we were separate individuals, all we had was rage. I struck a fireman when he came to burn my library years ago. I've been running ever since. You want to join us, Montag?"

"Yes."
"What have you to offer?"
"Nothing. I thought I had part of the Book of Ecclesiastes and maybe a little of Revelation, but I haven't even that now."

"The Book of Ecclesiastes would be fine. Where was it?"
"Here," Montag touched his head.
"Ah," Granger smiled and nodded.
"What's wrong? Isn't that all right?" said Montag.
"Better than all right; perfect!" Granger turned to the Reverend. "Do we have a Book of Ecclesiastes?"
"One. A man named Harris of Youngstown."

"Montag." Granger took Montag's shoulder firmly. "Walk carefully. Guard your health. If any-

— Нет, мое место не с вами, — наконец медленно проговорил Монтаг. — Всю дорогу я был идиотом.

— Ну, нам к этому не привыкать. Мы все совершили в своей жизни правильные ошибки, иначе не оказались бы здесь. Когда мы были отдельно взятыми индивидами, все, чем мы располагали, — это ярость. Много лет назад, когда пожарный явился, чтобы сжечь мою библиотеку, я ударил его. С тех пор я в бегах. Хотите присоединиться к нам, Монтаг?

— Да.

— Что вы можете нам предложить?

— Ничего. Я думал, у меня с собой часть «Книги Екклесиаста» и, может быть, фрагмент «Откровения Иоанна Богослова», но даже этого не осталось.

— «Книга Екклесиаста» — это было бы чудесно. А где вы ее держали?

— Здесь, — Монтаг коснулся рукой головы.

— А, — с улыбкой кивнул Грейнджер.

— Что-нибудь не так? Разве я неправильно поступил? — спросил Монтаг.

— Более чем правильно, вы поступили отлично! — Грейнджер обернулся к священнику. — У нас есть «Книга Екклесиаста»?

— Да, одна. Человек по имени Харрис в Янгстауне.

— Монтаг, — Грейнджер крепко сжал его плечо, — ходите с опаской. Берегите свое здо-

thing should happen to Harris, you are the Book of Ecclesiastes. See how important you've become in the last minute!"

"But I've forgotten!"

"No, nothing's ever lost. We have ways to shake down your clinkers for you."

"But I've tried to remember!"

"Don't try. It'll come when we need it. All of us have photographic memories, but spend a lifetime learning how to block off the things that are really in there. Simmons here has worked on it for twenty years and now we've got the method down to where we can recall anything that's been read once. Would you like, some day, Montag, to read Plato's Republic?"

"Of course!"

"I am Plato's Republic. Like to read Marcus Aurelius? Mr. Simmons is Marcus."

"How do you do?" said Mr. Simmons.

"Hello," said Montag.

"I want you to meet Jonathan Swift, the author of that evil political book, Gulliver's Travels! And this other fellow is Charles Darwin, and-this one is Schopenhauer, and this one is Einstein, and this one here at my elbow is Mr. Albert Schweitzer, a very kind philosopher indeed. Here we all are,

ровье. Если что-нибудь случится с Харрисом, то «Книгой Екклесиаста» станете вы. Видите, какой важной персоной вы стали за одну минуту!

— Но я все забыл!

— Нет, ничего не исчезает бесследно. У нас есть способы встряхнуть ваши шарики.

— Но я уже пытался вспомнить!

— Не пытайтесь. У каждого из нас фотографическая память, но потребовалась целая жизнь, чтобы понять, как разблокировать то, что на самом деле хранится в мозгу. Симмонс работал над этим двадцать лет, и сейчас мы довели наш метод до такой стадии, когда мы в состоянии вспомнить все, что когда-то читали. Вот вы, Монтаг, хотели бы вы когда-нибудь прочитать «Республику» Платона?

— Конечно!

— Я и есть «Республика» Платона. Хотите почитать Марка Аврелия? Господин Симмонс — это Марк собственной персоной.

— Здравствуйте, — сказал господин Симмонс.

— Привет, — ответил Монтаг.

— А хочу, чтобы вы познакомились с Джонатаном Свифтом, автором этой злобной политической сатиры «Путешествия Гулливера». Вот этот парень — Чарлз Дарвин, этот — Шопенгауэр, там — Эйнштейн, а здесь, бок о бок со мной, — господин Альберт Швейцер, добрей-

Montag. Aristophanes and Mahatma Gandhi and Gautama Buddha and Confucius and Thomas Love Peacock and Thomas Jefferson and Mr. Lincoln, if you please. We are also Matthew, Mark, Luke, and John."

Everyone laughed quietly.
"It can't be," said Montag.
"It is," replied Granger, smiling." We're book-burners, too. We read the books and burnt them, afraid they'd be found. Micro-filming didn't pay off; we were always travelling, we didn't want to bury the film and come back later. Always the chance of discovery. Better to keep it in the old heads, where no one can see it or suspect it. We are all bits and pieces of history and literature and international law, Byron, Tom Paine, Machiavelli, or Christ, it's here. And the hour is late. And the war's begun. And we are out here, and the city is there, all wrapped up in its own coat of a thousand colours. What do you think, Montag?"

ший философ, по сути. Вот мы все перед вами, Монтаг. Аристофан, Махатма Ганди, Гаутама Будда, Конфуций, Томас Лав Пикок[1], Томас Джефферсон и господин Линкольн — мы все к вашим услугам. И еще мы — Матфей, Марк, Лука и Иоанн.

Все негромко засмеялись.

— Этого *не может быть*, — сказал Монтаг.

— Это *есть*! — ответил Грейнджер, улыбаясь. — Мы тоже сжигатели книг. Мы читали, а потом сжигали книги, боясь, что их найдут. Микрофильмирование себя не оправдало; ведь мы все время странствуем, не хочется закапывать микрофильмы, чтобы потом к ним надо было возвращаться. Всегда есть риск, что нас обнаружат. Лучше держать все в наших старых головах, куда никто не сможет заглянуть, никто даже не заподозрит, где надо искать. Все мы — кусочки истории, литературы, международного права. Байрон, Том Пейн[2], Макиавелли, Христос — все здесь. А время уходит. И началась война. И мы здесь, а город там, укутанный своим тысячецветным покрывалом. Над чем вы задумались, Монтаг?

---

[1] Пикок, Томас Лав (1785–1866), английский поэт и романист.

[2] Пейн, Томас (1737–1809), американский писатель, публицист (родился в Великобритании, в 1774 г. в Северной Америке); участник Войны за независимость в Северной Америке и Великой французской революции.

"I think I was blind trying to do things my way, planting books in firemen's houses and sending in alarms."

"You did what you had to do. Carried out on a national scale, it might have worked beautifully. But our way is simpler and, we think, better. All we want to do is keep the knowledge we think we will need, intact and safe. We're not out to incite or anger anyone yet. For if we are destroyed, the knowledge is dead, perhaps for good. We are model citizens, in our own special way; we walk the old tracks, we lie in the hills at night, and the city people let us be. We're stopped and searched occasionally, but there's nothing on our persons to incriminate us. The organization is flexible, very loose, and fragmentary. Some of us have had plastic surgery on our faces and fingerprints. Right now we have a horrible job; we're waiting for the war to begin and, as quickly, end. It's not pleasant, but then we're not in control, we're the odd minority crying in the wilderness. When the war's over, perhaps we can be of some use in the world."

— Над тем, до чего же я был слеп, когда пытался все повернуть по-своему, когда подбрасывал книги в дома пожарных и поднимал после этого тревогу.

— Вы делали то, что должны были делать. В масштабах всей страны это могло бы сработать прекраснейшим образом. Однако наш путь проще и, как мы думаем, лучше. Все, чего мы хотим, — это сохранить знание, которое, по нашему мнению, потом понадобится нам целым и невредимым. Мы пока еще не хотим никого подстрекать, не хотим никого гневить. Потому что если нас уничтожат, то знание умрет, может быть, навсегда. На наш особый манер мы — образцовые граждане: бродим себе по старым железнодорожным колеям, вечерами укладываемся спать на холмах, и городской люд нас не трогает. Иногда нас останавливают и обыскивают, но среди нашего личного имущества нет ничего такого, что можно было бы вменить нам в вину. Наша организация весьма гибка и фрагментарна, и к тому же устроена очень вольно. Кое-кто из нас сделал себе пластические операции на лицах и кончиках пальцев. Сейчас у нас ужасная пора: мы ждем, чтобы война поскорее началась и так же быстро кончилась. Во всем этом приятного мало, но бразды правления не в наших руках, мы просто нелепое меньшинство, вопиющее в пустыне. Но когда война

"Do you really think they'll listen then?"

"If not, we'll just have to wait. We'll pass the books on to our children, by word of mouth, and let our children wait, in turn, on the other people. A lot will be lost that way, of course.

But you can't make people listen. They have to come round in their own time, wondering what happened and why the world blew up under them. It can't last."

"How many of you are there?"

"Thousands on the roads, the abandoned rail-tracks, tonight, bums on the outside, libraries inside. It wasn't planned, at first. Each man had a book he wanted to remember, and did. Then, over a period of twenty years or so, we met each other, travelling, and got the loose network together and set out a plan. The most important single thing we had to pound into ourselves was that we were not important, we mustn't be pedants; we were not to feel superior to anyone else in the world. We're nothing more than dust-jackets for books, of no significance otherwise. Some of us live in small towns. Chapter One of Thoreau's Walden in Green River, Chapter Two in Willow Farm, Maine.

закончится, может быть, и для нас найдется какое-то применение в этом мире.

— Вы всерьез считаете, что вас тогда будут слушать?

— Если нет, что же, придется подождать еще. Передадим книги нашим детям, в устной форме, а они, в свою очередь, придут с этими книгами к другим людям. Конечно, многое будет утеряно. Но ведь людей невозможно *заставить* слушать. Рано или поздно, но они должны будут прийти в себя после долгой болезни и тогда начнут задумываться, что же такое случилось в мире и почему он взорвался прямо под их ногами. Долго продолжаться это не может.

— Сколько вас всего?

— Этой ночью нас уже тысячи — на дорогах, на заброшенных железнодорожных путях; снаружи мы бродяги, внутри — библиотеки. Поначалу в этом не было никакого плана. Каждый человек имел какую-нибудь книгу, которую он хотел запомнить. И действительно запоминал. Затем, в течение двадцати лет или около того, мы встречались друг с другом во время наших скитаний и общими усилиями создали нечто вроде просторной сети, а потом выработали план действий. Самое важное, если не единственное, что нам нужно было вдолбить в самих себя, — это то, что сами мы никакие не важные персоны, мы не должны быть педантами и нам не

Why, there's one town in Maryland, only twenty-seven people, no bomb'll ever touch that town, is the complete essays of a man named Bertrand Russell. Pick up that town, almost, and flip the pages, so many pages to a person. And when the war's over, some day, some year, the books can be written again, the people will be called in, one by one, to recite what they know and we'll set it up in type until another Dark Age, when we might have to do the whole damn thing over again. But that's the wonderful thing about man; he never gets so discouraged or disgusted that he gives up doing it all over again, because he knows very well it is important and worth the doing."

"What do we do tonight?" asked Montag.

след ощущать свое превосходство над кем-либо еще в мире. Мы не более чем суперобложки для книг, и другого смысла в нашем существовании нет. Иные из нас живут в маленьких городках. Первая глава книги Торо «Уолден» живет в Грин-Ривер, вторая глава — в Уиллоу-Фарм, штат Мэн. А вот в штате Мэриленд есть один городишко, в котором живут всего двадцать семь человек, ни одна бомба туда никогда не упадет, и этот городок — полное собрание трудов человека по имени Бертран Рассел. Берите этот городок и листайте страницу за страницей, каждый человек — столько-то страниц. А когда война закончится — когда-нибудь, в каком-нибудь году это обязательно произойдет, — можно будет снова писать книги, и тогда наших людей начнут приглашать, одного за другим, чтобы они читали наизусть то, что знают, и мы опять будем печатать все это типографским способом, пока не наступит новое средневековье, и тогда нам придется начинать всю эту чертову карусель сначала. Но ведь это и есть самое замечательное в роде человеческом — его невозможно обескуражить или отвратить от этой деятельности настолько, чтобы он поднял лапки кверху и отказался начинать все сначала, потому что прекрасно знает: такая деятельность очень важна и, во всяком случае, заниматься ею *стоит*.

— Что мы будем делать этой ночью? — спросил Монтаг.

"Wait," said Granger. "And move downstream a little way, just in case."

He began throwing dust and dirt on the fire.

The other men helped, and Montag helped, and there, in the wilderness, the men all moved their hands, putting out the fire together.

They stood by the river in the starlight.
Montag saw the luminous dial of his waterproof. Five. Five o'clock in the morning. Another year ticked by in a single hour, and dawn waiting beyond the far bank of the river.

"Why do you trust me?" said Montag.
A man moved in the darkness.
"The look of you's enough. You haven't seen yourself in a mirror lately. Beyond that, the city has never cared so much about us to bother with an elaborate chase like this to find us. A few crackpots with verses in their heads can't touch them, and they know it and we know it; everyone knows it. So long as the vast population doesn't wander about quoting the Magna Charta and the Constitution, it's all right. The firemen were enough to check that, now and then. No, the cities don't bother us. And you look like hell."

— Ждать, — ответил Грейнджер. — И немного продвинемся дальше по реке, так, на всякий случай.

Он начал забрасывать костер комьями земли и мелкой пылью.

Остальные мужчины принялись помогать, и Монтаг тоже стал помогать, и получилось, что вдали от жилья, посреди дикой природы, люди дружно двигают руками, чтобы сообща загасить огонь.

Они стояли у реки в звездном свете.

Монтаг взглянул на светящийся циферблат своих водонепроницаемых часов. Пять. Пять часов утра. Еще год прошел с тиканьем одного-единственного часа, а за дальним берегом реки ждал рассвет.

— Почему вы мне верите? — спросил Монтаг.

Мужчина шевельнулся в темноте.

— Достаточно взглянуть на вас. Вы давно не видели себя в зеркале. Помимо всего прочего, город никогда не придавал нам столь большого значения, чтобы взять на себя хлопоты по организации изощренной погони за вами, лишь бы выйти на нас. Несколько психов со стишками в головах их не волнуют: они это знают, мы это знаем, любой и каждый знает это. Пока большие круги населения не начали бродить по лесам, цитируя Великую хартию вольностей и Конституцию, все в порядке. А чтобы этого не допустить,

They moved along the bank of the river, going south. Montag tried to see the men's faces, the old faces he remembered from the firelight, lined and tired. He was looking for a brightness, a resolve, a triumph over tomorrow that hardly seemed to be there. Perhaps he had expected their faces to burn and glitter with the knowledge they carried, to glow as lanterns glow, with the light in them. But all the light had come from the camp fire, and these men had seemed no different from any others who had run a long race, searched a long search, seen good things destroyed, and now, very late, were gathering to wait for the end of the party and the blowing out of the lamps. They weren't at all certain that the things they carried in their heads might make every future dawn glow with a purer light, they were sure of nothing save that the books were on file behind their quiet eyes, the books were waiting, with their pages uncut, for the customers who might come by in later years, some with clean and some with dirty fingers.

достаточно время от времени прибегать к помощи пожарных. Нет, города нас не беспокоят. А вот вы беспокоите — вон как вы выглядите, краше в гроб кладут.

Они шли берегом реки, направляясь на юг. Монтаг пытался рассмотреть лица мужчин, старые лица, морщинистые и усталые, как он запомнил их, увидев ночью при свете костра. Он искал в них одухотворенность, решительность, триумфальную победу над будущим, но что-то ничего похожего не было видно. Возможно, он ожидал, что лица будут гореть надеждой, лучиться знаниями, которые были у этих людей, сиять наполняющим их светом, как сияют зажженные фонари. Однако весь свет на лицах его спутников был лишь отблеском походного костра, и эти люди, казалось, ничем не отличались от любых других людей, которые пробежали длинную дистанцию, или потратили много времени на поиски чего-то, или видели, как гибнет что-то хорошее, — и вот теперь, когда время уже позднее, они собрались, чтобы дождаться конца вечеринки и посмотреть, как будут тушить лампы. Они вовсе не были уверены, что от тех вещей, которые они носят в своих головах, все зори грядущих дней разгорятся более чистым светом, они вообще ни в чем не были уверены, кроме разве того, что книги аккуратно стоят на полках позади их спокойных глаз, что эти книги, со все еще неразрезанными страницами, ждут своих

Montag squinted from one face to another as they walked.

"Don't judge a book by its cover," someone said.

And they all laughed quietly, moving downstream.

There was a shriek and the jets from the city were gone overhead long before the men looked up. Montag stared back at the city, far down the river, only a faint glow now.

"My wife's back there."

"I'm sorry to hear that. The cities won't do well in the next few days," said Granger.

"It's strange, I don't miss her, it's strange I don't feel much of anything," said Montag. "Even if she dies, I realized a moment ago, I don't think I'll feel sad. It isn't right. Something must be wrong with me."

"Listen," said Granger, taking his arm, and walking with him, holding aside the bushes to let him pass. "When I was a boy my grandfather died, and he was a sculptor. He was also a very kind man who had a lot of love to give the world, and

читателей, которые, возможно, придут позже, спустя годы, и дотронутся до них кто чистыми, а кто и грязными пальцами.

Они шли, и Монтаг время от времени украдкой поглядывал то на одно лицо, то на другое.

— Не судите о книге по обложке, — сказал кто-то.

И все тихо засмеялись, продолжая двигаться дальше, к низовьям реки.

Раздался визг, и реактивные самолеты из города, пронесшись в вышине, скрылись задолго до того, как люди успели поднять голову. Обернувшись, Монтаг посмотрел в сторону города, он лежал выше по реке очень далеко — слабое сияние, не более того.

— Моя жена там.

— Печально слышать. В ближайшие несколько дней городам несдобровать, — отозвался Грейнджер.

— Странно, я по ней не скучаю. Странно, но я вообще ничего особенного не чувствую, — сказал Монтаг. — Секунду назад мне пришло в голову, что если она умрет, я, наверное, даже грусти не почувствую. Это неправильно. Со мной, должно быть, что-то не так.

— Послушайте, — сказал Грейнджер, взяв Монтага под руку и придержав ветки кустарника, чтобы он смог пройти. — Когда я был мальчишкой, умер мой дед, он был скульптором, а еще добрейшим человеком, с большим запа-

he helped clean up the slum in our town; and he made toys for us and he did a million things in his lifetime; he was always busy with his hands. And when he died, I suddenly realized I wasn't crying for him at all, but for the things he did. I cried because he would never do them again, he would never carve another piece of wood or help us raise doves and pigeons in the back yard or play the violin the way he did, or tell us jokes the way he did. He was part of us and when he died, all the actions stopped dead and there was no one to do them just the way he did. He was individual. He was an important man. I've never gotten over his death. Often I think, what wonderful carvings never came to birth because he died. How many jokes are missing from the world, and how many homing pigeons untouched by his hands. He shaped the world. He did things to the world. The world was bankrupted of ten million fine actions the night he passed on."

Montag walked in silence.
"Millie, Millie," he whispered. "Millie."
"What?"
"My wife, my wife. Poor Millie, poor Millie. I can't remember anything. I think of her hands but I don't see them doing anything at all. They just

сом любви, которую он отдавал миру; он помог навести порядок в трущобах в нашем городке, и мастерил для нас игрушки, и вообще переделал в жизни миллион дел, его руки всегда были заняты. А когда он умер, я вдруг понял, что плачу вовсе не о нем, а о тех вещах, которые он мастерил. Я плакал, потому что он больше никогда ничего не смастерит, никогда не будет резать по дереву, не поможет нам разводить голубей на заднем дворе, не будет играть на скрипке — так, как умел только он, не будет рассказывать нам анекдоты — так, как тоже умел только он. Он был частью нас самих, и когда он умер, умерли и все его дела, и не было никого, кто мог бы делать их так, как он. Он был личностью. Он был значительным человеком. Я так и не смог примириться с его смертью. И я часто думаю, какая же замечательная резьба по дереву так и не родилась на свет только потому, что он умер. Сколько анекдотов исчезло из мира, сколько почтовых голубей остались нетронутыми его ладонями. Он лепил этот мир. Он делал миру добро. И в ночь, когда он усоп, мир обанкротился, лишившись десяти миллионов чудесных дел.

Монтаг шагал молча.

— Милли, Милли, — шептал он. — Милли.

— Что?

— Моя жена, моя жена. Бедная Милли, бедная, бедная Милли. Я ничего не помню. Я думаю о ее руках, но не вижу, чтобы они вообще

hang there at her sides or they lie there on her lap or there's a cigarette in them, but that's all."

Montag turned and glanced back.
What did you give to the city, Montag?
Ashes.
What did the others give to each other?
Nothingness.
Granger stood looking back with Montag.

"Everyone must leave something behind when he dies, my grandfather said. A child or a book or a painting or a house or a wall built or a pair of shoes made. Or a garden planted. Something your hand touched some way so your soul has somewhere to go when you die, and when people look at that tree or that flower you planted, you're there. It doesn't matter what you do, he said, so long as you change something from the way it was before you touched it into something that's like you after you take your hands away. The difference between the man who just cuts lawns and a real gardener is in the touching, he said. The lawn-cutter might just as well not have been there at all; the gardener will be there a lifetime."

что-либо делали. Они просто висят вдоль ее тела, или лежат на коленях, или в них дымится сигарета, вот и все.

Монтаг повернулся и взглянул назад.

А что дал городу ты, Монтаг?

Пепел.

А что остальные давали друг другу?

Небытие.

Грейнджер стоял рядом с Монтагом и тоже смотрел в сторону города.

— Каждый человек, когда он умирает, должен оставить что-то после себя. Так говорил мой дед. Ребенка, книгу, картину, дом, который ты построил, стену, которую ты возвел, пару башмаков, которые ты сшил своими руками. Или сад, который ты посадил. Что-то такое, чего так или иначе касались твои руки, — чтобы твоей душе было куда уйти после твоей смерти, и когда люди посмотрят на дерево или цветок, которые ты посадил, ты будешь там. Не имеет значения, что именно ты делаешь, говорил он, главное, чтобы ты изменил что-то и чтобы это «что-то» было одним до твоего прикосновения, а когда ты убрал руки, оно стало другим, похожим на тебя самого. Вся разница между человеком, который просто подстригает газон, и настоящим садовником заключается в прикосновении, говорил он. Тот, кто просто подстригает траву, мог бы вовсе не подходить

Granger moved his hand. "My grandfather showed me some V-2 rocket films once, fifty years ago. Have you ever seen the atom-bomb mushroom from two hundred miles up? It's a pinprick, it's nothing. With the wilderness all around it.

"My grandfather ran off the V-2 rocket film a dozen times and then hoped that some day our cities would open up and let the green and the land and the wilderness in more, to remind people that we're allotted a little space on earth and that we survive in that wilderness that can take back what it has given, as easily as blowing its breath on us or sending the sea to tell us we are not so big. When we forget how close the wilderness is in the night, my grandpa said, some day it will come in and get us, for we will have forgotten how terrible and real it can be. You see?" Granger turned to Montag.

"Grandfather's been dead for all these years, but if you lifted my skull, by God, in the convolutions of my brain you'd find the big ridges of his thumbprint. He touched me. As I said earlier,

к газону, его там словно и не было, а садовник остается в деревьях целую жизнь.

Грейнджер шевельнул рукой.

— Как-то раз, пятьдесят лет назад, дед показал мне несколько фильмов о ракетах «Фау—2». Доводилось вам когда-либо видеть атомное грибовидное облако с высоты двухсот миль? Булавочный укол, пустяк. Особенно по сравнению с дикой природой, расстилающейся вокруг. Дед раз десять прокрутил тогда этот фильм, а затем высказал надежду, что когда-нибудь наши города станут более открытыми и впустят в себя больше зелени, сырой земли и дикой природы, дабы напомнить людям: нам отведено не так уж много места на планете, мы живем по милости дикой природы, и забрать ей у нас все, что она дала, так же легко, как сдуть нас своим дыханием или наслать океан, который поведает нам, что не такие уж мы большие, какими себе кажемся. Если мы забудем, как близко бывает присутствие дикой природы по ночам, говорил дедушка, то в один прекрасный день она придет и съест нас, потому что к тому времени мы и помнить не будем, насколько она может быть ужасной и реальной. Понимаете?

Грейнджер повернулся к Монтагу.

— Вот уже сколько лет как дед умер, но стоит вам приподнять крышку моего черепа, клянусь Богом, и в извилинах мозга вы найдете там крупные папиллярные линии его отпечат-

he was a sculptor. 'I hate a Roman named Status Quo!' he said to me. 'Stuff your eyes with wonder,' he said, 'live as if you'd drop dead in ten seconds. See the world. It's more fantastic than any dream made or paid for in factories. Ask no guarantees, ask for no security, there never was such an animal. And if there were, it would be related to the great sloth which hangs upside down in a tree all day every day, sleeping its life away. To hell with that,' he said, 'shake the tree and knock the great sloth down on his ass.'"

"Look!" cried Montag.
And the war began and ended in that instant.

Later, the men around Montag could not say if they had really seen anything. Perhaps the merest flourish of light and motion in the sky. Perhaps the bombs were there, and the jets, ten miles, five miles, one mile up, for the merest instant, like grain thrown over the heavens by a great sowing hand, and the bombs drifting with dreadful swiftness, yet sudden slowness, down upon the morning city they had left behind. The bombardment was to all intents and purposes finished, once the jets had

ков пальцев. Он прикоснулся ко мне. Как я уже упомянул, он был скульптором. «Ненавижу римлянина по имени Статус Кво!» — сказал он мне однажды. И еще он сказал: «Напитай свои глаза чудом. Живи так, как если через десять секунд умрешь на месте. Открой глаза на мир. Он более фантастичен, чем любая греза, сделанная и оплаченная на фабрике. Не проси гарантий, не требуй никакой безопасности — такого зверя не существовало никогда. А если бы и существовал, то он был бы родственником ленивцу, который изо дня в день и целыми днями висит вверх ногами на дереве, просыпая всю свою жизнь. К черту! — воскликнул он. — Потряси дерево и сбрось ленивца — пусть шлепнется на задницу!»

— Смотрите! — вскричал Монтаг.

В этот самый миг началась и кончилась война.

Впоследствии люди, стоявшие рядом с Монтагом, так и не могли сказать, видели они что-нибудь или нет. Может быть, мимолетное полыхание света, легкое движение в небе. Может быть, бомбы были уже в воздухе, а реактивные самолеты, на кратчайшую долю секунды застыв в десяти, в пяти, в одной миле над ними, словно зерна, брошенные в небеса гигантской рукой сеятеля, тут же исчезли, и бомбы с ужасающей быстротой и вместе с тем неожиданно медленно

sighted their target, alerted their bombardiers at five thousand miles an hour; as quick as the whisper of a scythe the war was finished. Once the bomb-release was yanked it was over. Now, a full three seconds, all of the time in history, before the bombs struck, the enemy ships themselves were gone half around the visible world, like bullets in which a savage islander might not believe because they were invisible; yet the heart is suddenly shattered, the body falls in separate motions and the blood is astonished to be freed on the air; the brain squanders its few precious memories and, puzzled, dies.

This was not to be believed. It was merely a gesture. Montag saw the flirt of a great metal fist over the far city and he knew the scream of the jets that would follow, would say, after the deed, disintegrate, leave no stone on another, perish. Die.

поплыли вниз, на утренний город, который самолеты оставили далеко за собой. Бомбардировка на самом деле закончилась в то самое мгновение, когда самолеты, мчавшиеся со скоростью пять тысяч миль в час, обнаружили цель и уведомили об этом бомбардиров; и война тоже закончилась, заняв не больше времени, чем свист косы в воздухе. Она закончилась, лишь только бомбардиры дернули за рычаги бомбосбрасывателей. Прошли три секунды, полные три секунды, прежде чем бомбы ударили по городу, и за этот промежуток, в который ужалось все время истории, сами вражеские самолеты уже успели облететь половину обозримого мира, словно пули, в которые дикари-островитяне не могли поверить, потому что пули были невидимы; и вдруг сердце разнесено в клочья, тело падает на землю, причем части его движутся самостоятельно, кровь изумлена тем, что выпущена на вольный воздух, а мозг расточительно тратит время на несколько драгоценных воспоминаний и озадаченно умирает.

В это нельзя было верить. Это был жест, не более того. Монтаг увидел взмах огромного металлического кулака над далеким городом и понял, что скажет им всем вой реактивных самолетов, который раздастся вслед за содеянным: «Разрушайтесь, пусть не останется камня на камне, погибайте. Умрите!»

Montag held the bombs in the sky for a single moment, with his mind and his hands reaching helplessly up at them.

"Run!" he cried to Faber.

To Clarisse, "Run!"

To Mildred, "Get out, get out of there!" But Clarisse, he remembered, was dead. And Faber was out; there in the deep valleys of the country somewhere the five a. m. bus was on its way from one desolation to another. Though the desolation had not yet arrived, was still in the air, it was certain as man could make it. Before the bus had run another fifty yards on the highway, its destination would be meaningless, and its point of departure changed from metropolis to junkyard.

And Mildred...

Get out, run!

He saw her in her hotel room somewhere now in the halfsecond remaining with the bombs a yard, a foot, an inch from her building. He saw her leaning toward the great shimmering walls of colour and motion where the family talked and talked and talked to her, where the family prattled and chatted and said her name and smiled at her and said nothing of the bomb that was an inch, now a half-inch, now a quarter-inch from the top of the ho-

На одно-единственное мгновение Монтаг задержал бомбы в небе, воздев к ним мысли свои и беспомощные руки.

— Бегите! — крикнул он Фаберу.

Клариссе:

— Беги!

Милдред:

— Выходи, быстрее выходи оттуда!

Но он вспомнил, что Кларисса мертва. А Фабер уже вне города: где-то там, в глубоких долинах дальней части страны, пятичасовой автобус шел от одного разора к другому. И хотя разор еще не начался, еще только висел в воздухе, тем не менее он был неизбежен, как неизбежно осуществляется все задуманное человеком. Не успеет автобус пробежать еще пятьдесят ярдов по скоростному шоссе, как пункт назначения потеряет всякий смысл, а пункт отправления из столицы превратится в свалку.

Но Милдред...

Выходи, беги!

Он увидел ее в номере какой-то гостиницы, а оставалось всего полсекунды, а бомбы были уже в ярде, в футе, в дюйме от крыши. Он увидел, как она сидит, подавшись к огромной мерцающей стене, сделанной из цвета и движения, и слушает, что говорит ей «семья», а «семья» все говорит, говорит, говорит с ней, и болтает, и лепечет, и называет ее по имени, и улыбается ей, и ни слова не говорит о бомбе, которая

tel. Leaning into the wall as if all of the hunger of looking would find the secret of her sleepless unease there. Mildred, leaning anxiously, nervously, as if to plunge, drop, fall into that swarming immensity of colour to drown in its bright happiness.

The first bomb struck.
"Mildred!"
Perhaps, who would ever know? Perhaps the great broadcasting stations with their beams of colour and light and talk and chatter went first into oblivion.

Montag, falling flat, going down, saw or felt, or imagined he saw or felt the walls go dark in Millie's face, heard her screaming, because in the millionth part of time left, she saw her own face reflected there, in a mirror instead of a crystal ball, and it was such a wildly empty face, all by itself in the room, touching nothing, starved and eating of itself, that at last she recognized it as her own and looked quickly up at the ceiling as it and the entire structure of the hotel blasted down upon her, carrying her with a million pounds of brick, metal, plaster, and wood, to meet other people in the hives below, all on their quick way down to the cellar where the explosion rid itself of them in its own unreasonable way.

уже в дюйме, уже в полудюйме, уже в четверти дюйма от крыши гостиницы. А Милдред сидит, подавшись к стене, и смотрит на нее таким голодным взглядом, словно только этот голод и разгадает загадку ее бессонных тревог. Милдред сидит беспокойно, нервно, как будто вот-вот нырнет, прыгнет, упадет в это роящееся буйство красок и утонет в пучине светлого счастья.

Ударила первая бомба.

— Милдред!

Очень может быть... — но кто об этом узнает? — очень может быть, что гигантские вещательные станции, с их лучами красок, света, разговоров и болтовни, ушли в небытие первыми.

Падая ничком, валясь на землю, Монтаг увидел, ощутил — или ему почудилось, что он увидел и ощутил, — как блики стен погасли на лице Милли, он услышал ее крик, потому что в ту миллионную долю секунды, что ей осталось жить на свете, она увидела отражение собственного лица, увидела в зеркале, а не в хрустальном шаре, и это было такое дикое пустое лицо, отрешенное, отрезанное от всего в этой комнате, лишенное прикосновений, истощенное и поедающее самое себя, что Милдред не сразу узнала его, но наконец все-таки поняла, что это лицо — ее собственное, и быстро перевела взгляд на потолок, и в этот самый миг вся конструкция гостиницы грянула на нее, неся с собой сотни тонн

I remember. Montag clung to the earth. I remember. Chicago. Chicago, a long time ago. Millie and I. That's where we met! I remember now. Chicago. A long time ago.

The concussion knocked the air across and down the river, turned the men over like dominoes in a line, blew the water in lifting sprays, and blew the dust and made the trees above them mourn with a great wind passing away south. Montag crushed himself down, squeezing himself small, eyes tight. He blinked once. And in that instant saw the city, instead of the bombs, in the air. They had displaced each other. For another of those impossible instants the city stood, rebuilt and unrecognizable, taller than it had ever hoped or strived to be, taller than man had built it, erected at last in gouts of shattered concrete and sparkles of torn metal into a mural hung like a reversed avalanche, a million colours, a million oddities, a door where a window should be, a top for a bottom, a side for a back, and then the city rolled over and fell down dead.

кирпича, металла, штукатурки, дерева, и увлекла вниз, на встречу с людьми из других ульев, а затем молниеносно доставила всех в подвал, где мощный взрыв избавил себя от людей на свой безрассудный, как и полагается взрывам, манер.

Вспомнил. Монтаг приник к земле. Вспомнил. В Чикаго. В Чикаго, много лет назад. Милли и я. *Вот где* мы встретились! Теперь я помню. В Чикаго. Много лет назад.

Страшное сотрясение вздыбило воздух вдоль и поперек реки, повалило людей — словно попадали костяшки домино, выстроенные дорожкой, — дохнуло водой, подняв над рекой фонтаны, дохнуло пылью и заставило деревья над головами горестно зарыдать под сильным ветром, пронесшимся в южную сторону. Монтаг еще сильнее вдавился в землю, сжался в малый комок, плотно зажмурил глаза. Он моргнул только раз, но в этот миг увидел, что в воздухе вместо бомб был город. Бомбы и город поменялись местами. Какое-то непостижимое мгновение город стоял в воздухе перестроенный и неузнаваемый, он был такой высоты, о какой никогда и не мечтал, к какой никогда даже не стремился, намного выше того роста, который определил ему человек, он стал наконец-то гигантской фреской, созданной из всплесков бетонного крошева и искорок рваного металла, фреской, которая повис-

Montag, lying there, eyes gritted shut with dust, a fine wet cement of dust in his now shut mouth, gasping and crying, now thought again, I remember, I remember, I remember something else. What is it? Yes, yes, part of the Ecclesiastes and Revelation. Part of that book, part of it, quick now, quick, before it gets away, before the shock wears off, before the wind dies. Book of Ecclesiastes. Here. He said it over to himself silently, lying flat to the trembling earth, he said the words of it many times and they were perfect without trying and there was no Denham's Dentifrice anywhere, it was just the Preacher by himself, standing there in his mind, looking at him...

"There," said a voice.

The men lay gasping like fish laid out on the grass. They held to the earth as children hold to familiar things, no matter how cold or dead, no matter what has happened or will happen, their

ла, словно опрокинутая в небо лавина, — миллион красок, миллион странностей, дверь вместо окна, низ вместо верха, торец вместо фасада, — а затем город перевернулся и упал замертво.

Звук этой смерти пришел позднее.

Монтаг лежал на земле, его крепко стиснутые веки скрежетали от пыли, и в плотно закрытом рту тоже была мелкая мокрая цементная пыль, он задыхался и плакал и вдруг снова подумал: «Я вспомнил, вспомнил, вспомнил, я вспомнил что-то еще. Что же это? Да, да, часть «Екклесиаста». Часть «Екклесиаста» и «Откровение». Только кусочек той большой книги, только кусочек, быстрее, быстрее же, пока он не исчез, пока не кончилось действие шока, пока не утих ветер. «Книга Екклесиаста». Вот она!»

Лежа на дрожащей земле, он стал беззвучно проговаривать про себя слова книги, он повторил эти слова много раз, и они были совершенны, и нисколько не раздражали, и в них не было ни следа зубной пасты «Денем», там был только Проповедник, только он и больше никого, и он стоял в полный рост в сознании Монтага и смотрел на него...

— Берегись! — сказал чей-то голос.

Люди лежали, разинув рты, словно рыбы, разложенные на траве. Они держались за землю, как дети держатся за знакомые вещи, несмотря на то, что эти вещи холодны или мертвы, несмо-

fingers were clawed into the dirt, and they were all shouting to keep their eardrums from bursting, to keep their sanity from bursting, mouths open, Montag shouting with them, a protest against the wind that ripped their faces and tore at their lips, making their noses bleed.

Montag watched the great dust settle and the great silence move down upon their world. And lying there it seemed that he saw every single grain of dust and every blade of grass and that he heard every cry and shout and whisper going up in the world now. Silence fell down in the sifting dust, and all the leisure they might need to look around, to gather the reality of this day into their senses.

Montag looked at the river. We'll go on the river. He looked at the old railroad tracks. Or we'll go that way. Or we'll walk on the highways now, and we'll have time to put things into ourselves. And some day, after it sets in us a long time, it'll come out of our hands and our mouths. And a lot of it will be wrong, but just enough of it will be right. We'll just start walking today and see the world and the way the world walks around and talks, the way it really looks. I want to see everything now. And while none of it will be me when it goes in, after a while it'll all gather together inside and

тря на то, что уже случилось или еще случится с ними, их пальцы впивались в грязь, и они кричали изо всех сил, чтобы не лопнули барабанные перепонки, чтобы не лопнул их рассудок, они лежали, широко раскрыв рты, и Монтаг кричал вместе с ними, протестуя против ветра, который полосовал лица, рвал губы и от которого из носов текла кровь.

Монтаг наблюдал, как оседает великая пыль, как на мир надвигается великое безмолвие. Он лежал, и ему казалось, что он видит каждую крупицу пыли, каждую травинку, слышит каждый всхлип, крик и шепот, раздающиеся в мире. Тишина падала на землю вслед за медленно сеющейся пылью, неся с собой весь досуг, который им понадобится, чтобы оглядеться и впитать органами чувств реальность этого дня.

Монтаг посмотрел на реку. Мы пойдем по реке. Он посмотрел на старую железнодорожную колею. Или мы пойдем этим путем. Или мы неспешно пойдем по скоростной трассе, и теперь у нас будет время, чтобы вместить в себя все происшедшее. И когда-нибудь, очень нескоро, после того как все это осядет в нас, оно выйдет наружу через наши руки и наши рты. Многое окажется неправильным, но какая-то доля, вполне достаточная, будет правильной. Мы только сегодня пускаемся в путь, мы будем идти и смотреть в мир, смотреть, как он бродит вокруг и раз

it'll be me. Look at the world out there, my God, my God, look at it out there, outside me, out there beyond my face and the only way to really touch it is to put it where it's finally me, where it's in the blood, where it pumps around a thousand times ten thousand a day. I get hold of it so it'll never run off. I'll hold on to the world tight some day. I've got one finger on it now; that's a beginning.

The wind died.

The other men lay a while, on the dawn edge of sleep, not yet ready to rise up and begin the day's obligations, its fires and foods, its thousand details of putting foot after foot and hand after hand. They lay blinking their dusty eyelids. You could hear them breathing fast, then slower, then slow...

Montag sat up.

варивает, и мы постараемся понять, как он на самом деле выглядит. Теперь я хочу видеть все. Поначалу, пока увиденное вливается в меня, оно еще не будет мною, но со временем, когда все соберется внутри в единое целое, это уже буду я. Боже ты мой, Боже ты мой Боже, так смотри на мир, лежащий вокруг, смотри на него, он пока там, вовне, за пределами моего тела и моего лица, и единственный способ дотронуться до него — это поместить его туда, где в конечном итоге находится мое «я», впустить его в кровь, пусть пульсирует в жилах, пусть обегает мое тело тысячу, десять тысяч раз в день. Вот тогда я удержу его, и он никогда больше от меня не убежит. Когда-нибудь я крепко ухвачусь за этот мир. Пока я придерживаю его только одним пальцем, но это лишь начало.

Ветер стих.

Остальные мужчины какое-то время лежали, цепляясь за рассветный краешек сна, еще не готовые к тому, чтобы встать и приступить к заботам нового дня, начать разводить костры, готовить еду и делать тысячи мелких дел, не забывая при этом переставлять ноги, сначала правую, потом левую, и двигать руками, сначала правой, потом левой. Они лежали и моргали запорошенными пылью ресницами. Можно было услышать их частое дыхание, частое, замедленное, медленное...

Монтаг сел.

He did not move any further, however. The other men did likewise. The sun was touching the black horizon with a faint red tip. The air was cold and smelled of a coming rain.

Silently, Granger arose, felt his arms, and legs, swearing, swearing incessantly under his breath, tears dripping from his face. He shuffled down to the river to look upstream.

"It's flat," he said, a long time later. "City looks like a heap of baking-powder. It's gone." And a long time after that. "I wonder how many knew it was coming? I wonder how many were surprised?"

And across the world, thought Montag, how many other cities dead? And here in our country, how many? A hundred, a thousand?

Someone struck a match and touched it to a piece of dry paper taken from their pocket, and shoved this under a bit of grass and leaves, and after a while added tiny twigs which were wet and sputtered but finally caught, and the fire grew larger in the early morning as the sun came up and the men slowly turned from looking up river and were drawn to the fire, awkwardly, with nothing to say, and the sun coloured the backs of their necks as they bent down.

Однако других движений за этим не последовало. Другие поступили так же. Солнце алым краешком робко дотрагивалось до черного горизонта. Воздух был прохладен и пахнул надвигающимся дождем.

Грейнджер бесшумно поднялся, ощупал свои руки и ноги, выругался себе под нос и дальше ругался безостановочно; с его лица капали слезы. Он зашаркал к реке, чтобы посмотреть, что творится выше по течению.

— Там все плоско, — сказал он долгое время спустя. — Город выглядит, как кучка пекарского порошка. Его больше нет. — И добавил, опять-таки долгое время спустя: — Я все пытаюсь понять, сколько людей знало, что грядет конец? Пытаюсь понять, для скольких людей это было полнейшей неожиданностью?

«А в другой половине мира, — думал Монтаг, — сколько еще умерло городов? А сколько у нас, в нашей стране? Сто? Тысяча?»

Кто-то чиркнул спичкой, коснулся ею клочка сухой бумаги, выуженного из кармана, сунул горящую бумагу под кучку травы и листьев, а спустя немного времени подбросил немного веточек, они были мокрые и начали потрескивать, но в конце концов занялись, и костер стал разрастаться в воздухе раннего утра, споря блеском с восходящим солнцем; тогда люди постепенно оторвались от созерцания верховий реки и неуклюже придвинулись к огню, им нечего было

Granger unfolded an oilskin with some bacon in it.

"We'll have a bite. Then we'll turn around and walk upstream. They'll be needing us up that way."

Someone produced a small frying-pan and the bacon went into it and the frying-pan was set on the fire. After a moment the bacon began to flutter and dance in the pan and the sputter of it filled the morning air with its aroma. The men watched this ritual silently.

Granger looked into the fire.

"Phoenix."

"What?"

"There was a silly damn bird called a Phoenix back before Christ: every few hundred years he built a pyre and burned himself up. He must have been first cousin to Man. But every time he burnt himself up he sprang out of the ashes, he got himself born all over again. And it looks like we're doing the same thing, over and over, but we've got one damn thing the Phoenix never had. We know the damn silly thing we just did. We know all the damn silly things we've done for a thousand years, and as long as we know that and always have it around where we can see it, some day we'll stop making the goddam funeral pyres and jumping

сказать, и когда они склонились над костром, солнце окрасило их шеи.

Грейнджер развернул кусок тонкой клеенки, там было немного бекона.

— Перекусим слегка. Потом развернемся и пойдем вдоль реки вверх. Люди там нуждаются в нас.

Кто-то достал маленькую сковородку, на нее бросили бекон, а потом сковородку поместили над огнем. Спустя несколько секунд бекон начал трепыхаться и танцевать на сковороде, и шкворчание его наполнило утренний воздух ароматом. Мужчины молча наблюдали за этим ритуалом.

Грейнджер смотрел в огонь.

— Феникс.

— Что?

— Давным-давно, еще до Христа, жила-была на свете глупая чертова птица, которую звали феникс. Каждые несколько сотен лет она разводила большой погребальный костер и сжигала себя. Должно быть, она была первой двоюродной родственницей Человека. Но каждый раз, когда она сжигала себя, она выпрыгивала из пепла, таким образом рождаясь снова и снова. Похоже, мы делаем то же самое, тоже повторяем все снова и снова, но у нас есть при этом одна чертова особенность, которой у феникса не было никогда. Мы знаем, какую чертову глупость только что отмочили. Мы знаем все чертовы глупости,

into the middle of them. We pick up a few more people that remember, every generation."

He took the pan off the fire and let the bacon cool and they ate it, slowly, thoughtfully.

"Now, let's get on upstream," said Granger. "And hold on to one thought: You're not important. You're not anything. Some day the load we're carrying with us may help someone. But even when we had the books on hand, a long time ago, we didn't use what we got out of them. We went right on insulting the dead. We went right on spitting in the graves of all the poor ones who died before us. We're going to meet a lot of lonely people in the next week and the next month and the next year. And when they ask us what we're doing, you can say, We're remembering. That's where we'll win out in the long run. And some day we'll remember so much that we'll build the biggest goddam steam-shovel in history and dig the biggest grave of all time and shove war in and cover it up. Come on now, we're going to go build a mirror-factory first and put out nothing but mirrors for the next year and take a long look in them."

которые совершили на протяжении тысячи лет, и поскольку мы понимаем это и наше понимание всегда с нами в такой форме, что его можно увидеть, то когда-нибудь мы все-таки перестанем сооружать эти чертовы погребальные костры и прыгать посреди них. В каждом новом поколении мы находим хотя бы несколько человек, обладающих способностью помнить.

Он снял сковородку с огня и дал бекону остыть, а потом они медленно и задумчиво стали его есть.

— Ну что же, — сказал Грейнджер, — давайте двинемся вверх вдоль реки. И держите в голове одну простую мысль: сами по себе вы вовсе не важны. В вас нет ничего особенного. Когда-нибудь тот груз, который мы несем в себе, может помочь людям. Но даже тогда, много-много лет назад, когда книги были у нас под рукой, мы не использовали то, что извлекали из них. Мы только и делали, что оскверняли память мертвых. Только и делали, что плевали на могилы всех тех бедняг, которые умерли до нас. В ближайшую неделю, и в ближайший месяц, и в ближайший год мы будем встречать множество одиноких людей. И когда они спросят нас, чем мы занимаемся, вы можете ответить: «Мы вспоминаем». Это то самое, что в конечном счете поможет нам победить. И когда-нибудь мы вспомним так много, что построим самый большой проклятущий паровой экскаватор во всей истории и выроем

They finished eating and put out the fire. The day was brightening all about them as if a pink lamp had been given more wick. In the trees, the birds that had flown away now came back and settled down.

Montag began walking and after a moment found that the others had fallen in behind him, going north. He was surprised, and moved aside to let Granger pass, but Granger looked at him and nodded him on. Montag went ahead. He looked at the river and the sky and the rusting track going back down to where the farms lay, where the barns stood full of hay, where a lot of people had walked by in the night on their way from the city. Later, in a month or six months, and certainly not more than a year, he would walk along here again, alone, and keep right on going until he caught up with the people.

But now there was a long morning's walk until noon, and if the men were silent it was because there was everything to think about and much to

самую большую могилу, какая когда-либо была, и сунем туда войну, и накроем могильной плитой. А теперь пошли, нам нужно прежде всего построить фабрику зеркал и весь следующий год производить только одни зеркала, чтобы можно было долго-долго смотреться в них.

Они закончили с едой и погасили костер. Новый день вокруг них разгорался все ярче, будто в розовой лампе кто-то все время выдвигал фитиль. Птицы, которые поначалу стремительно улетели, теперь вернулись и снова начали устраиваться в ветвях деревьев.

Монтаг пустился в путь и через секунду обнаружил, что остальные пристроились за ним, все двигались на север. Это удивило Монтага, и он посторонился, чтобы пропустить вперед Грейнджера, но тот лишь глянул на него и утвердительно кивнул. Монтаг зашагал дальше. Он смотрел на реку, и на небо, и на ржавую колею, которая вела назад, туда, где лежали фермы, где стояли амбары, полные сена, и куда этой ночью пришло множество людей, направлявшихся прочь от города. Когда-нибудь, через месяц или через шесть месяцев, но не позднее чем через год, он снова пройдет здесь, уже один, и будет идти и идти, пока не поравняется со всеми остальными людьми.

А сейчас им предстоял долгий утренний путь, до самого полудня, и если люди молчали, то это потому, что надо было обо всем

remember. Perhaps later in the morning, when the sun was up and had warmed them, they would begin to talk, or just say the things they remembered, to be sure they were there, to be absolutely certain that things were safe in them. Montag felt the slow stir of words, the slow simmer. And when it came to his turn, what could he say, what could he offer on a day like this, to make the trip a little easier? To everything there is a season. Yes. A time to break down, and a time to build up. Yes. A time to keep silence and a time to speak. Yes, all that. But what else. What else? Something, something...

And on either side of the river was there a tree of life, which bare twelve manner of fruits, and yielded her fruit every month; And the leaves of the tree were for the healing of the nations.

Yes, thought Montag, that's the one I'll save for noon. For noon...

When we reach the city.

THE END

подумать, и еще потому, что нужно было о многом вспомнить. Может быть, потом, поздним утром, когда солнце будет высоко и всех согреет, они начнут беседовать или просто говорить вслух вещи, которые всплывут в памяти, чтобы убедиться, что эти вещи все еще там, чтобы абсолютно убедиться, что в их голове все содержится в целости и сохранности. Монтаг ощущал, как в нем самом медленно ворочаются, медленно кипят слова. Что скажет он, когда придет его черед? Что он может предложить людям в такой день, как этот, чтобы хоть немного облегчить дорогу? «Всему свое время». Да. «Время разрушать, и время строить». Да. «Время молчать, и время говорить». Да, все это он скажет. А что еще? Что еще? Что-то такое, что-то такое...

«...И по ту и по другую сторону реки, древо жизни, двенадцать раз приносящее плоды, дающее на каждый месяц плод свой: и листья дерева — для исцеления народов»[1].

Да, думал Монтаг, именно это я приберегу для полудня. Для полудня...

Когда мы доберемся до города.

---

[1] Отк. 22, 2.

Все права защищены. Книга или любая ее часть не может быть скопирована, воспроизведена в электронной или механической форме, в виде фотокопии, записи в память ЭВМ, репродукции или каким-либо иным способом, а также использована в любой информационной системе без получения разрешения от издателя. Копирование, воспроизведение и иное использование книги или ее части без согласия издателя является незаконным и влечет уголовную, административную и гражданскую ответственность.

Литературно-художественное издание

БИЛИНГВА BESTSELLER

Рэй Брэдбери

451° по Фаренгейту

Ответственный редактор *М. Яновская*
Художественный редактор *Н. Ярусова*
Технический редактор *О. Лёвкин*
Компьютерная верстка *М. Тимофеева*
Корректоры *Е. Сербина, Е. Савинова*

ООО «Издательство Эксмо»
123308, Москва, ул. Зорге, д. 1. Тел.: 8 (495) 411-68-86.
Home page: www.eksmo.ru   E-mail: info@eksmo.ru
Өндіруші: «ЭКСМО» АҚБ Баспасы, 123308, Мәскеу, Ресей, Зорге көшесі, 1 үй.
Тел.: 8 (495) 411-68-86.
Home page: www.eksmo.ru   E-mail: info@eksmo.ru.
Тауар белгісі: «Эксмо»
Интернет-магазин : www.book24.ru

Интернет-магазин : www.book24.kz
Интернет-дүкен : www.book24.kz
Импортёр в Республику Казахстан ТОО «РДЦ-Алматы».
Қазақстан Республикасындағы импорттаушы «РДЦ-Алматы» ЖШС.
Дистрибьютор и представитель по приему претензий на продукцию,
в Республике Казахстан: ТОО «РДЦ-Алматы»
Қазақстан Республикасында дистрибьютор және өнім бойынша арыз-талаптарды
қабылдаушының өкілі «РДЦ-Алматы» ЖШС,
Алматы қ., Домбровский көш., 3«а», литер Б, офис 1.
Тел.: 8 (727) 251-59-90/91/92; E-mail: RDC-Almaty@eksmo.kz
Өнімнің жарамдылық мерзімі шектелмеген.
Сертификация туралы ақпарат сайтта: www.eksmo.ru/certification

Сведения о подтверждении соответствия издания согласно законодательству РФ
о техническом регулировании можно получить на сайте Издательства «Эксмо»
www.eksmo.ru/certification
Өндірген мемлекет: Ресей. Сертификация қарастырылмаған

Подписано в печать 14.08.2019. Формат 76х100 $^1/_{32}$.
Гарнитура «SchoolBook». Печать офсетная. Усл. печ. л. 22,52.
Доп. тираж 4000 экз. Заказ 8294.

Отпечатано с готовых файлов заказчика
в АО «Первая Образцовая типография»,
филиал «УЛЬЯНОВСКИЙ ДОМ ПЕЧАТИ»
432980, Россия, г. Ульяновск, ул. Гончарова, 14

16+